von Dobschütz / Baumöl / Jung
IV-Controlling aktuell

Praxis der Wirtschaftsinformatik

Herausgeber

Prof. Dr. Karl-Heinz Rau,
Fachhochschule Pforzheim
Prof. Dr. Eberhard Stickel,
Europa Universität Viadrina Frankfurt (Oder)

Bisher erschienene Bücher

Eberhard Stickel
Datenbankdesign
1991, X, 148 Seiten
ISBN 3-409-13937-0

Karl-Heinz Rau / Eberhard Stickel
Software Engineering
1991, VIII, 174 Seiten
ISBN 3-409-13368-2

Karl-Heinz Rau
Integrierte Bürokommunikation
1991, XVI, 267 Seiten
ISBN 3-409-19162-3

Karl-Heinz Rau / Eberhard Stickel
(Hrsg.)
**Daten- und
Funktionsmodellierung**
1992, VIII, 186 Seiten
ISBN 3-409-13144-2

Hans-Dieter Groffmann
**Kooperatives Führungs-
informationssystem**
1992, XIV, 289 Seiten
ISBN 3-409-13146-9

Hans Hoffmann
**Computergestützte Planung
als Führungsinstrument**
1993, XVI, 310 Seiten
ISBN 3-409-13477-8

Leonhard von Dobschütz
Josef Kisting / Eugen Schmidt
(Hrsg.)
IV-Controlling in der Praxis
1995, VIII, 236 Seiten
ISBN 3-409-13183-3

Achim Kindler
**Wirtschaftlichkeit von
Software-Entwicklungsprojekten**
1995, XIX, 242 Seiten
ISBN 3-409-13495-6

In der Reihe „Praxis der Wirtschaftsinformatik" erscheinen Sammelbände mit Praktikerbeiträgen, praxisbezogene Lehr- und Fachbücher sowie aktuelle Ergebnisse aus praxisorientierten Forschungsprojekten.

Leonhard von Dobschütz/Ulrike Baumöl/
Reinhard Jung (Hrsg.)

IV-Controlling aktuell

– Leistungsprozesse
– Wirtschaftlichkeit
– Organisation

GABLER

Prof. Dr. Leonhard von Dobschütz lehrt am Wirtschaftsinformatik an der ESB-Reutlingen (Europäisches Studienprogramm für Betriebswirtschaft). Darüber hinaus ist er als Berater und Gutachter tätig.

Dr. Ulrike Baumöl ist Lehrbeauftragte und Projektleiterin am Institut für Wirtschaftsinformatik der Universität St. Gallen sowie freiberufliche Unternehmensberaterin.

Dr. Reinhard Jung ist Lehrbeauftragter und Projektleiter am Institut für Wirtschaftsinformatik der Universität St. Gallen sowie geschäftsführender Gesellschafter eines Software- und Consulting-Unternehmens.

Die Deutsche Bibliothek - CIP-Einheitsaufnahme

IV-Controlling aktuell : Leistungsprozesse – Wirtschaftlichkeit – Organisation
/ Leonhard von Dobschütz/Ulrike Baumöl/Reinhard Jung (Hrsg.). - Wiesbaden : Gabler, 1999
   ISBN 3-409-11400-9

Druck und Buchbinder: Lengericher Handelsdruckerei, Lengerich / Westf.
Printed in Germany

ISBN 3-409-11400-9

Geleitwort

Seit seiner Gründung vor nunmehr 10 Jahren hat es sich der Arbeitskreis „IV-Controlling" der Gesellschaft für Informatik (GI) zu seiner Aufgabe gemacht, die Entwicklung des IV-Controlling in Deutschland zu beobachten, zu dokumentieren und - vor allem - aktiv zu gestalten. Dies kann in diesem umfassenden Sinne nur dann gelingen, wenn sich der Arbeitskreis gelegentlich auch an eine interesssierte Öffentlichkeit wendet, sei es in Form von Vorträgen auf Tagungen und Konferenzen, sei es mittels Publikationen in Fachzeitschriften oder Sammelwerken.

So erschien bereits vor fünf Jahren (1994) die erste Gemeinschaftsveröffentlichung des Arbeitskreises IV-Controlling mit dem Titel „IV-Controlling in der Praxis"[1]. Die Akzeptanz dieses Bandes durch das Fachpublikum war so groß, daß das Buch in kürzester Zeit vergriffen war. Heute wendet sich der Arbeitskreis erneut mit der vorliegenden Dokumentation an eine interessierte Leserschaft, die aufgeschlossen für die aktuellen Fragen und Themen des IV-Controlling ist. Darauf verweist der bewußt schlicht gehaltene Titel.

Das Controlling der betrieblichen Informationsverarbeitung stellt diese auf den Prüfstand. Die wichtigsten Fragen, die das IV-Controlling zu beantworten sucht, sind:
- Wozu brauchen wir die IV (Zielausrichtung)?
- Was leistet sie konkret (Qualität und Funktionalität)?
- Was kostet sie (Wirtschaftlichkeit)?
- Wie schnell geht das (Fristigkeit)?

Zielausrichtung gepaart mit Qualität und Funktionalität sollen hier als Effektivität, die Wirtschaftlichkeit und Fristigkeit als die Effizienz der IV bezeichnet werden. In diesem Sinne muß das IV-Controlling ständig die Effektivität und Effizienz der betrieblichen Informationsverarbeitung überprüfen und gewährleisten.

Während früher bevorzugt die Kosten und Wirtschaftlichkeit der IV Gegenstand ausgiebiger Erörterungen war, verschiebt sich die Diskussion heute in Richtung der Wertschöpfungsprozesse der IV und die Qualität ihrer Dienste. Gerade diese Effektivität der IV trägt deutlich stärker zum Unternehmenserfolg bei als ihre Effizienz. Aus diesem Grunde gliedert sich der vorliegende Band in die Teile
- IV-Leistungsprozesse,
- IV-Leistungen und
- IV-Wirtschaftlichkeit.
- Organisation des IV-Controlling

---

[1]   von Dobschütz, L.; Kisting, J.; Schmidt, E. (Hrsg.): IV-Controlling in der Praxis, Wiesbaden 1994.

Zu allen vier Teilen haben Mitglieder des Arbeitskreises Beiträge vorgelegt, die jeweils mit speziellem Fokus den aktuellen Stand des IV-Controlling beleuchten.

Im ersten Teil werden Reengineeringansätze für die Leistungsprozesse der IV sowie ein Benchmarking-Konzept vorgestellt. Daß das IV-Controlling Erneuerungsprozesse in der IV nicht etwa unterdrücken sondern sogar fördern kann, behandelt ein weiterer Beitrag.

In Teil II geht es um die Probleme der Einführung von integrierten Standardsoftware-Paketen (Stichwort SAP) sowie um die besonderen Bedingungen großer Wartungsprojekte (Stichwort Jahrtausendwechsel und EURO-Einführung).

Neben der Einlassung auf die Schwierigkeiten bei der Nutzenermittlung von Softwarein-vestitionen, wird im drittel Teil der Methodenbruch bei der Wirtschaftlichkeitsbetrach-tung im Übergang von der Investitions- zur Betriebsphase von Anwendungssystemen untersucht und ein Verfahren zur Eignungsprüfung von Electronic Commerce für Klein- und Mittelunternehmen vorgestellt.

Der letzte Beitrag in Teil IV befaßt sich mit den Inhalten und Aufgaben des IV-Controlling bei dezentraler und verteilter Informationsverarbeitung (Stichwort Client/ Server-Architekturen).

Alle diese Themen belegen, daß sich der Arbeitskreis mit solchen Fragen befaßt, die das Management der IV gerade heute nachhaltig beschäftigen und für die das IV-Controlling befriedigende Antworten finden muß. Ich wünsche dem Arbeitskreis viel Erfolg bei sei-ner weiteren Tätigkeit und hoffe, daß auch diese zweite Publikation auf ein breites Inter-esse und vielfältige Resonanz stoßen wird.

WERNER BONGARTZ
Geschäftsführer
debis Systemhaus

Vorwort

Der Arbeitskreis „IV-Controlling" wurde vor 10 Jahren - damals noch unter anderem Namen - im Fachbereich 5: Wirtschaftsinformatik, Fachausschuß 3: Informationsmanagement der Gesellschaft für Informatik (GI) gegründet. Er tagt mit 10 bis 15 Teilnehmern zwei- bis dreimal pro Jahr an wechselnden Orten.

Erklärtes Ziel des Arbeitskreises ist, dem betrieblichen Management Empfehlungen und Anregungen zur wirtschaftlichen Steuerung und Kontrolle der IV-Funktion im Unternehmen zu geben. Das Themenspektrum des Arbeitskreises leiten sich auch aus seiner ursprünglichen Namensgebung ab: Planung, Budgetierung, Kontrolle und Verrechnung von IV-Kosten. Bei aller Vielfalt möglicher Themen stehen daher immer wieder die Kosten der betrieblichen IV im Vordergrund der Betrachtungen.

Der Arbeitskreis hat eine über die Jahre stabile Zahl von sehr aktiven Mitgliedern aus Industrie, Dienstleistung, Lehre und Forschung. Sie tragen den Arbeitskreis durch Diskussionsbeiträge, Vorträge, Veröffentlichungen, Mitwirkung auf Fachtagungen und durch organisatorische Mitarbeit. Vereinzelt haben sich Mitglieder zu regionalen Arbeitsgemeinschaften zusammengefunden und treffen sich zwischen den Sitzungen des Arbeitskreises zu intensivem Erfahrungsaustausch. Neue Mitglieder sind immer dann willkommen, wenn sie nicht nur Zuhörer bei den Zusammenkünften sein wollen.

Der organisatorische Ablauf ist vielfach wie folgt: Nach Erfahrungsaustausch über aktuelle Fragestellungen und Themenfindung erfolgt eine Bearbeitung ausgewählter Themen individuell oder in regionalen Arbeitsgruppen. Die Überlegungen werden dem Arbeitskreis vorgetragen und dort ausführlich diskutiert. Nicht selten werden die Ergebnisse veröffentlicht und anschließend auf Fachtagungen präsentiert. Das Spektrum reicht dabei von Anwendererfahrungen und empirischen Analysen über gängige Praktiken bis hin zu methodischen Konzepten. Interessenten wenden sich an den derzeitigen Sprecher des Arbeitskreises[2].

Leonhard von Dobschütz
Ulrike Baumöl
Reinhard Jung

---

[2] Prof. Dr. Leonhard von Dobschütz, ESB-Reutlingen, Alteburgstr. 150, 72762 Reutlingen, Tel. 07121-271434, Fax 07121-240971, e-mail: leonhard.von_dobschuetz@fh-reutlingen.de

Inhaltsverzeichnis

Teil I: IV-Leistungsprozesse

Teil II: IV-Leistungen

Teil III: IV-Wirtschaftlichkeit

Teil IV: Organisation des IV-Controlling

Autorenverzeichnis

Heiko Aurenz

Dr. Aurenz studierte Wirtschaftswissenschaften an der Universität Hohenheim und promovierte anschließend im Bereich Wirtschaftsinformatik zum Dr. oec. Von 1990 bis 1996 war er bei der Unternehmensberatung Ebner, Stolz und Partner in den Bereichen Wirtschaftsprüfung und betriebswirtschaftliche Beratung tätig. Seit 1997 ist er geschäftsführender Gesellschafter der Dr.Ebner, Dr.Stolz Unternehmensberatung GmbH. Schwerpunkte seiner Arbeit sind Rechnnungswesen, Unternehmensplanung, Controlling, Organisation, Sanierung und Revision sowie IV-Beratung und -Prüfung.

Ulrike Baumöl

Dr. Baumöl studierte Betriebswirtschaftslehre an der Universität Dortmund und promovierte dort mit einer Dissertation über die Wirtschaftlichkeit der Softwareentwicklung. Sie ist freiberufliche Unternehmensberaterin mit den Schwerpunkten IV-Controlling und Informationsversorgungsstrategien in multinationalen Unternehmen. Seit 1998 arbeitet sie als Lehrbeauftragte und Projektleiterin am Institut für Wirtschaftsinformatik der Universität St. Gallen. Darüber hinaus ist sie Kursleiterin des Nachdiplomstudiums Master of Business Engineering (MBE HSG). Ihre Forschungsschwerpunkte liegen in den Bereichen Informationsversorgungsstrategien für die Unternehmensführung, Führungsinformationssysteme, Wirtschaftlichkeit der Informationsverarbeitung und Data Warehousing.

Leonhard von Dobschütz

Prof. Dr. von Dobschütz studierte Mathematik und Wirtschaftswissenschaften an den Universitäten Göttingen und Freiburg. Er promovierte 1984 an der Universität Essen und war zunächst in verschiedenen beratenden Unternehmen beschäftigt. Seit 1983 lehrt Herr von Dobschütz Wirtschaftsinformatik am ESB-Reutlingen (Europäisches Studienprogramm für Betriebswirtschaft). Nebenbei ist er beratend und als Gutachter tätig. Sein Hauptinteressen- und Arbeitsgebiet ist das Management und Controlling der betrieblichen Informationsverarbeitung. Er ist Gründungsmitglied und derzeitiger Sprecher des Arbeitskreises IV-Controlling der Gesellschaft für Informatik (GI).

Thorsten Frie

Herr Frie studierte im Anschluß an die Ausbildung zum DV-Kaufmann Wirtschaftsinformatik an der Universität Essen. Seine Diplomarbeit beschäftigte sich mit der Entwicklung und Realisierung eines abteilungsorientierten Krankenhausinformationssystems mit Modellen, Methoden und Werkzeugen. Neben dem Studium war er Mitarbeiter in dem von der Europäischen Union geförderten Projekt SAMMIE (Solution Avancée pour le Marché Médical Intrahôpital Européen) zur Entwicklung und Implementierung eines abteilungsorientierten Krankenhausinformationssystems. Nach seinem Studium arbeitete er im Rahmen eines Projekts in Großbritannien an der Implementierung internet-basierter Softwarelösungen. Seit 1998 ist er Wissenschaftlicher Mitarbeiter am Institut für Wirtschaftsinformatik der Universität St. Gallen. Er arbeitet schwerpunktmässig an Themen über strategische Führungsinformationssysteme in Verbindung mit Data Warehousing.

Harald Huber

Nach dem Studium der Betriebswirtschaft an der Berufsakademie Stuttgart arbeitete Herr Huber bei einer Unternehmensberatung auf dem Gebiet der Relationalen Datenbanken. Seit 1991 ist er Mitarbeiter der Firma USU Softwarehaus und betreute dort den Bereich DV-Controlling. Im Rahmen dieser Tätigkeit leitete er kaufmännisch und technisch orientierte Projekte mit dem Schwerpunkt DV-Leistungsverrechnung. Von Mitte 1996 an beschäftigt er sich mit dem Thema Knowledge Management, seit 1997 als Geschäftsbereichsleiter. Herr Huber war Mitarbeiter im Entwicklungsteam des USU-Wissens-management-Werkzeugs USU-ValueBase, für das er in Projekten beratend tätig ist. Er ist Autor verschiedener Fachbeiträge und tritt bei Kongressen und Seminaren mit Vorträgen auf.

Reinhard Jung

Dr. Jung studierte Betriebswirtschaftslehre an der Universität Dortmund und promovierte an der Universität Münster mit einer Dissertation zum Thema Reverse Engineering. Er ist Mitgründer und Geschäftsführer der IMPULS Wirtschaftsinformatik, Selm, und seit 1998 Lehrbeauftragter und Projektleiter am Institut für Wirtschaftsinformatik der Universität St.Gallen, Schweiz. Er leitet das Kompetenzzentrum Data Warehousing Strategie (CC DWS). Seine weiteren Forschungsschwerpunkte liegen in den Bereichen Software Engineering und Electronic Commerce.

Josef Kisting

Dr. Kisting studierte Mathematik an der TH Aachen und promovierte anschließend auf dem Gebiet der mathematischen Statistik an der Universität Konstanz. Nach mehrjähriger Tätigkeit in der Planungsberatung wechselte er 1980 in den Daimler-Benz Konzern. Er war dort unter anderem mehrere Jahre als Systems Consultant bei der Mercedes-Benz Nordamerika in den USA tätig. Im debis Systemhaus leitete er die Abteilung Systemgestaltung Entgeltsysteme und seit 1996 das Competence Center Kalenderjahr 2000.

Helmut Krcmar

Univ.-Prof. Dr. Helmut A.O. Krcmar hat seit 1987 den Lehrstuhl für Wirtschaftsinformatik im Institut für Betriebswirtschaftslehre der Universität Hohenheim, Stuttgart inne. 1993 gründete er die „Forschungsstelle für Informationsmanagement" (FIM) an der Universität Hohenheim. Im Jahre 1995 folgte die Gründung der ITM Informations- und TechnologieManagement Beratungsgesellschaft mbH, Stuttgart.

Martin Kütz

Dr. Kütz ist Geschäftsführer der md service GmbH in Köln und leitet den Beratungsbereich IT-Consulting. Bis Ende 1998 war er Senior Manager bei Arthur D. Little im Bereich Information Management. Seine Beratungsschwerpunkte sind IV-Management, -Organisation und -Controlling sowie Business Process Reengineering. Seine Tätigkeit umfaßt auch das Management und die Begleitung von großen Organisations- und IV-Projekten sowie das Multiprojektmanagement von vollständigen Projektprogrammen. Er hat Mathematik an der TU Braunschweig studiert und dort promoviert. Vor seiner Beratungstätigkeit hat er in IV-Bereichen mehrerer Unternehmen gearbeitet und war zuletzt Bereichsleiter für Organisation und Informationsverarbeitung in einer Unternehmensgruppe der Fertigungsindustrie. Herr Kütz publiziert regelmäßig zu verschiedenen Fragen des IV-Management.

Werner Prautsch

Nach dem Studium zum Wirtschaftsingenieur an der TU Berlin war Dr.-Ing. Prautsch im dortigen Fachbereich Informatik als Assistent und Ass.Prof. tätig. Seine Arbeitsschwerpunkte lagen in der Anwendung der Simulation zur Unterstützung administrativer Planungsprozesse und in Wirtschaftlichkeitsuntersuchungen im Umfeld der Anwendung von Standardsoftware, in denen er auch promovierte und sich habilitierte. Von 1980 bis 1990 war er Geschäfts-

führer und Gesellschafter der Gesellschaft für angewandte
Informatik (GAI) in Berlin und Stuttgart. Anschließend war
er in gleicher Funktion bei der SEITZ Consult Pforzheim
und AESOP Consult Stuttgart tätig. Seit 1996 befaßt er sich
als Geschäftsführer von Dr. Prautsch&Partner, Stuttgart,
mit Simulations-, Optimierungs- und Beratungsprojekten im
Umfeld von Standardsoftwareanwendungen. Optimierungen
von Fertigungs- und Logistikprozessen sowie die Entwicklung wirtschaftlicher Ablauforganisationen sind seine derzeitigen Hauptinteressen.

Stefan Schwarz

Herr Schwarz studierte Wirtschaftsinformatik an der West-
fälischen Wilhelms-Universität Münster. In seiner Diplomarbeit beschäftigte er sich mit der Untersuchung der
Nutzbarkeit von Zahlungsstromdaten aus SAP R/3 für
Cash-flow-Analysen. Seit 1997 ist er Wissenschaftlicher
Mitarbeiter am Institut für Wirtschaftsinformatik der Universität St.Gallen, Schweiz. Seine Forschungsschwerpunkte
liegen in den Bereichen Prozeßorientierung, Data Warehousing und Electronic Commerce

Teil I

IV-Leistungsprozesse

Leonhard von Dobschütz

Eine Schlankheitskur für die IV

1.   Der Mythos vom Erfolgsfaktor IV

Zum Ärger vieler Vorstände und Geschäftsführer spielt die Informationsverarbeitung (IV) von jeher eine Sonderrolle im Unternehmen. Schließlich hängt von ihr, so wird ihnen eingeredet, das Wohl und Wehe des Unternehmens ab. Geht die IV nicht, dann läuft gar nichts mehr. So wird von Jahr zu Jahr mehr in die Modernisierung und den Ausbau der betrieblichen IV investiert. Dieses Glaubensbekenntnis - geht es deiner IV gut, dann geht es auch deinem Unternehmen gut - hat jetzt ausgedient.

Es ist nämlich nichts dran an der leichtfertigen Behauptung, daß Investitionen in die betriebliche IV zugleich einen Beitrag zur Maximierung des Unternehmenswertes leisten und damit zum wirtschaftlichen Erfolg von Unternehmen beitragen. Im Gegenteil, es gibt keinen statistischen Zusammenhang zwischen der Eigenkapitalrendite zum Beispiel und den IV-Kosten pro Beschäftigten (Strassmann 1997a)[1]. Natürlich ist die Existenz eines Unternehmens heute ohne IV nicht mehr denkbar. Jedoch, selbst wenn feststeht, daß Rauchen gesundheitsschädlich ist, so läßt sich statistisch dennoch nicht nachweisen, daß jemand gesünder lebt, der nur 20 statt 30 Zigaretten pro Tag konsumiert.

Auch die IV ist eine Droge. Eine Überdosis schadet offensichtlich dem Organismus. Die Analyse der Geschäftscharakterisika von 183 amerikanischen Firmen zeigte, daß Unternehmen mit höherer IV-Produktivität sich von solchen mit niedrigerer wie folgt unterscheiden lassen (Strassmann 1997b, S. 114 ff):
- geringeres IV-Budget
- niedrigere PC-Dichte
- weniger Outsourcing
- weniger Reengineering
- mehr Mitarbeiterausbildung
- mehr zentral organisiert
- seltenere Anbindung der IV an die Unternehmensleitung.

Dies sind vorwiegend Merkmale einer eher traditionellen Führung. Unternehmen mit einer hohen IV-Produktivität geben zudem weniger Geld für Aufgaben aus, die keinen erkennbaren Kundenutzen erzeugen.

Es kommt also nicht so sehr auf die Informationstechnik (IT) und die Höhe der IV-Kosten an, sondern vielmehr auf Mitarbeiter, die wertsteigernd damit umgehen können. Wirtschaftlichkeit der IV läßt sich in der Regel nur bei so traditionellen und routinierten Verwaltungsprozessen wie der Auftragsabwicklung nachweisen. In schlecht geführten

---

[1]   In einer kürzlich von der Firma McKinsey durchgeführten, weit differenzierteren empirischen Studie wird allerdings ein deutlicher Zusammenhang zwischen der Effektivität der IV (Funktionalität, Verfügbarkeit, Nutzung) und dem Unternehmenserfolg (Ergebnis, Wachstum) nachgewiesen (Kempis/Ringbeck 1998). Vgl. auch den Beitrag von Dobschütz: „IV-Controlling bei Innovationen" in diesem Band.

Firmen bedeuten Investitionen in fortschrittliche IT sogar unnötige Mehrkosten. Erfolgreiche Projekte zur Steigerung der Produktivität von Dienstleistern basieren mehrheitlich auf erprobten Technologien, deren Bewährung bereits über Jahre nachgewiesen wurde (Biema/Greenwald 1997)

Um nichts falsch zu machen, geben Manager lieber mehr Geld als weniger für ihre IV aus. Wovor haben die eigentlich Angst, fragen sich Battles u.a. (Battles/Mark/Ryan 1996)? Sie widerlegen die Behauptung, daß das IV-Management so ganz anders sei als das klassische Management, daß es dazu besonderer Fähigkeiten und Kenntnisse bedarf. Manager sind selten Spezialisten. Sie vertrauen ihrer Urteilskraft in vielen Bereichen des Unternehmens, auch wenn sie dort nicht so versiert sind als anderswo. Nur bei der IV passen sie in der Regel. Dabei läßt sich die IV wie jedes andere Geschäft betreiben, es müssen nur die bekannten und bewährten Steuerungs- und Kontrollinstrumente zum Einsatz kommen. Es soll allerdings nicht verhehlt werden, daß im Gegensatz zur „normalen" Güterproduktion die Produkte (Informationen) der IV immateriell sind, sie häufigen Zustandsänderungen unterliegen, die Strukturen komplexer und die Veränderungdynamik größer ist.

2.   IV-Management ist kein „Buch mit sieben Siegeln"

Worin besteht nun die Analogie zwischen der IV und traditionellen Geschäftsbereichen? Zunächst im wesentlichen darin, daß der betriebliche IV-Bereich wie ein eigenständiger Fertigungsbetrieb gesehen werden kann. Die Geschäftssysteme (Abbildung 1) unterscheiden sich nicht wesentlich. Auch in der IV gibt es die klassischen Funktionen eines Fertigungsbetriebes wie Planung, Entwicklung und Produktion, Betrieb und Kundendienst. Zu ergänzen wäre hier noch die zumeist unterentwickelte Vertriebsfunktion (Huber 1996), die erst dann eine eigenständige Rolle spielt, wenn die IV auch Leistungen an Externe liefert. Sie ist aber auch implizit in den Vorhabenplanungs- und Projektgenehmigungsprozeduren mitenthalten.

Geht es etwa um Investitionsentscheidungen, dann sind nur solche Vorhaben und Projekte der IV auszuwählen, die Wachstum und Ertrag des Unternehmens nachhaltig mehren. Bei der Anwendungsentwicklung stehen die Einhaltung der Einführungstermine und die nachweisliche Nutzenernte im Vordergrund. Entscheidend ist auch, daß die Entwicklungsgeschwindigkeit von Anwendungen nicht hinter der Änderungsgeschwindigkeit des Geschäfts zurückbleibt. In den Funktionen Betrieb und Anwenderunterstützung sind die größten Kostentreiber zu identifizieren und konkrete Maßnahmen zur Reduktion der Kosten abzuleiten. Wie eine frühere Untersuchung gezeigt hat, wird im Gegensatz zu Technik-getriebenen Maßnahmen (etwa der Einsatz von CASE-Tools) in der IV vielfach die Wirkung von Management-getriebenen Maßnahmen (z.B. Projektpriorisierung, Projektmanagement) unterschätzt (von Dobschütz/Langenbacher 1994). Daraus läßt sich folgern, daß in den meisten Unternehmen noch unausgeschöpfte Kostensenkungspotentiale schlummern, die gezielt erschlossen werden können.

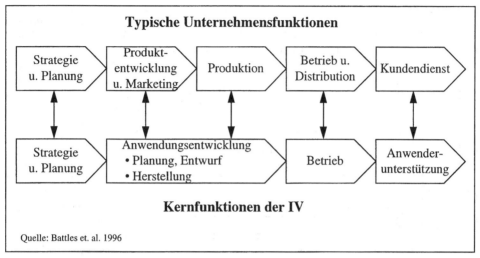

Typische Unternehmensfunktionen

Strategie u. Planung — Produktentwicklung u. Marketing — Produktion — Betrieb u. Distribution — Kundendienst

Strategie u. Planung — Anwendungsentwicklung • Planung, Entwurf • Herstellung — Betrieb — Anwenderunterstützung

Kernfunktionen der IV

Quelle: Battles et. al. 1996

Abbildung 1: Vergleich der Geschäftssysteme von IV und einem Fertigungsbetrieb

Wenn diese Analogie stimmt, der interne IV-Bereich also als Fertigungsbetrieb verstanden werden kann, dann müßten - wie in anderen Unternehmen auch - seine wichtigsten Geschäftsprozesse einem konsequenten Reengineering unterzogen werden können. Auf diese Weise könnten dann zusätzliche Rationalisierungspotentiale aufgedeckt und die Wirtschaftlichkeit der IV insgesamt verbessert werden.

3. Die Hauptgeschäftsprozesse der IV

Was sind nun die wichtigsten Geschäftsprozesse der IV? Sie lassen sich ebenso aus den Kundenbedürfnissen und den zu liefernden Leistungen ableiten. Brogli (Brogli 1996, S.23) unterscheidet daher vier Hauptgeschäftsprozesse und vier Unterstützungs- und Führungsprozesse der IV (Abbildung 2). Diese Sichtweise erscheint ein wenig zu konventionell, zumal auch hier wieder der Vertriebsprozeß vernachlässigt wird.

Aus diesem Grunde und wiederum in Analogie zum Fertigungsbetrieb sollen hier folgende vier Hauptgeschäftsprozesse unterschieden werden:
- Auftragsgewinnung und –abwicklung,
- Anwendungsentwicklung (Produktentwicklung u. -herstellung),

- Anwendungsbetrieb (Logistik, Betrieb),
- Anwenderberatung u. -unterstützung (Kundendienst).

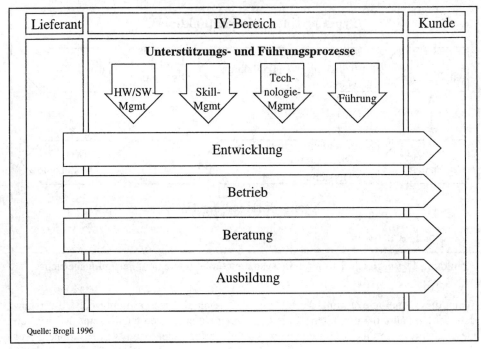

Abbildung 2: Die vier Geschäftsprozesse der IV

Für diese Geschäftsprozesse haben sich in Theorie und Praxis Standardabläufe durchgesetzt, wie die Vorgehensmodelle der Anwendungsentwicklung, die weitgehend als „Tugendpfad" verbindlichen Charakter angenommen haben. Nachstehend sollen ausgewählte Reengineeringansätze vorgestellt werden, die mit dem Ziel einer verbesserten
Wirtschaftlichkeit der IV die traditionellen Vorgehensweisen infrage stellen.

4. Reengineeringansätze in der IV

4.1 Auftragsgewinnung und -abwicklung

Die Differenzierung vom Wettbewerb, das heißt die Schaffung eindeutiger Wettbewerbsvorteile wird zunehmend anspruchsvoller und kostspieliger. Wie einleitend erwähnt wurde, lassen sich Wettbewerbsvorteile aber nicht allein durch mehr und teurere IV erzielen. Hierin ähnelt die IV dem Werkstoff Beton: „Es kommt drauf an, was man draus macht!" Entscheidend ist, wie die Unternehmensprozesse organisiert und unterstützt werden.

Denkbar wäre es, daß alle operativen IV-Aufgaben externen Dienstleistern überlassen werden. Es gibt keinen zwingenden Grund, warum sich ein Unternehmen nicht auf sein Kerngeschäft konzentrieren und die IV spezialisierten Dienstleistern übertragen sollte (Kütz 1996). Die entscheidenden Erfolgsfaktoren hierbei sind Marktverfügbarkeit, Wirtschaftlichkeit, Qualität und Schnelligkeit. Mit anderen Worten, nur in den Fällen ist die Eigenleistung der Fremdleistung vorzuziehen, in denen externe Dienstleister gar nicht, teurer, schlechter oder später liefern.

Bei IV-Aufträgen muß prinzipiell zwischen Aufträgen unterschieden werden für:
- Anwendungsentwicklung u. -wartung,
- Anwendungsinfrastruktur u. -betrieb,
- Anwenderberatung, -unterstützung u. -ausbildung.

Obwohl die Prozeßgestaltung für die Auftragsgewinnung und -abwicklung in der IV bisher kaum thematisiert wurde, soll kurz am Beispiel der Anwendungsentwicklung der Auftragsgewinnungsprozeß skizziert werden (Abbildungen 3 und 4). Ausgehend von einer Anfrage des Anwenderbereichs, die zunächst in Beratungsgesprächen mit dem IV-Bereich konkretisiert wird, erfolgt ein formalisierter Vorhabenantrag an den IV-Ausschuß. Dieser Antrag wird zusammen mit allen anderen Anträgen in ein Vorhabenkatalog eingestellt, der dann periodisch durch den IV-Ausschuß geprüft wird. Aus diesem Vorhabenkatalog werden die wichtigsten Vorhaben ausgewählt und priorisiert. Dieses Vorgehen ist typisch für eine Mangelwirtschaft (Anwendungsstau!). Bei größeren und risikoträchtigen Vorhaben/Projekten wird zunächst eine Vorstudie erstellt (eigenständiges Projekt und Auftrag).

Für alle anderen Vorhaben wird direkt der Personal- und Zeitbedarf ermittelt und eine Wirtschaftlichkeitsanalyse durchgeführt. Diese Ergebnisse der Planung oder Vorstudie werden in einem Projektantrag dokumentiert, der erneut durch den IV-Ausschuß geprüft wird. Die Prüfung führt zu einer Ablehnung, Überarbeitung oder Genehmigung des Projektes. Diese Genehmigung durch den IV-Ausschuß entspricht einer vorläufigen Auftragsvergabe an die IV. Die endgültige Genehmigung und Auftragsvergabe findet dann nach der Projektspezifikation und der Ausarbeitung eines Pflichtenheftes statt.

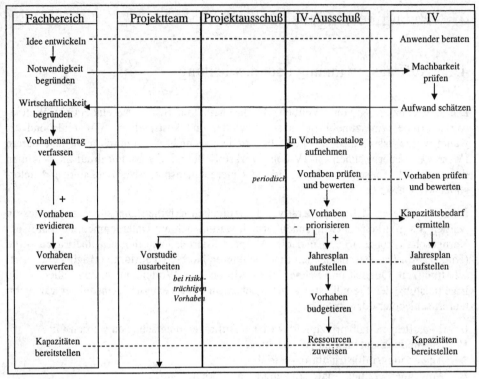

Abbildung 3: Auftragsgewinnung Teil 1

Wie ließe sich dieser Prozeß schlanker machen? Ganz einfach, statt eines langwierigen internen Beantragungs-, Prüfungs-, Genehmigungs-, Budgetierungs- und Einplanungsprozesses für Aufträge, sollten diese grundsätzlich intern und extern zugleich ausgeschrieben werden. Das bedeutet,

- auch der IV-Bereich als Auftragnehmer muß ein verbindliches Angebot (gegebenenfalls in zwei Stufen über eine Vorstudie) abgeben und
- der Anwenderbereich als Auftraggeber muß weitgehend frei sein in seiner Entscheidung, an wen er den Auftrag vergibt.

Von einem skandinavischem Unternehmen wird berichtet, daß es Aufträge öffentlich ausschreibt, um eine Wettbewerbssituation zwischen der eigenen IV-Abteilung und den externen Dienstleistern herzustellen. Ein Projekt darf nur dann intern durchgeführt werden, wenn das interne Angebot nicht unterhalb des Leistungsniveaus des besten externen Angebots liegt (Kempis/Ringbeck 1998, S. 184).

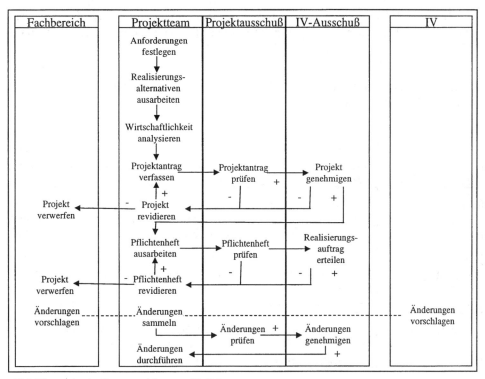

Abbildung 4: Auftragsgewinnung Teil 2

Dies setzt allerdings dreierlei voraus:

1. Es gibt neben der internen IV mehrere erprobte und verläßliche Dienstleister, mit denen eine Zusammenarbeit weitgehend risikofrei ist. Diese Forderung klingt zunächst unrealistisch und wird es auch bleiben, solange nicht die alten Berührungsängste abgebaut und Kooperationen mit Dienstleistungspartnern gewünscht und gesucht werden. „Regelmäßige Neuausschreibungen und glaubwürdige Leistungsvergabe halten einen konstant hohen Wettbewerbsdruck zwischen den Anbietern aufrecht und ermöglichen einen optimalen Leistungsbezug (Kempis/Ringbeck 1998, S. 147).

2. Der IV-Bereich ist ein Profit-Center und rechnet zu Vollkosten ab. Verdeckte Subventionen darf es nicht geben. Dies setzt wiederum voraus, daß die IV-Kosten bekannt und zurechenbar sind. Auf diese Weise kann jeder Auftrag wie eine normale Ausgabe oder Investition behandelt werden, eine Sonderrolle für IV-Aufträge entfällt.

3. Die Anwenderbereiche bezahlen die Aufträge aus ihren Budgets, d.h. sie sind für die Wirtschaftlichkeit und damit für den Nachweis einer Wertmehrung verantwortlich. Kann ein Budgetverantwortlicher nur innerhalb seines Budgetrahmens Substitutionen vorneh-

men (was auf der einen Seite mehr ausgegeben wird, muß auf der anderen Seite wieder eingespart werden), dann wird er bei jeder Auftragsvergabe tunlichst darauf achten, daß sich das Geschäft auch „unterm Strich" für ihn lohnt.

Die Vorteile einer solchen Verfahrensweise (Abbildung 5), wie sie prinzipiell auch von Unternehmen praktiziert wird, die ihre IV organisatorisch verselbständigt haben, lassen sich anhand der vier wichtigsten Kenngrößen von Prozessen erkennen:

Zeit	Wesentliche kürzere Fristen zwischen Ideenfindung und Auftragsvergabe, da jedes Projekt für sich entschieden werden kann (Voraussetzung: Marktpreise, kein Ressourcenengpaß).
Kosten	Der Aufwand bis zur Auftragsvergabe wird insgesamt geringer, da insbesondere die periodische Programmplanung entfällt. Dagegen steigen die Transaktionskosten geringfügig sowie der Aufwand für die Projektkoordination.
Qualität	Durch die Wettbewerbssituation ist mit mehr Sorgfalt und Verläßlichkeit bei der Angebotsausarbeitung zu rechnen, es gibt mehrere Entscheidungsalternativen, die Entscheidungsbasis ist sicherer.
Flexibilität	Jederzeit können neue Ideen formuliert und bestehende Projekte wieder verworfen werden. Der jeweils günstigste Lieferant kann ausgewählt werden.

Zudem werden jetzt „Make-or-buy"-Entscheidungen vernünftigerweise frühzeitig getroffen und nicht erst, nachdem bereits intern aufwendige Vorleistungen erbracht wurden. Eine Fremdvergabe von Projekten verringert die intern zu realisierenden Aufträge und entlastet somit die eigenen Ressourcen. Dies erlaubt eine stärkere Konzentration auf das eigentliche Kerngeschäft.

4.2   Anwendungsentwicklung

Es gilt bisher quasi als ein Naturgesetz, daß sich die unternehmensinterne Anwendungsentwicklung an einem linearen Vorgehensmodell orientiert (Abbildung 6). Außerdem besteht Konsens darüber, daß sich eine anfänglich ausgearbeitete Projektspezifikation während der Anwendungsentwicklung möglichst nicht ändern sollte. Ferner setzten die analytischen Aufwandschätzverfahren (Function oder Data Point) auch eine exakte Anwendungsbeschreibung voraus. Ohne eine vollständige und stabile Anforderungsbeschreibung wäre die Analyse der Wirtschaftlichkeit Makulatur.

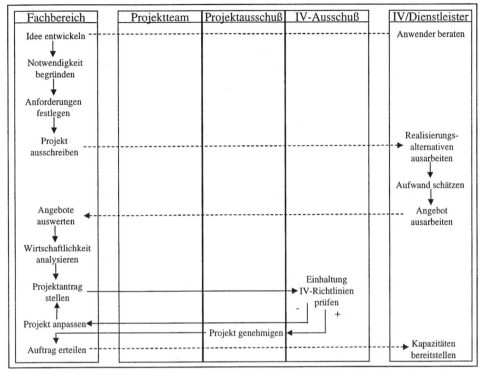

Abbildung 5: Auftragsgewinnung (neu)

Was spräche nun dagegen, sich bei der Anwendungsentwicklung stärker an den Profis dieses Geschäfts zu orientieren? Die Firma Microsoft gilt als ein professionelles und erfolgreiches Unternehmen, das Systemsoftware wie WINDOWS und Anwendungssoftware wie WORD und EXCEL für PCs herstellt und vertreibt. Microsoft beliefert allerdings ausschließlich Massenmärkte. Kurze Entwicklungszeiten und Produktlebenszyklen sind hierfür charakteristisch. Typisch für Microsoft ist eine flexible, dennoch strukturierte Produktentwicklung, die auch als evolutionäre Softwareentwicklung bezeichnet wird. Dagegen sind moderne Ausstattung und Entwicklungsmethoden eher zweitrangig (Cusomano/Selby 1996, S. 145 ff).

Bei der Produktentwicklung läßt sich die Führungsmannschaft von folgenden allgemeinen Prinzipien leiten:

- Konzentration auf Benutzeranforderungen, nicht auf Entwicklungsmethoden oder Entwicklungsprozesse.
- Aufteilung der Entwicklungsarbeit in 3-5 sequentielle Teilprojekte, wobei die Arbeit immer an der schwierigsten Stelle beginnt.
- Ein langsam wachsendes Produkt anstatt einer in Beton gegossenen Spezifikation.

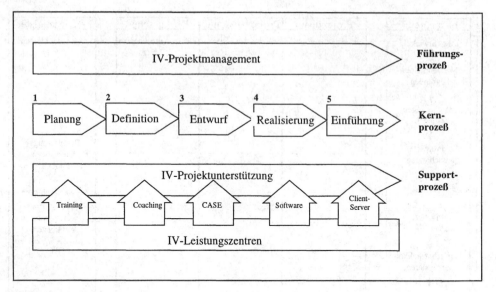

Quelle: Steinweg 1995, S. 12

Abbildung 6: Prozeßstruktur der Anwendungsentwicklung

■ Änderungen in den Produktanforderungen sind unvermeidbar. Änderungen werden
  aber nur zugelassen, wenn sie zu einer grundlegenden Verbesserung führen (Faktor
  2).
■ Parallel arbeitende Teams mit einer täglichen Zwischenversion zur Synchronisierung
  der Teamarbeit.
■ Das Produkt wird während der Entwicklung ständig getestet, so daß es jederzeit eine
  einsetzbare Version gibt.
■ Die Mitarbeiter machen ihre eigenen Zeitpläne, nur der Projektaufwand und das
  Projektende sind vorgegeben.
■ Fest eingebaute Pufferzeiten fangen Zeitverzögerungen durch Unvorhergesehenes
  auf.
■ Die Teams werden immer wieder neu zusammengestellt, damit sich gute Leute mit
  weniger guten mischen.

Zunächst versuchen die Projektteams die Anwenderbedürfnisse zu verstehen und diese
in einzelne Programmfunktionen umzusetzen. Dann werden diese Funktionen priorisiert
und drei oder vier Teilprojekten zugeordnet. Um die Kreativität der Entwickler nicht von
vornherein einzuengen, wird lediglich die Zahl der Teammitglieder und die Projektdauer
begrenzt, nicht jedoch die Projektspezifikation festgeschrieben. Dieser so fixierte Projektaufwand ist der entscheidende Orientierungspunkt für die Aufstellung des Projekt-
planes. Bei der Festlegung von Aktivitäten und Meilensteinen wird vom geplanten Aus-
lieferungstermin rückwärts gerechnet und der Zeitplan mit anderen Projekten und
externen Einflüssen abgestimmt.

Statt von Anfang an eine detaillierte Spezifikation zu schreiben, bringt Microsoft die Projekte mit einer ehrgeizigen Visionsaussage und einer vorläufigen Spezifikation erst einmal in Gang. Die Visionsaussage listet eine Reihe von Zielen auf, durch die der Entwicklungsprozeß aktiviert wird, enthält aber keine ausführlichen Produktanforderungen. Sobald die Visionsaussage formuliert ist, wird mit der Spezifikation der Funktionen begonnen. Diese sehr groben und vorläufigen Spezifikationen werden während der Entwicklung präzisiert und ergänzt, denn während der Laufzeit eines Projektes ändern sich Konkurrenzprodukte, Bedürfnisse der Kunden und Marktchancen. Das Spezifikationsdokument muß daher flexibel genug sein, um Veränderungen zuzulassen und neue Gelegenheiten auszuschöpfen. Gleichzeitig muß es aber konkret genug sein, um die Projektdauer abschätzen zu können und den Entwicklern die Möglichkeit zu geben, in ihrer Arbeit voran zu kommen, ohne ständig von vorne beginnen oder Teile überarbeiten zu müssen. Erst am Ende des Projekts ist die Spezifikation vollständig und kann u.a. für das Nutzerhandbuch verwendet werden.

Zusammengefaßt lassen sich die Unterschiede der evolutionären und der linearen Anwendungsentwicklung wie folgt beschreiben:

Evolutionäre Entwicklung	Lineare Entwicklung
Produktentwicklung und -testen verläuft parallel	Separate, sequentiell angeordnete Phasen
Visionaussage und sich entwickelnde Spezifikation	Vollständige und stabile Spezifikation sowie ausführlicher Entwurf vor der Produktrealisierung
Priorisierung der Funktionen in 3 bis 4 Teilprojekten	Versuch, alle Komponenten gleichzeitig zu entwickeln
Häufige Integration und Testen der Lauffähigkeit	Ein großer Integrationstest am Ende der Entwicklung
Fester Auslieferungstermin und mehrere Versionszyklen	Perfektionsstreben bereits am Anfang
Nutzerreaktionen während der Entwicklung	Nutzerreaktionen nach der Einführung
Entwicklung in kleinen homogenen Teams	Entwicklung in einem großen heterogenen Team

Eine 1:1-Übertragung dieser Vorgehensweise auf die Entwicklung von Individualsoftware wäre leichtfertig. Dafür sind die Entwicklungscharakteristika zu unterschiedlich:

Massenprodukt	Individualprodukt
- so allgemein wie möglich	- so angepaßt wie nötig
- so kompakt wie möglich	- so vielseitig wie nötig
- „time to market" kritisch	- „time to market" weniger kritisch
- Spezialisten als Entwickler	- Generalisten als Entwickler

Dennoch könnte ansatzweise die Philosophie der evolutionären Softwareentwicklung kopiert werden: Fester Lieferzeitpunkt und mehrere Versionszyklen. Das setzt eine Bewertung und Priorisierung der Anforderungen voraus (Gora 1997). Da auch der IV-Bereich ein verbindliches Angebot für die Entwicklung vorlegen mußte, ist der mögliche Aufwand bereits anfangs fixiert. Jede Budgetüberschreitung ginge zu Lasten der IV oder müßte mit dem Auftraggeber neu verhandelt werden. Anwendungen ändern sich aber auch ständig mit der Organisation der Prozesse, die sie unterstützen. Die Entwicklung ist daher im Prinzip nie abgeschlossen. Deshalb ist auch eine endgültige Festschreibung einer Anwendungsspezifikation unsinnig. Sie würde die Realisierungsmöglichkeiten bereits anfangs einschränken und einen Treueschwur von den Beteiligten verlangen, der ihnen lästig und teuer werden kann. Besser wäre es, mit einem kalkulierten und vorgegebenen Aufwand eine erste (Grund-)Version zu entwickeln, die dann zyklisch verbessert und den veränderten Bedingungen der Anwender angepaßt werden kann.

Eine zusätzliche Verfahrensänderung könnte die Zerlegung der betrieblichen Prozesse in Standardfunktionen sein, die dann nur einmal entwickelt werden müßten und dann beliebig kombiniert werden könnten. Dies gelingt immer dann, wenn sich die unterschiedlichen Geschäftsprozesse auf gemeinsame betriebliche Funktionen zurückführen lassen (Abbildung 7).

Alternativ kann die Verwendung vorgefertigter Anwendungsplattformen (Referenzmodelle, Templates) die Entwicklungsgeschwindigkeit benutzerdefinierter Anwendungen erheblich reduzieren (Österle/Sanche 1994). Ähnliche Überlegungen und Entwicklungen (Standardisierung durch branchen- und prozeßspezifische Mikroprozeßbibliotheken) treffen durchaus auch für die Einführung integrierter Standardsoftware zu (Kempis/Ringbeck 1998, S. 191).

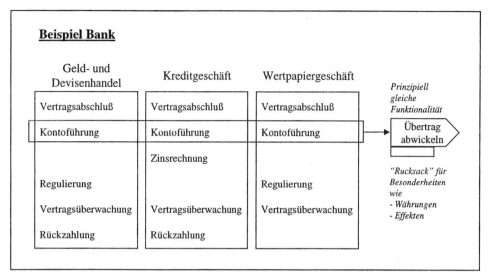

Quelle: Ploenzke

Abbildung 7: Spartenübergreifende Verallgemeinerung betrieblicher Funktionen

Die Vorteile der vorgeschlagenen Änderungen des Entwicklungsprozesses sind offensichtlich:

Zeit	Fester Übergabetermin, keine einseitigen Fristverlängerungen/Fristüberschreitungen.
Kosten	Der geschätzte Aufwand ist nach der Auftragsvergabe verbindlich, daher Einhaltung des vorgegebenen Budgetrahmens. Einmalige Entwicklung von Funktionsbausteinen und Mehrfachverwendung.
Qualität	Häufige Tests und Nutzerreaktionen, ständige Verfügbarkeit lauffähiger Zwischenprodukte. Wiederverwendung erprobter SW-Bausteine, Einsatz von Templates.
Flexibilität	Keine einmalige Festschreibung der Anforderungen, sondern eine sich entwickelnde Spezifikation mit zyklischen Verbesserungen (Versionen). Entwicklung von Funktionsbausteinen und beliebige Kombination zur Prozeßunterstützung.

Ansätze zur Modellierung des Wartungsprozesses betrieblicher Anwendungen finden sich bei Li (Li 1996), was hier nicht weiter vertieft werden soll.

4.3   Anwendungsbetrieb

Als Anwendungsbetrieb ist die Fabrik des fiktiven Fertigungsbetriebes zu verstehen. Dazu gehört vereinfachenderweise das zentrale Rechenzentrum (oder mehrere) und die dezentralen Client/Server-Netze. Der Betrieb dieser Einheiten ist heute weitgehend automatisiert oder läßt sich noch automatisieren, zum Beispiel durch eine Versorgung und Betreuung der PCs von einem Server oder Leitstand aus. Dies setzt allerdings eine hinreichende Standardisierung der Infrastrukturkomponenten voraus.

Wie beim Strom aus der Steckdose, der nach Ansicht „gewisser Verbraucher" sogar die Elektrizitätswerke überflüssig machen könnte, interessiert den Anwender Aufbau und Funktionsweise des Rechenzentrums im allgemeinen nicht, solange die Leistung stimmt, die er aus dem Netz erhält. Deshalb sind einer Prozeßoptimierung keine Grenzen gesetzt. Zudem ist es für den Anwender unerheblich, wer der Lieferant der Rechenleistung ist. Dieser kann intern oder extern angesiedelt sein, so daß auch spezialisierte Dienstleistungsunternehmen kontraktiert werden können.

Schlank sein bedeutet hier zusätzlich ein Aufräumen mit der Vergangenheit. Es reicht nicht allein aus, den Betriebsprozeß zu optimieren, sondern es muß auch das Mengengerüst, die Anwendungen, reduziert werden. Es muß systematisch und rigoros geprüft werden, welche Anwendungen
- überhaupt noch sinnvoll sind,
- nur gelegentlich genutzt werden und kaum Änderungsbedarf haben,
- selten eingesetzt, aber häufig geändert werden,
- oft genutzt, aber selten geändert werden,
- intensiv genutzt und laufend geändert werden.

Auf diese Weise lassen sich Anwendungen identifizieren, die ersatzlos wegfallen können, beibehalten werden oder neu zu entwickeln sind (Dorn 1996, S. 288 f). Die Ergebnisse einer solchen Entrümpelung können sich in der Regel sehen lassen, falls die Aufräumaktion wie bei Gemeinkosten- bzw. Projektwertanalysen mit einer anspruchsvollen Hürde angegangen wird. Die Firma BIAMAX zum Beispiel berichtet, daß nach einer Inventur im Rahmen des Jahr 2000-Projektes die Plattenbelegung auf 56% reduziert werden konnte.

4.4   Anwenderberatung und -unterstützung

Wenn auch die Bedeutung des Kundendienstes nicht unterschätzt werden darf, so ist doch die Anwenderbetreuung selten effizient und wirtschaftlich. Anwenderanfragen bleiben kaum unbeantwortet und mit jeder neuen Anwendung oder Technik wächst der Betreuungsbedarf. Deshalb ist in erster Linie festzulegen, welcher Leistungen zu welchen Preisen angeboten werden. Hier hilft ein Standardleistungsverzeichnis mit Einheitspreisen. Eine Leistungsabrechnung nach Zeitaufwand reicht allein nicht aus.

Wie in Beratungsunternehmen muß der Kundenbetreuer dann im Durchschnitt sechs bis sieben Stunden pro Tag produktiv verbringen, das heißt einen vorgegebenen Mindestumsatz auf Kundenaufträge abrechnen können. Sind die internen Leistungen nicht ihr Geld wert, darf ebenso auf externe Dienstleister ausgewichen werden. Es ist aber auch mit einem zusätzlichen Effekt zu rechnen. Als die Leistungen der Handwerker nicht mehr stimmten (zu spät, zu teuer) entwickelte sich der häusliche Do-it-yourself-Bereich. Auch der Anwender wird vermehrt seine Probleme selber lösen wollen, wenn ihm die Höhe der Rechnung nicht mehr angemessen erscheint.

Beratungs- und Unterstützungsleistungen sind daher selektiv zu erbringen. Diese Leistungstransfers in die Anwenderbereiche müssen detailliert und zeitabhängig veranschaulicht werden, um Problemfelder zu lokalisieren und deren eigentliche Ursachen anzugehen. So kann etwa eine unzureichende Schulung der Nutzer einer neuen Anwendung der Grund für die häufige Nachfrage nach Unterstützungsleistungen sein. Über die Auslastung der Betreuer läßt sich schließlich deren Kapazität steuern.

Der Betreuungsprozeß selbst kann in der Weise optimiert werden, daß sich der Betreuer die Nutzeroberfläche des Anwenders auf seinem Arbeitsplatz holt. Auf diese Weise erübrigt sich in vielen Fällen ein Besuch vor Ort.

5.   Organisatorische Konsequenzen

Eine Neugestaltung der IV-Prozesse muß insbesondere die Prozeßkunden (Anwenderbereiche) im Blickfeld haben. Reengineering ist nutzlos, wenn nicht zukünftig die Kundenbedürfnisse besser befriedigt werden und/oder die Prozesse wirtschaftlicher ablaufen.

Auf der Suche nach der Organisation des IV-Bereiches der Zukunft hat Heinzl (Heinzl 1996, S. 249 ff) im US-amerikanischen Kontext herausgefunden, daß die Anwenderbereiche zunehmend die Systemführerschaft übernehmen und damit die Verantwortung für die Entwicklung und Einführung von Anwendungen tragen werden. Ausnahmen sind lediglich aufgabenkritische und unternehmensweite Anwendungen, für die nach wie vor der zentrale IV-Bereich zuständig bleiben wird. Dies trifft sicherlich in dieser Form nur für die hier interessierenden größeren Unternehmen zu.

Die zukünftige IV-Organisation wird im wesentlichen auf folgenden Eckpfeilern ruhen (Schwarz 1997):
- Einem Koordinationsstab für die Ordnungsaufgaben der IV.
- Mehreren Entwicklungseinheiten, die den Geschäftsbereichen zugeordnet sind.
- Einem Produktionsbereich.

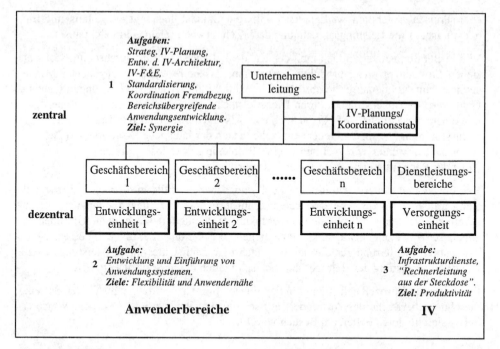

Quelle: Heinzl 1996

Abbildung 7: Die IV-Organisation der Zukunft

Diese Strukturierung führt zu einer deutlichen Verzahnung von IV und Anwenderbereichen. Die Folge ist eine größere Anwendernähe und Flexibilität (Abbildung 7). In diesem Zusammenhang wird auch die Frage nach der optimalen Wertschöpfungstiefe der IV wieder interessant. Mit dem Ziel eines maximalen Wertbeitrages der IV verlieren Tätigkeiten wie die Entwicklung und der Betrieb von Anwendungssystemen zunehmend an Bedeutung. Eine konsequente Weiterentwicklung der IV-Organisation kann dann heißen: Konzentration auf die wesentlichsten Kernaufgaben wie strategische IV-Planung und Entwicklung der Anwendungsarchitektur sowie erfolgreiches Management von fremdvergebenen Aufgaben nach Kosten-, Service- und Risikoaspekten.

In einer McKinsey-Untersuchung (Dvorak u.a. 1997) über den erfolgreichen Einsatz der IV heißt es: Erfolgreich in der IV sein hat nichts mit Technomagie zu tun, sondern etwas damit, wie die Aufgaben der IV im Unternehmen verstanden und wahrgenommen werden. In dieser Hinsicht erfolgreiche Unternehmen managen ihre IV genau so wie ihre anderen kritischen Unternehmensfunktionen und -prozesse. Sie entwickeln Führungsqualität im IV-Management, achten darauf, daß in der IV ganz normal argumentiert wird (business language) und konzentrieren sich auf den Beitrag, den die IV zum Geschäftswert leistet. Die sechs Empfehlungen der Autoren lauten in Kurzform entsprechend:

1. Mache die IV zu einer geschäftsgetriebenen Linienaufgabe und nicht zu einer technologiegetriebenen Stabsaufgabe.
2. Treffe IV-Investitionsentscheidungen - wie sonst auch - nur auf der Basis von Werterzeugung.
3. Strebe durchgängig Einfachheit und Flexibilität im technologischen Umfeld an.
4. Fordere kurzfristige Ergebnisse für alle Entwicklungsvorhaben.
5. Betreibe jährliche Produktivitätssteigerungen.
6. Mache den IV-Bereich geschäftstüchtig und die Fachbereiche IV-tüchtig.

6. Resümee

Nachdem der alte Glaubenssatz, IT-Investitionen sichern den Unternehmenserfolg, heute nicht mehr gilt, muß der betrieblichen IV eine Schlankheitskur verordnet werden. Diät bedeutet immer zweierlei: es muß maßvoll und anders gegessen werden. Das Maßvolle zielt auf die Menge und den Umfang der IV-Aufträge in der Anwendungsentwicklung, im Betrieb und in der Anwenderbetreuung. Anders heißt, die Arbeitsprozesse müssen deutlich entschlackt und vereinfacht werden. Es gibt keinen stichhaltigen Grund warum ein Reengineering der Geschäftsprozesse nicht auch in der IV möglich ist. Diese Managementaufgabe ist nicht notwendigerweise komplizierter als vergleichbare Aktionen in anderen Unternehmensbereichen.

Literatur

Battles, B.; Mark, D.; Ryan, C. (1996): How otherwise good managers spend too much on information technology, The McKinsey Quarterly 3/1996, S. 117-127.

van Biema, M.; Greenwald, B. (1997): Managing our way to higher service-sector productivity, HARVARD BUSINESS REVIEW, Juli-August 1997, S. 87-95.

Brogli, M. (1996): Steigerung der Performance von Informatikprozessen, Braunschweig/Wiesbaden 1996.

Cusomano, M.; Selby, R. (1996): Die Microsoft Methode, Freiburg i. Br. 1996.

von Dobschütz, L.; Langenbacher, S. (1994): Die systematische Erschließung von Einsparungspotentialen in der DV, HMD 178/1994, S. 126-138.

Dorn, B. (1996): Computerbeben, Frankfurt/Wiesbaden 1996.

Dvorak, R.; Holen, E.; Mark, D.; Neehan III, W. (1997): Six principles of high performance IT, The McKinsey Quarterly 3/1997, S. 164-177.

Gora, W. (1997): Software-Entwicklung: Auf das Wesentliche besinnen, online 6/97, S. 64-68.

Heinzl, A. (1996): Die Evolution der betrieblichen DV-Abteilung, Heidelberg 1996.

Huber, H.; Kraft, D. (1996): Können Sie mir sagen, wie gut Ihr IV-Bereich ist?, online 9/96, S. 50-54.

Kempis, R.-D.; Ringbeck, J. et al. (1998): do IT smart, Wien 1998.

Kütz, M. (1996): Brauchen Unternehmen eine DV-Abteilung?, Information Management 3/96, S. 53-56.

Li, J. (1996): Modellierung und Ausführung der Softwarewartung. In: F.Lehner (Hrsg.): Softwarewartung und Reeengineering, Wiesbaden 1996, S. 279-295.

Österle, H.; Sanche, J. (1994): Systementwicklung mit Applikationsplattformen - Erfahrungen bei der Lufthansa und der Schweizerischen Kreditanstalt, Wirtschaftsinformatik 36(1994)2, S. 145-154.

Schwarz, G. (1997): IT-Organisation: Wert schaffen durch Verbindung von Kerngeschäft und Informationstechnologie, Information Management 3/97, S. 6-9.

Steinweg, C. (1995): Praxis der Anwendungsentwicklung, Braunschweig/Wiesbaden 1995.

Strassmann, P. (1997a): Will big spending on computers guarantee profitability?, Datamation Feb. 1997, S. 75-85.

Strassmann, P. (1997b): The Squandered Computer, New Canaan/Connecticut 1997.

Martin Kütz

Ein Konzept für das IV-Benchmarking

1. Einleitung

Jede Organisation möchte ihre Abläufe verbessern, die Leistungsfähigkeit steigern und die Kosten senken. Entsprechende Aktivitäten vollziehen sich zyklisch in Form des Controlling-Regelkreises (Horváth&Partner 1995, S. 9 f) bestehend aus Planung, Durchführung und Abweichungsanalyse. In der Planung werden anspruchsvolle und zugleich erreichbare Ziele festgelegt und Wege zur Zielerreichung aufgezeigt. Die Abweichungsanalyse stellt zunächst den Zielerreichungsgrad der Durchführung fest. Danach werden die Ursachen der negativen wie positiven Abweichungen ermittelt.

Um möglichst viele Verbesserungspotentiale zu erschließen, sollten neben den Erfahrungen der eigenen Organisation auch die Erfahrungen und Praktiken anderer Organisationen nutzbar gemacht werden. Benchmarking ist eine Methode sowohl eigene wie - insbesondere auch - fremde Erfahrungen systematisch zu beobachten und zu nutzen. Dies gilt für alle Aufgabenbereiche einer Organisation (McDonald/Tanner 1997, S. 8 - 10; Patterson 1996, S. 13 - 19; Stickel u.a. 1997, S. 68). Während Benchmarks, das sind punktuelle Vergleiche mit anderen Organisationen, in der Informationsverarbeitung (IV) vor allem im Bereich der Informationstechnik eine lange Tradition haben, ist Benchmarking als systematischer und kontinuierlicher Vergleichs- und Lernprozeß in diesem Umfeld noch wenig verbreitet. Vielfach liegen Vorgehensweisen und Verfahren in einer für diesen Bereich praxistauglichen Form noch nicht vor. Auch die Basisliteratur über IV-Controlling macht hierzu noch keine Angaben (vgl. z.B. von Dobschütz 1994; Hassenfelder/Schreyer 1996; Kargl 1996).

Im Abschnitt 2 soll ein zwar idealtypischer, aber praxisorientierter Benchmarking-Prozeß für die betriebliche Informationsverarbeitung entwickelt werden. Die Überlegungen beschränken sich auf den IV-Anwender, also Organisationen, für die die IV zu den unterstützenden, jedoch nicht zu den eigentlichen Kernaufgaben zählt. Insbesondere werden weder Hardware- noch Software-Hersteller oder professionelle IV-Dienstleister einbezogen. Ein großer Teil der Ergebnisse ließe sich jedoch problemlos auf sie übertragen.

In Abschnitt 3 werden die Objekte des IV-Benchmarking, die IV-Leistungsprozesse betrachtet. Bereits existierende Prozeßarchitekturen werden auf ihre Praxisnähe und Benchmarking-Eignung hin untersucht. Daraus ergeben sich Kriterien für die Realisierung benchmarking-fähiger Leistungsprozesse in der betrieblichen IV.

Schließlich wird im Abschnitt 4 auf der Grundlage des zuvor definierten Benchmarking-Prozesses und der Kriterien für die Benchmarking-Fähigkeit von IV-Leistungsprozessen ein praxisorientierter Rahmen zur Umsetzung von IV-Benchmarking entwickelt. Dieses Konzept wird unter zwei Leitgedanken stehen. Zum einen muß die Benchmarking-Konzeption für den betrieblichen Alltag (auch kleinerer IV-Anwender) geeignet sein.

Zum anderen muß es möglich sein, IV-Benchmarking schrittweise zu implementieren und auszubauen.

Bei der Umsetzung eines Benchmarking-Konzeptes spielen die Prozeßführungsgrößen eine wichtige Rolle, das sind diejenigen Parameter, die am Prozeß gemessen werden und über die der Prozeß gesteuert wird. Daher werden an dieser Stelle grundlegende Fragestellungen für die Auswahl und Kombination von Prozeßführungsgrößen diskutiert.

Abschließend wird die hier erarbeitete Vorgehensweise an einigen Beispielen aus der Praxis exemplarisch demonstriert. Dabei wird insbesondere auf Fragestellungen und Schwierigkeiten der praktischen Umsetzung eingegangen.

2.   Der Benchmarking-Prozeß

Das allgemeine Interesse an Benchmarking ist groß. Das zeigt die erhebliche Anzahl einschlägiger Veröffentlichungen. So findet man zum Beispiel im Verzeichnis lieferbarer Bücher des deutschen Buchhandels (www.buchhandel.de, 23.4.1998) unter dem Suchbegriff „Benchmarking" 41 Einträge (in der Sparte Informatik/Datenverarbeitung allerdings nur 2 Einträge). In der „Computerwoche", einer führenden IV-Fachzeitschrift, kommt dieser Begriff von 1994 bis 1997 in insgesamt 40 Artikeln vor, allein 1997 in 13 Artikeln. In der „Computerworld", dem amerikanischen Schwesterorgan, läßt sich dieser Begriff von 1995 bis 1997 in 73 Artikeln nachweisen, 1997 in insgesamt 21 Artikeln (nach einer Auswertung des Autors über die CD-ROM-Version I/98).

2.1   Benchmarking-Definitionen

Viele dieser Publikationen konzentrieren sich auf das sogenannte Best-Practice-Benchmarking (McDonald/Tanner 1997, S. 17 - 19), das „Lernen von den Besten" (Grass 1996) oder „Orientierung am Besten" (Mertens 1997). Es ist eine wichtige Variante des Benchmarking, deckt aber nur einen beschränkten Ausschnitt aus der Palette der Möglichkeiten ab. Vor allem setzt ihre erfolgreiche Nutzung eine erhebliche Benchmarking-Erfahrung voraus und bietet dem Benchmarking-"Anfänger" nur wenig praktische Hilfestellung. Um Benchmarking auch dem Anfänger zugänglich zu machen, geht man besser von der Definition des American Productivity and Quality Center (APQC) aus. Dort ist Benchmarking „the process of identifying, understanding and adapting outstanding practices and processes from organisations anywhere in the world to help your organisation to improve its performance" (APQC 1998b).

Für das praktische Benchmarking hat diese Definition mehrere entscheidende Vorteile. Sie spricht von *hervorragenden* und nicht ausschließlich von *besten* Vorgehensweisen oder Prozessen, von denen man lernen soll. Es kann nämlich nicht allgemein festgelegt werden, welches die beste Vorgehensweise ist. Dies hängt jeweils von der konkreten Situation ab. Außerdem fordert diese Benchmarking-Definition implizit dazu auf, nicht nur Organisationen im eigenen Aktionsfeld zu betrachten. Grundsätzlich kommen nämlich alle Organisationen für Benchmarking in Frage, auch solche aus anderen Tätigkeitsfeldern und Branchen. Dieser Ansatz ermöglicht besonders das Einbeziehen der stets vorhandenen, aber oftmals nicht auf Dauer erfolgreichen Innovatoren und Querdenker unter den Organisationen.

Es darf beim Benchmarking nicht darum gehen, andere Organisationen lediglich nachzuahmen. Die eigene Organisation muß vielmehr mit kritischer Distanz betrachtet werden, im Vergleich mit anderen Organisationen sind Verbesserungspotentiale zu erkennen, gute Ideen anderer sind herauszukristallisieren und mit dem Ziel, die eigene Leistungsfähigkeit über die der Vergleichsorganisation hinaus zu steigern, auf die eigene Organisation zu übertragen. Insofern ist Benchmarking kein intelligentes Kopieren, sondern eine *kreative* und *innovative* Tätigkeit.

2.2   Prozeßmodelle für das Benchmarking

In der Literatur gibt es vielfältige Modelle für Benchmarking-Prozesse. Die historische Grundform stammt von Deming und besteht aus den vier Prozeßschritten der Planung, Durchführung, Analyse und Veränderung (Abbildung 1). Sie findet sich in den meisten einschlägigen Publikationen. Auch wesentlich feiner gegliederte Benchmarking-Prozesse lassen sich in der Regel auf diese Vierer-Struktur zurückführen (McDonald/Tanner 1997, S. 24 f).

Prozeßschritte		Beschreibung
Plan	**Planen**	Benchmarks planen
Do	**Sammeln**	Benchmarks durchführen
Check	**Analysieren**	Benchmarks mit eigenem Prozeß vergleichen
Act	**Anpassen**	Eigenen Prozeß verändern

Abbildung 1: Die Grundform des Benchmarking-Prozesses

Die Deming´sche Struktur ist zwar logisch und intuitiv eingängig, hat aber zwei wesentliche Nachteile. Sie ist weder konkret genug für eine praktische Umsetzung, noch deckt
sie IV-spezifische Aspekte ausreichend ab. Auch die wesentlich detaillierteren Modelle
des Benchmarking-Prozesses wie z.B. das Xerox-Modell (McDonald/Tanner 1997, S.
25) oder das von der APQC entwickelte Modell (McDonald/Tanner 1997, S. 25 und S.
52 - 54) sind nicht IV-spezifisch ausgelegt. Die Belange der betrieblichen Informationsverarbeitung berücksichtigt hingegen das Prozeßmodell von H. van der Zee (Abbildung 2).

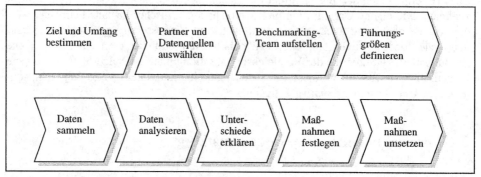

Abbildung 2: Der IV-Benchmarking-Prozeß

Dieser Benchmarking-Prozeß besteht aus 9 Prozeßschritten, von denen der Autor sagt,
sie seien „small enough to be manageable and large enough to be non-trivial" (van der
Zee 1996, S. 270).

Das Prozeßmodell weist zwar die gewünschte IV-Orientierung auf, es zeigt aber mehr
die Struktur eines Benchmarking-Projektes und nicht so sehr den operativen und periodisch ablaufenden Benchmarking-Prozeß. Ein Benchmarking-Projekt kann zwar punk-
tuell erhebliche Verbesserungspotentiale aufzeigen, wird aber meist nur zur Angleichung
an leistungsbessere Organisationen führen. Ihm fehlt naturgemäß das Element der periodisch immer wieder stimulierten Kreativität, die über einen permanenten Strom von
Verbesserungsideen zu einer nachhaltigen Steigerung des Leistungsniveaus führt
(Schneider 1995).

2.3   Der Benchmarking-Regelkreis

Nachstehend soll ein Prozeßmodell für IV-Benchmarking entwickelt werden, das unabhängig von speziellen Projekten in den betrieblichen Alltag einer IV-Organisation integriert werden kann. Basis der Diskussion ist der allgemeine Steuerungsprozeß, wie er
sich aus dem Controlling-Regelkreis (Horváth&Partner 1995, S. 9 f) mit den Elementen

Planung, Durchführung und Abweichungsanalyse ergibt. Dieser Steuerungsprozeß verläuft zyklisch und ist mit dem zu steuernden Leistungsprozeß inhaltlich und zeitlich eng verzahnt (Abbildung 3).

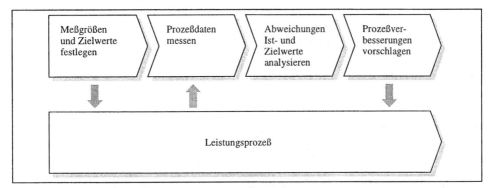

Abbildung 3: Kommunikation zwischen Leistungsprozeß und zugehörigem Steuerungsprozeß

Während sich der klassische Steuerungsprozeß nur innerhalb einer Organisation (und meist auch nur im direkten Umfeld des zu steuernden Leistungsprozesses) bewegt, kann Benchmarking den Zugang zu vergleichbaren Prozessen in anderen Organisationen eröffnen. So erweitert sich die Analysebasis für die Steuerung und erschließt neue und zusätzliche Verbesserungspotentiale. Insofern ist Benchmarking die Verallgemeinerung des herkömmlichen Steuerungsprozesses. Abbildung 4 zeigt die Struktur dieses verallgemeinerte Benchmarking- und Steuerungsprozesses.

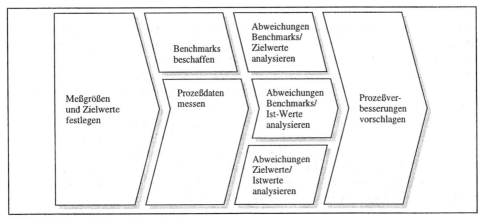

Abbildung 4: Der verallgemeinerte Benchmarking- und Steuerungsprozeß (Operativer Steuerungsprozeß)

Die Darstellung veranschaulicht auch die signifikante Erweiterung der Analysebasis, denn die Ist- wie auch die Zielwerte der Prozeßführungsgrößen werden mit den Benchmarks verglichen. Der in Abbildung 4 beschriebene Prozeß deckt zunächst nur den operativen Aspekt ab. Er wird daher als operativer Steuerungsprozeß bezeichnet. Auf einer zweiten Ebene bedarf es eines weiteren Teilprozesses zur Veränderung und Verbesserung des operativen Steuerungsprozesses. Dieser Methodenprozeß befaßt sich mit den Meßgrößen für Benchmarking und Steuerung, den erforderlichen Verfahren der Datengewinnung und der dazu benötigten Organisation (Abbildung 5). Es handelt sich um eine Verallgemeinerung des auch bei der herkömmlichen Steuerung erforderlichen Methodenprozesses.

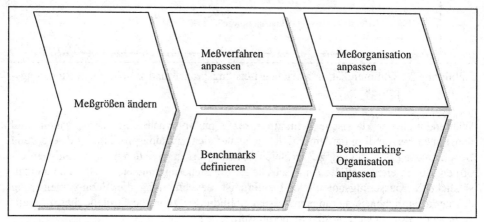

Abbildung 5: Der verallgemeinerte Methodenprozeß

Auch die oben beschriebenen Teilprozesse reichen nicht aus, den Steuerungs- und Benchmarkingprozeß vollständig zu beschreiben. Sie nehmen implizit an, daß der Prozeßverantwortliche vollständig und ausschließlich zielgerichtet arbeitet. Um aber die notwendigen konkreten Zielsetzungen zu erarbeiten, bedarf es umfassender Grundlageninformationen über methodische Ansätze, praktische Erfahrungen, verfügbare Daten und entsprechende Datenquellen. Solche Informationen werden in der Praxis durch einen entsprechenden Hintergrundprozeß gewonnen (Abbildung 6) und den anderen Teilprozessen bereitgestellt. Auch die klassische Steuerung benötigt einen solchen Hintergrundprozeß. Für das Benchmarking muß er lediglich um entsprechende Objekte erweitert werden. Benchmark-Definitionen und -organisationen, Benchmarks selber und die einschlägigen Datenquellen müssen die systematische Erforschung von Meßgrößen, Meßverfahren und erforderlichen Meßorganisationen ergänzen.

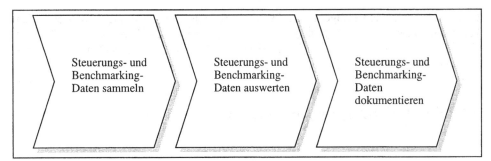

Abbildung 6: Der verallgemeinerte Hintergrundprozeß

Diese drei Teilprozesse sind untereinander und mit dem zu steuernden Leistungsprozeß über verschiedene Input-Output-Beziehungen verbunden. Die logische Struktur dieser Abhängigkeiten zeigt Abbildung 7. Chronologisch ist der operative Steuerungsprozeß mit dem Leistungsprozeß so verknüpft, daß die Festlegung der Meßgrößen und Zielwerte jeweils *vor*, die Messung der Prozeßdaten jeweils *während* und die Analyse der Abweichungen sowie Vorschläge zur Prozeßverbesserung jeweils *nach* der Leistungserstellung erfolgen.

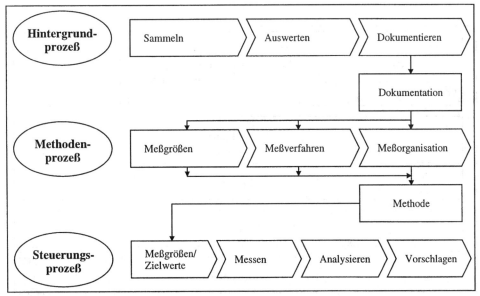

Abbildung 7: Vernetzung der Benchmarking-Teilprozesse

Diese Aufteilung des verallgemeinerten Benchmarking- und Steuerungsprozesses in den Hintergrundprozeß, den Methodenprozeß und den operativen Steuerungsprozeß bietet eine gute Basis, um ein praxisorientiertes IV-Benchmarking zu entwickeln und zu implementieren.

3. Die Leistungsprozesse der IV

Gegenstand des IV-Benchmarking sind die Leistungsprozesse der betrieblichen Informationsverarbeitung. Hier kann man zwar auf vorhandene Prozeßarchitekturen zurückgreifen, sie müssen jedoch in der Regel an die Besonderheiten der IV angepaßt werden.

3.1 Das Prozeßmodell nach Brogli

Eine speziell für IV-Organisationen ausgelegte Prozeßarchitektur beschreibt M. Brogli (Brogli 1996, S. 23) mit vier operativen sowie vier unterstützenden Leistungsprozessen (Abbildung 8).

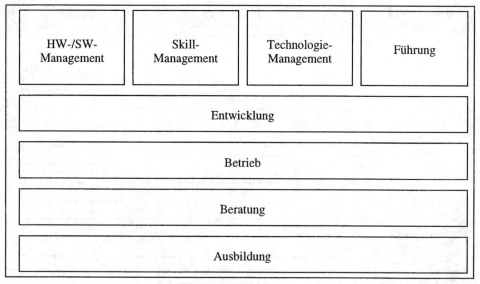

Abbildung 8: Die IV-Prozeßarchitektur nach Brogli

Für jeden der acht Leistungsprozesse stellt Brogli entsprechende Prozeßführungssysteme dar und diskutiert die zugehörigen Führungsgrößen. Dies sind „Zahlen, die in konzentrierter Form über quantifizierbare, betriebswirtschaftlich interessierende Sachverhalte informieren" (Brogli 1996, S. 18). Tatsächlich sind diese Größen aber mehr als nur reine Informationen. Sie dienen auch dazu, dem Prozeßverantwortlichen Ziele für die jeweilige Planungsperiode vorzugeben. Sie müssen daher „richtige" Maße für eine Bewertung des zu steuernden Leistungsprozesses sein. Der Prozeßverantwortliche muß wissen, wie er den Leistungsprozeß so beeinflussen kann, daß sich die Führungsgrößen in der angestrebten Weise verändern. Unter dem Aspekt des Benchmarking sind die Definition und Festlegung von Führungsgrößen noch in anderer Hinsicht von Bedeutung. Es müssen nämlich entsprechende Daten aus anderen Organisationen verfügbar sein, oder die dort erhältlichen Größen müssen auf die eigenen Führungsgrößen transformiert werden können. Ist das nicht der Fall, so ist auch kein Benchmarking möglich! Auf diese Problematik wird noch im Rahmen des Umsetzungskonzeptes eingegangen.

Die von Brogli diskutierte Prozeßarchitektur „entspricht einer oft anzutreffenden klassischen betrieblichen Aufgabenstellung" (Brogli 1996, S. 22) und geht damit von einem eher traditionellen Leistungsbild einer IV-Organisation aus. Demzufolge kann sie eine Reihe von Fragestellungen, mit denen IV-Organisationen heute konfrontiert werden, nicht ausreichend abdecken. Insbesondere der vertriebliche Aspekt, der für IV-Organisationen von elementarer Bedeutung ist, die mit externen IV-Dienstleistern im Wettbewerb sind, müßte durch einen eigenständigen Kundenmanagement-Prozeß abgedeckt werden[1]. Auch der Betriebsprozeß hat sich im Umfeld von Standard-Software und Client/Server-Architekturen stark gewandelt. Er ist zu einer gemeinsamen Aufgabe von Fachbereichen und IV-Organisation geworden. Dabei konzentriert sich die IV-Organisation zunehmend auf die Bereitstellung von IV-Infrastrukturen und die Sicherstellung der technischen Betriebsbereitschaft von Anwendungssystemen.

3.2   Das Auditierungsmodell

Eine andere Prozeßarchitektur, die sich im Rahmen von IV-Auditierungen herausgebildet und in diesem Umfeld bewährt hat (Arthur D. Little o.J.), berücksichtigt diese beiden Aspekte (Abbildung 9).

Neben einem spezifischen Kundenbetreuungsprozeß wird hier die traditionelle Entwicklung zu einer Bereitstellung von Lösungen verallgemeinert. Damit kann vor allem die Fertigungstiefenvariation (z.B. durch Outsourcing) in das Prozeßmodell einbezogen werden. Ähnlich wird der herkömmliche IV-Betrieb durch die Erbringung von Dienstleistungen ersetzt. Dies umfaßt zunächst einmal die Bereitstellung funktionsfähiger IV-Infrastrukturen und IV-Anwendungen sowie die Aufrechterhaltung ihrer Funktionsfä-

---

1   Vgl. den Beitrag von Dobschütz: „Eine Schlankheitskur für die IV" in diesem Band

higkeit. Daneben ist auch der traditionelle Rechenzentrumsbetrieb, wie er für den Betriebsprozeß bei Brogli Pate gestanden hat, enthalten. Andere Dienstleistungen im Umfeld des Anwendungsbetriebes, die normalerweise eher vom Fachbereich durchgeführt werden, können ebenso abgebildet werden. Hierunter fallen z.B. Datenerfassungs-, Prüf- und Abstimmarbeiten oder der Postversand von Kundenrechnungen.

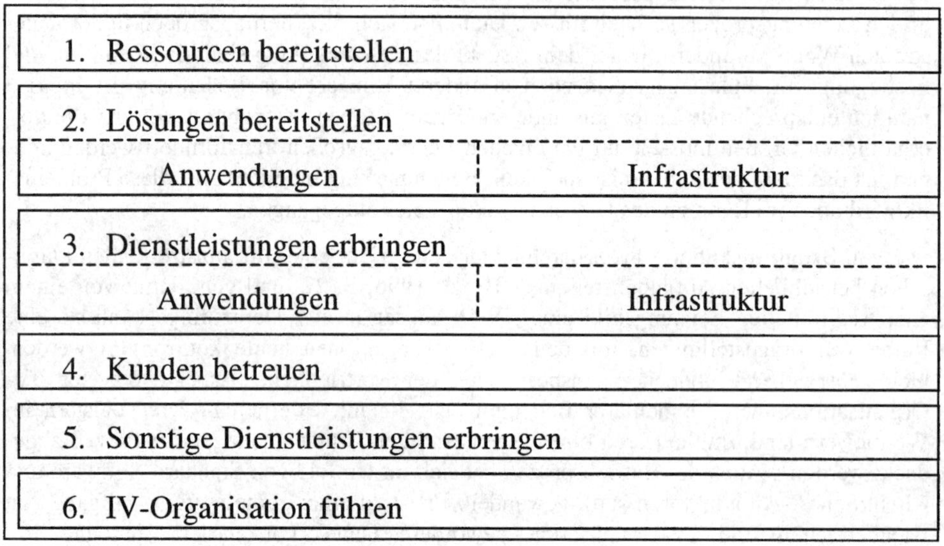

1. Ressourcen bereitstellen	
2. Lösungen bereitstellen	
Anwendungen	Infrastruktur
3. Dienstleistungen erbringen	
Anwendungen	Infrastruktur
4. Kunden betreuen	
5. Sonstige Dienstleistungen erbringen	
6. IV-Organisation führen	

Abbildung 9: Die IV-Prozeßarchitektur für Auditierungen

Die Ausbildung der IV-Mitarbeiter ist in dieser Architektur unter dem Prozeß der Ressourcenbereitstellung zu finden, ebenso das Hardware-/Software- und das Skill-Management, so wie die Personalbeschaffung und das Vertragsmanagement für die kontraktierten externen Dienstleister. Die Ausbildung von Fachbereichsmitarbeitern wird unter der Erbringung sonstiger Dienstleistungen erfaßt. Dieser Prozeß deckt auch die durchaus nicht unüblichen Aufgaben von IV-Organisationen (insbesondere Rechenzentren) im Bereich der Hausverwaltung und Materialbeschaffung ab. Die Führung der IV-Organisation umfaßt in diesem Modell das Management im engeren Sinne, aber auch das Technologie- und FuE-Management sowie die organisatorische und strategische Entwicklung der IV-Organisation. Die in Abbildung 9 genannte Prozeßarchitektur besteht auf der nächsten Detaillierungsebene aus insgesamt 116 Teilprozessen.

3.3 Das APQC-Modell

Im Sinne der Vollständigkeit sei an dieser Stelle noch das Process Classification Framework der APQC genannt (APQC 1998b; McDonald/Tanner 1997, S. 52 - 54), das zwar nicht IV-spezifisch ausgelegt ist, aber in der allgemeinen Diskussion um Prozeßarchitekturen einen normierenden Einfluß hat (Abbildung 10).

Operative Prozesse	Management- und Unterstützungsprozesse
1. Kenntnisse über Märkte und Kunden erwerben	8. Personalentwicklung und -verwaltung
2. Vision und Strategie entwickeln	9. Informationen verwalten
3. Produkte und Dienstleistungen entwerfen	10. Finanzielle Ressourcen und Betriebsausstattung verwalten
4. Vermarkten und Verkaufen	11. Umweltprogramm durchführen
5. Produktion und Auslieferung von Produkten	12. Externe Beziehungen pflegen
6. Produktion und Auslieferung von Dienstleistungen	13. Verbesserungen und Veränderungen einleiten
7. Rechnungsstellung und Kundendienst	

Abbildung 10: Das APQC Process Classification Framework

Auch hier werden, wie in der Brogli´schen Architektur, zwei Prozeßkategorien unterschieden, operative Prozesse einerseits und Management- und Unterstützungsprozesse andererseits. Zwar wurde diese Prozeßarchitektur für Unternehmen entworfen, jedoch kann sie ohne große Schwierigkeiten auf IV-Organisationen als interne Dienstleister übertragen werden, indem die Definitionen der Prozesse geeignet angepaßt werden. Die zweite Detaillierungsebene dieser Prozeßarchitektur umfaßt insgesamt 71 Teilprozesse (APQC 1998b; McDonald/Tanner 1997, S. 52-54).

4.   Die Umsetzung des IV-Benchmarking

4.1   Vorbereitung

Die Implementierung eines IV-Benchmarking im betrieblichen Alltag muß sorgfältig vorbereitet werden. Dazu ist eine Reihe grundlegender Fragen zu beantworten:

▨ Wie wird das Leistungsspektrum der IV durch Prozesse abgebildet?

Hier geht es darum, Klarheit über die aktuellen IV-Leistungsprozesse und die zugrundeliegende Prozeßarchitektur zu schaffen. Gegebenenfalls müssen die existierenden Prozesse vervollständigt und konsolidiert werden.

▨ Welche Leistungsprozesse der IV sollen in das Benchmarking einbezogen werden?

Aus dem Gesamtspektrum müssen einzelne Prozesse pragmatisch ausgewählt werden. Diese Prozesse sollten besonders wichtig oder für die Leistung der IV-Organisation besonders repräsentativ sein. Ein weiteres Auswahlkriterium ist die Eignung der Prozesse für Benchmarking.

▨ Sind die ausgewählten Prozesse hinreichend konkret und präzise?

Um Steuerung und Benchmarking zu ermöglichen, müssen die Prozesse ausreichend detailliert dokumentiert sein. Die in Abschnitt 3 beschriebenen Prozeßarchitekturen sind auf dem dort behandelten obersten Niveau nicht ausreichend. Ein Übergang auf die nächste Detaillierungsebene ist auf jeden Fall erforderlich. Meist wird man noch weiter verfeinern müssen. Dies gilt letztendlich für alle in das Benchmarking einzubeziehenden Prozesse, sollte aber zunächst nur für die tatsächlich ausgewählten Prozesse erfolgen.

▨ Welche Führungsgrößen sollen genutzt werden?

Die ausgewählten Prozesse müssen über geeignete Führungsgrößen gesteuert werden. Diese müssen prozeßspezifisch definiert und ausgewählt werden. In der Regel benötigt man für jeden Prozeß mehrere Führungsgrößen, jedoch sollte ihre Anzahl so gering wie möglich sein.

▨ Sind die ausgewählten Führungsgrößen richtig?

Entscheidend für die erfolgreiche und wirksame Steuerung von Leistungsprozessen ist die Auswahl der „richtigen" Führungsgrößen. Sie müssen zum einen die relevanten Eigenschaften der zu steuernden Leistungsprozesse abbilden, zum anderen müssen Zielwerte für diese Größen vorgegeben werden können. Darüber hinaus muß klar sein, wie die ausgewählten Führungsgrößen im Sinne der vorgegebenen Zielwerte beeinflußt werden können.

▓ Können die Führungsgrößen im Leistungsprozeß gemessen werden?

Entscheidend für die Nutzbarkeit einer Führungsgröße ist die Meßbarkeit im Leistungsprozeß. Meßverfahren und Aufwand sind zu klären. Außerdem muß sichergestellt werden, daß es für diese Größen auch Benchmarks aus anderen Organisationen gibt. Wenn solche Benchmarks verfügbar sind, müssen sie geprüft und validiert werden können. Analog zur Frage der (internen) Meßbarkeit müssen Beschaffung und Kosten der (externen) Benchmarks geklärt werden. Insgesamt geht es darum, das Verhältnis von Nutzen und Aufwand, also die Wirtschaftlichkeit zu ermitteln.

Es empfiehlt sich, diese Fragen in einem Benchmarking-Handbuch zu dokumentieren und dort auch die bereits vorliegenden Antworten zusammenzufassen. Im Vorfeld ist die wesentliche Aufgabe dieser Dokumentation, die noch zu klärenden Punkte möglichst umfassend und konkret zu erfassen. In einem ersten Teil sollten die übergreifenden Fragen mit direktem Bezug zur Prozeßarchitektur, in einem zweiten Teil die prozeßspezifischen Fragen behandelt werden. Dieser zweite Teil sollte nach den betrachteten Prozessen gegliedert werden und innerhalb jedes dieser Abschnitte die geklärten bzw. noch offenen Punkte nach einem festen Schema und so kompakt wie möglich (Tabellarische Darstellung!) enthalten. Für die Art der Darstellung können dem Buch von M. Brogli (Brogli 1996) zahlreiche nützliche Anregungen entnommen werden.

4.2 Schwierigkeiten

Die Realisierung eines IV-Benchmarking ist eine komplexe und umfangreiche Aufgabenstellung. Insbesondere stößt man auf vier wesentliche Schwierigkeiten.

▓ Um Benchmarking konkret implementieren zu können, muß man die zugrundeliegende Prozeßarchitektur ausreichend verfeinern. Das führt zu einer erheblichen *Anzahl von Prozessen*. Darüber hinaus wird man für jeden betrachteten Leistungsprozeß mehrere Führungsgrößen festlegen müssen. Nimmt man nun beispielsweise die zweite Ebene des Process Classification Framework der APQC (APQC 1998b) und für jeden dieser 71 Teilprozesse durchschnittlich 3 Führungsgrößen, so wären bei Einbeziehung sämtlicher Prozesse insgesamt 213 Führungsgrößen zu verwalten. Ähnliche Größenordnungen ergeben sich aus dem Brogli´schen Modell. Dort werden insgesamt 97 Führungsgrößen (Brogli 1996) diskutiert, also durchschnittlich etwa 12 Führungsgrößen pro Leistungsprozeß (!) auf der ersten Detaillierungsebene. Betrachtet man z.B. Leistungskataloge von Rechenzentren, die diese im Rahmen einer internen Leistungsverrechnung aufgebaut haben, so findet man durchaus 100 und mehr Positionen, so daß man in der Praxis mit noch größeren Anzahlen von Leistungsprozessen und entsprechenden Führungsgrößen zu rechnen hat.

Dies zeigt, daß die Auswahl der einzelnen Leistungsprozesse und entsprechender Führungsgrößen eine schwierige, aber zugleich wichtige Aufgabe ist. Nur bei *Be-*

schränkung auf wenige, ausgewählte Prozesse besteht die Aussicht, IV-Benchmarking dauerhaft und erfolgreich zu implementieren.

▓ Für jede ausgewählte Führungsgröße muß ein zugehöriger *Zielwert* definierbar sein, der anspruchsvoll und zugleich realistisch ist. Das setzt ein klares Verständnis darüber voraus, was erstrebenswert ist. Für eine einzelne Führungsgröße wird es in der Regel klar sein, ob sie möglichst hohe oder möglichst niedrige Werte erreichen soll. Auch die Erreichbarkeit bestimmter Werte läßt sich relativ leicht feststellen. Da man aber je Prozeß mehrere Führungsgrößen haben wird, muß der Vektor der Führungsgrößen insgesamt optimiert werden. Das ist ein komplexes und schwierig zu lösendes Problem. Nimmt man zum Beispiel die Softwareentwicklung, so wird man dort unter anderem Entwicklungsgeschwindigkeit und Entwicklungsqualität messen und steuern wollen. Welches die optimale Balance zwischen diesen beiden Größen ist, läßt sich nicht ohne weiteres definieren.

▓ Führungsgrößen müssen im Leistungsprozeß gemessen werden können. Bei der Herstellung von Produkten oder Sachleistungen wird dies in vielen Fällen am physisch greifbaren Ergebnis des Leistungsprozesses erfolgen und erfordert nicht unbedingt Aktionen im laufenden Prozeß. Bereits dies kann jedoch schwierig und aufwendig sein, wie z.B. die Messung der Qualität einer selbsterstellten Software zeigt. Im Falle von Dienstleistungen wird die entsprechende Datenerhebung noch schwieriger. Eine Dienstleistung kann in ihren wesentlichen Elementen nur in direkter Interaktion zwischen Leistungserbringer und Leistungsnehmer „produziert" werden. „Herstellung" und „Nutzung" finden weitgehend zeitgleich statt und können nicht mehr wie bei der Erstellung von Sachleistungen sauber getrennt werden (Wall 1997). Daher muß die Datenerhebung eigentlich bereits während des laufenden Leistungsprozesses erfolgen. Beratung und Schulung sind Beispiele von Dienstleistungen, die das verdeutlichen.

▓ Letztendlich muß es zu den definierten Führungsgrößen Benchmarks aus anderen Organisationen geben. Wenn die dort verfügbaren Größen nicht direkt übertragbar sind, so müssen sie auf die eigenen Führungsgrößen transformierbar sein. Die allgemein üblichen Kennzahlen für IV-Organisationen sind eher ressourcenorientiert und in der Regel nicht ohne weiteres bestimmten IV-Leistungsprozessen zuzuordnen. Einige Beispiele in Abbildung 11 verdeutlichen dies.

Führungsgröße	Prozeßrelevanz	Benchmarkfähigkeit
IV-Kosten/ Umsatz	**Nein** (Betrachtung der Ressource IV aus Unternehmenssicht)	**Ja** ("Klassische" Kennzahl)
Kosten pro IV-Arbeitsplatz	**Nein** (Betrachtung der Ressource IV pro Arbeitsplatz)	**Ja** ("Klassische" Kennzahl)
Kosten pro IV-Prozeß	**Ja**	**Ja** (Falls Prozesse vergleichbar)
Auftraggeber-zufriedenheit	**Ja**	**Ja** (Falls Prozesse und Meßverfahren vergleichbar)

Abbildung 11: Praktische Beispiele von IV-Kennzahlen

4.3   Der Black-Box-Ansatz

Ein Exkurs in die Prozeßgestaltung kann helfen, die geschilderten Schwierigkeiten bei der praktischen Umsetzung eines IV-Benchmarking zu bewältigen. Jeder Prozeß läßt sich als Kette oder Netz aus Elementarprozessen oder Prozeßschritten konstruieren, die in Anlehnung an die Methode der ereignisgesteuerten Prozeßketten (Stickel u.a. 1997, S. 242) folgende wesentliche Eigenschaften haben (Abbildung 12):

Jeder Elementarprozeß

- wird durch ein klar definiertes Ereignis gestartet (Start-Trigger),
- hört mit einem klar definierten Ereignis auf (Abschluß-Trigger),
- benötigt Input,
- produziert ein Ergebnis (Output),
- vollzieht sich in einer konkreten und für diesen Elementarprozeß verantwortlichen Organisationseinheit, und
- hat einen Prozeßkunden, der das Ergebnis abnimmt.

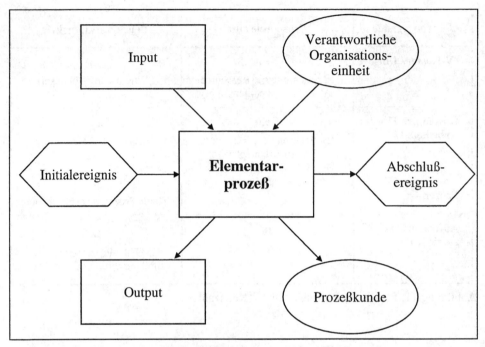

Abbildung 12: Die charakterisierenden Komponenten eines Elementarprozesses

Aus den solchermaßen definierten Elementarprozessen konstruiert man durch Kombination vollständige Leistungsprozesse. Umgekehrt führt man Leistungsprozesse auf Aggregate aus solchen Elementarprozessen zurück. Dabei kann man im Rahmen der Analyse die Elementarprozesse selber als „black boxes" ansehen und sich auf die sechs genannten externen Komponenten konzentrieren. Die zuvor diskutierten Architekturen für Leistungsprozesse dienen dann als wichtiger Orientierungsrahmen bei der Definition von Leistungsprozessen. Für die Benchmarking-Thematik hat das folgende Vorteile:

▨ Der Output eines Prozesses ist in vielen Fällen leichter faßbar als der Prozeß selber.

▨ Er ist zwischen unterschiedlichen Organisationen leichter vergleichbar als die jeweiligen Leistungsprozesse.

▨ Die aktiven Organisationseinheiten sind oftmals besser bekannt als die von ihnen durchgeführten Prozesse.

▨ Organisationseinheiten sind zwischen unterschiedlichen Organisationen leichter vergleichbar als die jeweiligen Leistungsprozesse.

▨ Die Betrachtung von Organisationseinheiten erleichtert die Nutzung der herkömmlichen ressourcenorientierten Führungsgrößen.

▓ Die Initial- und Abschlußereignisse von Elementarprozessen können in vielen Fällen als die Interaktionspunkte zwischen Prozeß und Prozeßkunden definiert werden und sind damit natürliche Meßpunkte für Steuerung und Benchmarking.

Im Folgenden werden daher die zu steuernden IV-Leistungsprozesse als „black boxes" angesehen und für Steuerung und Benchmarking vor allem ihre Outputs, verantwortlichen Organisationseinheiten und Inputs betrachtet.

4.4 Vorgehensweise

Nachdem Zielsetzung und Umfang der Aufgabenstellung in dem bereits genannten Benchmarking-Handbuch niedergelegt sind, muß das IV-Benchmarking konkret realisiert werden. Diese Realisierung orientiert sich an dem in Abschnitt 2 entwickelten dreiteiligen Prozeßmodell. Folgende schrittweise Vorgehensweise erscheint sinnvoll (Abbildung 13).

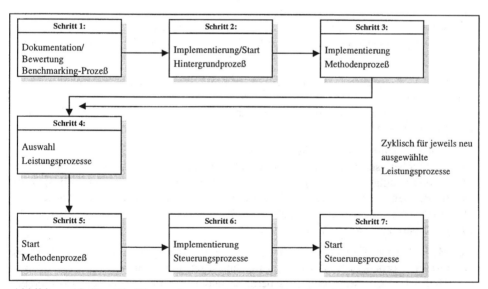

Abbildung 13: Das Einführungskonzept für das IV-Benchmarking

Schritt 1: Dokumentation und Bewertung der aktuell praktizierten Steuerungs- und Benchmarking-Verfahren auf Grundlage des Benchmarking-Handbuches.

Schritt 2: Definition, Implementierung und Start des Hintergrundprozesses (ggf. Erweiterung eines bereits bestehenden entsprechenden Prozesses).

Schritt 3: Definition und Implementierung des Methodenprozesses (ggf. Erweiterung eines bereits bestehenden entsprechenden Prozesses).

Schritt 4: Bestimmung der wichtigsten Produkte und Dienstleistungen mit den sie erzeugenden Leistungsprozessen.

Schritt 5: Start des Methodenprozesses für die ausgewählten Produkte oder Dienstleistungen.

Schritt 6: Definition und Implementierung der operativen Steuerungsprozesse für die ausgewählten Produkte oder Dienstleistungen (ggf. Erweiterung bereits bestehender entsprechender Prozesse).

Schritt 7: Start der operativen Steuerungsprozesse für die ausgewählten Produkte oder Dienstleistungen.

Die Schritte 1 bis 3 werden einmalig durchlaufen und sollten in Form eines Projektes abgewickelt werden. Die folgenden Schritte 4 bis 7 können dann zyklisch für die jeweils ausgewählten Produkte und Dienstleistungen durchlaufen werden. Auf diese Weise ist es möglich, in kleinem Rahmen erste Erfahrungen zu sammeln und dann das Benchmarking- und Steuerungssystem dem aktuellen Bedarf sowie den vorhandenen Möglichkeiten (Ressourcen) entsprechend zu erweitern und auszubauen. Die produkt- bzw. dienstleistungsspezifische Vorgehensweise erlaubt es zu beginnen, ohne die Prozesse zuvor umfassend definiert oder dokumentiert zu haben.

Verantwortlich für diese Aktivitäten sollte der IV-Controller sein, der anschließend auch der *Prozeßverantwortliche für Hintergrund- und Methodenprozeß* wird. Die operativen Steuerungsprozesse werden den Prozeßverantwortlichen für die jeweiligen Leistungsprozesse übertragen.

Der Hintergrundprozeß muß die benötigten methodischen Grundlagen schaffen und weiterentwickeln sowie geeignete Datenquellen für Benchmarks auftun. Das ist zum einen die einschlägige Fachliteratur, zum anderen sind es externe Partner in Form spezialisierter Berater oder Informationsdienstleister. Es können aber auch andere IV-Organisationen sein, die ähnliche Interessen haben und mit denen man im Bereich des IV-Benchmarking partnerschaftlich kooperiert.

Der Methodenprozeß dient dann vor allem dazu, die richtigen Führungsgrößen für die ausgewählten Produkte bzw. Dienstleistungen zu bestimmen und darüber hinaus eine wirtschaftliche Vorgehensweise zu sichern. Er muß hierfür mehrere Gruppen von Fragen beantworten:

Gruppe 1: Führungsgrößen

▓ Welche Kennzahlen kommen grundsätzlich in Frage?
▓ Welche Kennzahlen sind als Führungsgrößen geeignet?
▓ Was ist der optimale Führungsgrößenvektor (Anzahl der Führungsgrößen)?

- Bei welchen Werten der Führungsgrößen läuft der zu steuernde Leistungsprozeß optimal?
- Wie werden die Führungsgrößen durch den Prozeßverantwortlichen beeinflußt?
- Wie schnell reagiert der Leistungsprozeß auf Änderungen der Führungsgrößen?
- Wie reagieren die gewählten Führungsgrößen auf organisatorische oder technologische Veränderungen bzw. auf Fertigungstiefenvariation?

Gruppe 2: Meßverfahren

- Wie werden die gewählten Führungsgrößen gemessen? Wo liegen die Meßpunkte?
- Welcher technische und organisatorische Aufwand ist für die Datenerhebung erforderlich? Ist sie automatisierbar?
- Ist die Verwaltung der ausgewählten Führungsgrößen wirtschaftlich?
- Gibt es zu den gewählten Führungsgrößen Benchmarks? In welcher Periodizität? In welcher Detaillierung?
- Wie müssen die Benchmarks aufbereitet (transformiert) werden?
- Stimmen Periodizität und Detaillierung von Führungsgrößen und Benchmarks überein?
- Wie und wo können die Benchmarks beschafft werden? Zu welchen Kosten?
- Ist die Nutzung dieser Benchmarks wirtschaftlich?

Gruppe 3: Meßorganisation

- Wer ist für die Erhebung der Ist-Werte verantwortlich?
- Wer legt die Zielwerte und Toleranzen der Führungsgrößen fest? In welcher Periodizität?
- Wer analysiert und bewertet die verfügbaren Daten?
- Wer beschafft die erforderlichen Benchmarks?

Bezüglich der Wirtschaftlichkeit der Datenerhebung und -beschaffung ist ein abgestufter Ansatz zu wählen. Zunächst ist zu entscheiden, welche Prozesse einbezogen werden sollen. Man wird nur die besonders wichtigen oder kritischen Prozesse einbeziehen. Meist laufen die verschiedenen Leistungsprozesse nicht zusammenhanglos nebeneinander ab, sondern bilden ein Netzwerk. Es genügt also, *kritische Pfade* zu identifizieren und die Steuerung dann darauf zu konzentrieren. Für die einzelnen ausgewählten Prozesse wiederum wird man an besonders kritischen Stellen messen, denn in jedem Prozeß gibt es (mindestens) einen kritischen Pfad. Es wird zu prüfen sein, wie sinnvoll es ist, zu jeder Führungs- oder Meßgröße auch Benchmarks zu beschaffen. In der Regel wird man Haupt- und Nebengrößen haben und nur für die Hauptgrößen Benchmarks benötigen. Unter Umständen lassen sich aus den gewählten Führungsgrößen durch geeignete Kombination weitere Größen ableiten und für diese abgeleiteten Größen Benchmarks finden.

Die Wirtschaftlichkeit wird grundlegend davon abhängen, daß die „richtigen" Führungsgrößen ausgewählt wurden. Diese sind stets nur ein sehr grobes und in gewisser Weise auch verfälschtes Abbild der Realität. Die Kunst und Schwierigkeit besteht darin, solche Führungsgrößen zu finden, die möglichst viel Information über die abzubildende Realität transportieren. Hier kann man nur in beschränktem Umfang konkrete Empfehlungen geben, denn eine bestimmte Führungsgröße kann in verschiedenen Kontexten unterschiedlich sinnvoll sein.

4.5   Führungsgrößen

Dimensionen von Führungsgrößen lassen sich jedoch angeben und die generellen Eigenschaften dieser Dimensionen diskutieren. Dabei spielen die in Abbildung 14 genannten fünf Dimensionen eine wichtige Rolle. Jede in der Praxis verwandte Führungsgröße läßt sich anhand dieser Dimensionen beschreiben und damit auch beurteilen.

Dimension	Ausprägungen	Beispiele
1	prozeßspezifisch / prozeßübergreifend	• Durchlaufzeit, Prozeßkosten • Anzahl Mitarbeiter der verantwortlichen Organisationseinheit
2	Output / Input	• Rechnungen, fertiggestellte Projekte • Personentage pro Projekt
3	reguläre Ereignisse / irreguläre Ereignisse	• Antwortzeiten eines Anwendungssystems • Anzahl Meldungen "System nicht verfügbar"
4	Zeit / Menge / Qualität	• Termineinhaltung, Durchlaufzeit • Anzahl Prozeßdurchläufe, Kosten • Grad der Benutzerzufriedenheit
5	absolut / normiert	• Anzahl, Kosten • Verhältnis Ist/Plan, Anteile in %

Abbildung 14: Dimensionen von Führungsgrößen

Zu diesen Dimensionen von Führungsgrößen läßt sich Folgendes anmerken:

Dimension 1: prozeßübergreifend / prozeßspezifisch

Prozeßorientiertes Benchmarking will natürlich mit prozeßspezifischen Führungsgrößen arbeiten. Die Definition geeigneter Größen ist nicht das Problem, wohl aber die Verfügbarkeit entsprechender Benchmarks. Denn das würde voraussetzen, daß IV-Leistungsprozesse organisationsübergreifend standardisiert sind. In der Praxis ist das nur selten oder auf einem sehr hohen Abstraktionsniveau der Fall.

Leichter erhältlich sind prozeßübergreifende Benchmarks, die in aller Regel ressourcenorientiert sind und sich auf eine gesamte IV-Organisation oder ihre Teile (z.B. Rechenzentrum oder Anwendungsentwicklung) beziehen.

Dimension 2: Input / Output

Diese Kategorie von Führungsgrößen eignet sich in besonderem Maße für Benchmarking. Sie sind in vielen Fällen relativ leicht ermittelbar, da man verbrauchte oder erzeugte Einheiten gut zählen kann. Ein Vergleich zwischen verschiedenen Organisationen ist sogar möglich, wenn sich die zugrundeliegenden Leistungsprozesse strukturell unterscheiden. Die input-orientierten Größen messen vor allem den Verbrauch von Ressourcen und stehen damit den herkömmlichen IV-Kennzahlen am nächsten. Die output-orientierten Größen sind prozeßkundenorientiert und daher für ein Benchmarking von besonderem Interesse.

Dimension 3: reguläre / irreguläre Ereignisse

Hier geht es um die Problematik der Meßverfahren und der Meßbarkeit von Führungsgrößen. Diskrete Größen (z.B. Rechnungen, Buchungen, Transaktionen, Datenbankzugriffe) lassen sich in aller Regel erfassen und zählen, zum Teil sogar automatisiert. Allerdings sind viele dieser Größen technischer Natur und für den Prozeßkunden nicht relevant. Interne Antwortzeiten von Prozessoren oder Laufzeiten in Netzwerksegmenten sind zwar ohne weiteres meßbar, jedoch für den Beutzer nicht aussagefähig. Die Komplexität der IV mit ihrer Tendenz zur Infrastrukturierung lassen eine Erhebung betriebswirtschaftlich interessanter Größen teilweise nicht mehr oder nur unter erheblichem Aufwand zu. Konkrete Beispiele sind Antwortzeiten und Systemverfügbarkeit am Benutzerarbeitsplatz.

Hier ist es sinnvoll, die Fragestellung geeignet zu ändern. Auf der Grundlage einer Dienstleistungsvereinbarung (Service Level Agreement (SLA)) zwischen dem Prozeßkunden und der verantwortlichen Organisationseinheit werden nur noch die *Abweichungen von der vereinbarten Norm* erfaßt. Das erleichtert die Erfassung und führt im Falle interner Leistungsverrechnung auch zu „vernünftigen" (d.h. aufwandsarmen) Abrechnungsmodalitäten. Für die vereinbarte Leistung wird eine periodisch (z.B. monatlich) zu zahlende Pauschale vereinbart. Diese Pauschale wird dann entsprechend der Anzahl der irregulären Ereignisse über eine *Schlechterfüllungsklausel* reduziert. In der Dienstleistungsvereinbarung müssen jetzt „nur" noch das Verfahren zur Registrierung der irregulären Ereignisse und die Funktionsweise der Schlechterfüllungsklausel beschrieben werden. Ein solcher Ansatz hat sich auch in anderen Dienstleistungsbranchen bewährt.

Dimension 4: Zeit / Menge / Qualität

Die physikalische oder technische Natur von Führungsgrößen läßt sich stets auf diese drei Kategorien zurückführen. Idealerweise sollte jeder Leistungsprozeß mit Führungsgrößen aus allen drei Kategorien arbeiten.

Zeitliche Größen sind z.B. Vorlaufzeiten (vom Auftrag des Prozeßkunden bis zum eigentlichen Prozeßstart), Prozeßdauer (Durchlaufzeiten), Termine und Termineinhaltungen. Diese Größen sind in vielen Fällen einfach und mit geringem Zeitaufwand erfaßbar.

Sachleistungen werden in der betrieblichen IV vor allem in der Systementwicklung erstellt. Dies geschieht überwiegend in Form von Projektarbeit. Zeitlich orientierte Größen sind dann zugleich wesentliche Elemente eines übergreifenden Projekt-Controlling. Die Einführung solcher Führungsgrößen kann hier gleichzeitig als Grundlage für die Schaffung eines Projekt-Controlling dienen, das in den wenigsten Organisationen konsequent und systematisch praktiziert wird.

Im Dienstleistungsbereich dienen zeitorientierte Führungsgrößen vor allem der Steuerung von Termineinhaltung und Reaktionszeiten bei der Bearbeitung und Lösung von Problemen.

Mengenorientierte Größen dokumentieren z.B. die Anzahl von Prozeßausführungen oder Ereignissen wie Störungen oder Benutzerinteraktionen. Ebenso werden hiermit Outputs (z.B. Rechnungen, abgeschlossene Projekte) und Inputs (z.B. Personentage, belegter Plattenplatz) erfaßt. In diese Kategorie fallen auch die in Form von Kosten bewerteten Inputs bzw. in Form von Preisen bewerteten Outputs (im Falle interner Leistungsverrechnung).

Die Praxis steht vor dem Problem, daß sich Inputs oder Outputs zwar jeweils relativ gut erfassen lassen, aber eine Zuordnung zueinander bzw. zu dem verbrauchenden oder erzeugenden Prozeß erheblich schwieriger und gelegentlich sogar unmöglich ist. Das gilt insbesondere für den Ressourcenverbrauch. So läßt sich z.B. die insgesamt verbrauchte Rechner- oder Netzwerkleistung über entsprechende Systemprotokolle gut dokumentieren. Wieviel aber eine bestimmte Anwendung oder ein bestimmter Benutzer davon verbraucht haben, ist insbesondere in offenen Systemen praktisch nicht mehr erkennbar. In der Praxis ist es insofern sinnvoll, hier vom Prozeßbenchmarking abzuweichen und die Ressourcenverbräuche nur summarisch zu betrachten. Eine Zuordnung zu einzelnen Leistungsprozessen wäre nur mit Schlüsselungen möglich und würde alle diesbezüglichen Probleme und Fragestellungen nach sich ziehen.

Die Messung qualitätsorientierter Größen ist im Hinblick auf den Prozeßkunden von besonderer Wichtigkeit. Dies gilt gleichermaßen für Produkte und Dienstleistungen der IV-Organisation. Neben objektiven Größen wie z.B. der Anzahl auftretender Fehler bei Anwendungsprogrammen ist es auch erforderlich, die Größen zu erfassen, die die (subjektive) Zufriedenheit von Prozeßkunden oder Benutzern mit Produkten oder Dienstleistungen feststellen. Das kann technisch relativ einfach über Interviews oder Befragungen erfolgen. Die Vorbereitung geeigneter Fragen setzt jedoch einschlägiges Know-how voraus (z.B. Vermeidung von suggestiven Fragen, Einbau von Prüffragen). Erhebung und Auswertung können einen erheblichen Arbeitsaufwand mit sich bringen.

Es ist schwierig, Qualitätsgrößen über mehrere Organisationen hinweg vergleichbar zu machen. Das setzt entweder eine standardisierte Vorgehensweise oder die aktive Kooperation mehrere IV-Organisationen voraus. Auch wenn Benchmarking in diesem Feld nicht oder nur in geringem Umfang möglich ist, so sollte doch jede IV-Organisation aktiv Qualität messen. So kann sie Feedback von ihren „Kunden" erhalten. Den Nutzen dieses Feedbacks kann man erheblich steigern, wenn man nicht nur kennzahlenorientierte geschlossene Fragen stellt, sondern darüber hinaus die Gelegenheit zu Vorschlägen und Kommentaren gibt. Damit lassen sich deutliche Verbesserungs- und Innovationspotentiale erschließen.

Dimension 5: absolut / normiert

Die Unterscheidung zwischen absoluten und normierten Größen darf nicht als Alternative verstanden werden. Nicht nur, weil alle normierten Größen letztlich aus absoluten Größen gebildet werden (meist als Quotienten), sondern auch, weil beide Gruppen spezifische Aussagen über die Realität machen. Absolute Größen vermitteln ein Bild über die konkrete Situation und vor allem die Größenordnung der dahinterstehenden Aktivitäten. Denn es ist durchaus wichtig zu wissen, ob es sich bei den miteinander verglichenen Organisationen um gleich große oder extrem unterschiedliche Einheiten handelt. Normierte Größen setzen verschiedene absolute Größen in Relation und erzeugen somit strukturelle Informationen. Sie dienen dem *Vergleich* zwischen unterschiedlichen IV-Organisationen.

4.6   Beispiele

In diesem Abschnitt wird das IV-Benchmarking an drei Beispielen diskutiert. Um die verschiedenen auftretenden Probleme aufzuzeigen, wurden folgende IV-Leistungsprozesse ausgewählt:

- Störungsbeseitigung am Arbeitsplatz (Wall 1997, S. 115 - 117)
- Software-Wartung (Stickel u.a. 1997, S. 660 - 661)
- Technologie-Management (Brogli 1996, S. 86 - 95)

Jeder genannte Prozeß wird kurz mit den charakteristischen Komponenten nach dem in Abschnitt 4.3 beschriebenen Black-Box-Ansatz (Vgl. Abbildung 12) dargestellt und in die im Abschnitt 2.2 aufgeführten Prozeßmodelle eingeordnet. Dann werden mögliche Führungsgrößen sowie die Beschaffbarkeit entsprechender Benchmarks diskutiert.

Störungsbeseitigung am Arbeitsplatz

Der Leistungsprozeß beginnt damit, daß Benutzer (= Prozeßkunde) eine Störung an die zuständige Servicegruppe bzw. den User Help Desk (= Verantwortliche Organisationseinheit) melden. Dort wird die Störungsmeldung in ein sogenanntes Trouble Ticket (Suppan 1995) aufgenommen (= Start-Trigger), analysiert und beseitigt. Der Prozeß schließt mit der Übergabe an den Benutzer und dem Schließen des Trouble Tickets (= Abschluß-Trigger). Input sind die Fehlermeldung des Benutzers, Diagnose-Ergebnisse, Systemunterlagen, Herstellerinformationen, usw. Hauptergebnis (output) ist die beseitigte Störung. Weitere Ergebnisse sind z.B. die Dokumentation der Störung mit den Maßnahmen zu ihrer Beseitigung. Dieser Leistungsprozeß ist in dem Prozeßmodell von Brogli ein Unterprozeß zum „Betrieb", im Auditierungsmodell gehört er in die Gruppe „Dienstleistungen erbringen / Infrastruktur" und im APQC-Modell würde man ihn „Dienstleistungen herstellen und ausliefern" zuordnen.

Für die Führung dieses Prozesses sind mehrere Meßgrößen von Interesse. Zunächst wird man die Anzahl der pro Periode durchgeführten Prozesse (= Anzahl Trouble Tickets) und ihre jeweilige Dauer (= Zeitspanne zwischen Eröffnung und Schließung eines Trouble Tickets) erfassen - eventuell nach Störungskategorien unterteilt. Ebenso wird man die Kosten der Störungsbeseitigung sowie die Anzahl der betreuten Endgeräte oder Arbeitsplätze ermitteln. Daraus lassen sich dann die durchschnittliche Dauer der Störungsbeseitigung und ihre Kosten pro Periode und Arbeitsplatz ableiten. Um die Qualität der Störungsbeseitigung zu messen, wird man einerseits eine Reklamationsrate erheben (= Anzahl der Störungsmeldungen aufgrund von - vermeintlich - beseitigten Störungen) und andererseits in regelmäßigen Abständen die betreuten Benutzer systematisch befragen.

Die beschriebene Vorgehensweise hat zwei grundlegende Schwachstellen. Erstens: Wenn ein Trouble Ticket eröffnet wird, dann hat der Benutzer bereits erfolgreich Kontakt mit der Servicestelle aufgenommen. Wie lange er sich zuvor bemüht hat, die Störungsstelle zu erreichen, kann so nicht ermittelt werden. Das kann nur indirekt über Benutzerumfragen erhoben werden. Zweitens: Bei der Kostenermittlung muß berücksichtigt werden, daß die Mitarbeiter der Servicestelle in der Regel nicht nur für die Störungsbeseitigung zuständig sind, sondern auch noch andere Aufgaben (z.B. Installation von Arbeitsplatzgeräten) wahrnehmen. Um realitätsnahe Kosten zu ermitteln, ist eine Zeitaufschreibung dieser Mitarbeiter erforderlich.

Störungen sind bei technischen Geräten und Software nicht gänzlich vermeidbar. Doch jeder Benutzer möchte eine bestimmte Service-Qualität im Falle von Störungen geboten bekommen. Zwischen Service-Stelle und Benutzern werden daher Vereinbarungen in Form von Service-Level-Agreements (SLA) getroffen, die z.B. so aussehen, daß 80% aller Störungen nach 2 Stunden und sämtliche Störungen nach spätestens 8 Stunden behoben sind. So kann bei interner Leistungsverrechnung schlechte Service-Qualität im Sinne des SLA dadurch „bestraft" werden, daß bei Überschreiten der Zwei-Stunden-Frist die monatliche Service-Pauschale gekürzt wird. Diese Kürzung muß sowohl die Anzahl der Störungen wie auch die Dauer der einzelnen Störungen berücksichtigen.

Für diesen Leistungsprozeß können, sei es von professionellen Dienstleistern oder von anderen Organisationen, Benchmarks grundsätzlich beschafft werden. Wie der Prozeß aufbauorganisatorisch realisiert ist und welche Werkzeuge ihn unterstützen, spielt für die Vergleichbarkeit zunächst keine Rolle. In der hier beschriebenen Form ist der Prozeß auch fertigungstiefenneutral, d.h. die Führungsgrößen ändern sich bei Outsourcing nicht grundsätzlich.

Software-Wartung

Jede Software muß nach ihrer Übernahme in den produktiven Einsatz wie eine Maschine gepflegt und gewartet werden. Auftretende Fehler müssen repariert, Änderungswünsche der Benutzer eingebaut und geänderte Umfeldbedingungen (z.B. die Einführung des EURO) beachtet werden. Dies geschieht im Rahmen eines Wartungsprozesses, der hier als zeitgesteuert im Rahmen eines Versionsmanagements betrachtet wird. Start-Trigger ist der Zeitpunkt, zu dem der Wartungszyklus starten muß. Input sind die zu diesem Zeitpunkt vorliegenden Änderungsanforderungen. Output des Prozesses ist eine neue Software-Version. Der Wartungszyklus schließt mit der Übergabe der geänderten Software an den Betrieb (= Abschluß-Trigger). Prozeßkunde ist derjenige Fachbereich, dem die Anwendung „gehört". Verantwortliche Organisationseinheit ist entweder eine spezielle Wartungsorganisation oder die für diese Anwendung zuständige Entwicklungsgruppe.

Für den zeitgesteuerten Wartungsprozeß bieten sich als Meßgrößen die Anzahl der noch ausstehenden Anforderungen an die Software sowie die pro Version umgesetzten Anforderungen an. Ebenso sollte der pro Version entstandene Aufwand (in Form von Personalaufwand und Kosten) dokumentiert werden, so daß sich der durchschnittliche Aufwand pro Änderung (evtl. nach Änderungskategorien) errechnen läßt. Die Qualität des Prozesses sollte man über die Termineinhaltung (= Verfügbarkeit der neuen Versionen zu den geplanten periodischen Terminen) messen. Die Fehlerrate ergibt sich aus den eingebauten Änderungen sowie einer generellen Benutzerzufriedenheit, die man über entsprechende Umfragen ermitteln kann.

Auch dieser Prozeß ist in der beschriebenen Form fertigungstiefenneutral. Benchmarks aus anderen Organisationen sind nutzbar, wenngleich schwierig zu bekommen. Interessant wären insbesondere Daten aus professionellen Software-Unternehmen[2]. Allerdings wird man diese Angaben nicht oder nicht ohne weiteres bekommen, da auf diese Weise Kalkulationsgrundlagen dieser Unternehmen offengelegt würden.

Technologie-Management

In diesem Prozeß geht es um „die Erkennung und Beurteilung des derzeitigen Stands und zukünftiger Entwicklungen der Informationstechnologie im Hinblick auf deren geschäftliches Einsatzpotential" (Brogli 1996, S. 86). Während es sich bei Brogli um einen der acht Hauptprozesse handelt, ist dieser Prozeß im Auditierungsmodell ein Unterprozeß der Führung einer IV-Organisation und im APQC-Modell dem Entwurf von Produkten und Dienstleistungen zuzuordnen.

---

[2]   Vgl. die im Beitrag von Dobschütz: „Eine Schlankheitskur für die IV" referierte Microsoft-Methode

Es leuchtet ein, daß sich jede IV-Organisation damit befassen muß, technologische Entwicklungen zu verfolgen, zu bewerten und für den Einsatz im eigenen Unternehmen auszuwählen. Dies geschieht in Form von Projekten, die periodisch geplant und durchgeführt werden. Damit steht das klassische Instrumentarium des Projekt-Controlling zur Verfügung, mit dem sich Häufigkeiten, Dauer und Kosten darstellen lassen. Der Aufwand für alle Technologie-Projekte und ihre Administration kann dem Gesamtaufwand der IV-Organisation gegenübergestellt werden. Die Bewertung von Nutzen und Qualität dieses Prozesses ist hingegen sehr schwierig. Brogli vermerkt lediglich, „daß nur der Geschäftserfolg über die Effektivität des Prozesses ... Auskunft geben kann" (Brogli, 1996 S. 86). Die Anzahl der Projekte, die nachweislich zum Einsatz einer (neuen) Technologie führen, ist jedenfalls keine geeignete Führungsgröße, denn oftmals ist es die „richtige" Entscheidung, eine Technologie gerade *nicht* zu nutzen. Jedoch sollte regelmäßig ein Assessment dieser „F&E"-Aktivitäten, z.B. in Form der Delphi-Methode, erfolgen. Hier können die IV-Verantwortlichen, aber auch IV-Koordinatoren bzw. Fachbereichsvertreter einbezogen werden.

Für diesen Prozeß wird es extrem schwierig sein, Benchmarks zu bekommen. Jedoch lassen sich Anleihen aus dem klassischen F&E-Bereich übernehmen. Wird der Prozeß in Form von Projekten durchgeführt, so ist er fertigungstiefenneutral, denn die einzelnen Projekte können sowohl von eigenen Mitarbeitern wie auch von externen Spezialisten durchgeführt werden.

5. Fazit

Benchmarking ist durchaus nichts Neues. Es sollte als Komponente des IV-Controlling verstanden und als natürliche Erweiterung des herkömmlichen Steuerungsprozesses betrachtet werden. Damit ist es kein einmaliges Projekt, sondern eine kontinuierliche und periodische Aktivität in einer IV-Organisation. Dem entspricht die Aufspaltung in den operativen Steuerungsprozeß, den Methodenprozeß und den Hintergrundprozeß. Der operative Steuerungsprozeß umfaßt das Benchmarking im engeren Sinne, der Methodenprozeß verbessert und optimiert diesen operativen Prozeß, und der Hintergrundprozeß sammelt Daten und Informationen „auf Vorrat".

Da Benchmarking in der Regel prozeßorientiert angelegt ist, muß ihm eine Prozeßarchitektur für die Leistungsprozesse einer IV-Organisation zugrundegelegt werden. Die existierenden Architekturen helfen zwar im Sinne der Kategorisierung und Strukturierung, sind aber in der Regel nicht detailliert genug, um darauf ein konkretes Benchmarking aufzusetzen. Außerdem wäre dazu eine Standardisierung der Prozeßmodelle unterschiedlicher IV-Organisationen erforderlich. Im Hinblick auf die praktische Umsetzung erscheint es sinnvoller, eher output- und inputorientiert vorzugehen und die jeweiligen (Elementar-) Prozesse als „black boxes" anzusehen. Auf diese Weise ist eine Vergleichbarkeit zwischen Organisationen leichter möglich, ebenso die Zuordnung zu verantwortlichen Organisationseinheiten. So können auch die herkömmlichen und meist ressourcenorientierten Benchmarks genutzt werden.

Die praktische Realisierung eines IV-Benchmarking muß zunächst den Hintergrund- und den Methodenprozeß etablieren. Danach müssen die wichtigsten Leistungsprozesse (ggf. über ihren Output oder Input) festgelegt werden. Anschließend kann der jeweils spezifische operative Steuerungsprozeß implementiert werden. Auf diese Weise läßt sich das IV-Benchmarking entsprechend der verfügbaren Benchmarks und der Möglichkeiten der eigenen Organisation gestalten. Schrittweise Anpassung und Veränderung der Benchmarking-Verfahren ist möglich. Fehler können mit geringem Aufwand korrigiert werden. Der Benchmarking-Zyklus wird wiederholt durchlaufen und kann immer weiter optimiert und verbessert werden.

Ein besonderes Augenmerk gilt den Führungsgrößen. Es müssen die „richtigen" Führungsgrößen gefunden und definiert werden. Kriterien sind die Aussagefähigkeit im Hinblick auf den zu steuernden Prozeß, die Verfügbarkeit von Benchmarks und die Wirtschaftlichkeit, d.h. das Verhältnis zwischen Nutzen und Erhebungs- bzw. Beschaffungsaufwand der Führungsgrößen.

Benchmarking ist ein mühsames Geschäft, das dennoch mit Ausdauer und Konsequenz in jeder IV-Organisation erfolgreich implementiert werden kann (Feltus 1998). Trotzdem darf Benchmarking nicht überbewertet werden, denn es gilt: „Zwar können Benchmarks helfen, Mißstände aufzudecken, umgekehrt sind jedoch gute Benchmark-Ergebnisse noch lange kein Beweis dafür, daß alle Einspar- und Verbesserungspotentiale ausgeschöpft sind" (Schur/Schmitz 1997).

Literatur

Arthur D. Little (o.J.): Interne Produktunterlagen.

APQC (1998a): What is Benchmarking?, http://www.apqc.org/b1/b1.htm, 30.1.1998.

APQC (1998b): Process Classification Framework, http://www.apqc.org, 30.1.1998.

Brogli, M. (1996): Steigerung der Performance von Informatikprozessen, Braunschweig/ Wiesbaden 1996.

Verzeichnis lieferbarer Bücher: http://www.buchhandel.de.

von Dobschütz, L.; Kisting, J.; Schmidt, E. (Hrsg.) (1994): IV-Controlling in der Praxis, Wiesbaden 1994.

Feltus, Anne (1998): Exploding the Myths of Benchmarking, APQC, http://www.apqc. org/b1/b1stories/story2. htm, 5.1.1998.

Grass, U. (1996): Benchmarking - Lernen von den Besten als Maxime, Computerwoche 7/1996, S. 8

Horváth&Partner (1995): Das Controlling-Konzept, München 1995.

Hassenfelder, W.; Schreyer, F. (1996): DV-Controlling bei Finanzdienstleistern, Wiesbaden 1996.

Kargl, H. (1996): Controlling im DV-Bereich, 3. Aufl., München/Wien 1996.

Mertens, P. (1997): Best Practice, Wirtschaftsinformatik 6/97, S. 641.

McDonald, J.; Tanner, S. (1997): Erfolgreiches Benchmarking, Landsberg a. Lech 1997.

Patterson, J. G. (1996): Grundlagen des Benchmarking, Wien 1996.

Schneider, S. (1995): Selbstanalyse als Beginn einer leistungsfähigen DV, Computerwoche 50/1995, S. 7/10.

Schur, W.; Schmitz, L. (1997): Externe Dienstleister halten im DV-Controlling Einzug, Computerwoche 28/1997, S. 47-48.

Suppan, J. (1995): Netzwerk-Management / Trouble-Ticket-Systeme bilden die Basis, Computerwoche 48/1995, S. 57 – 58.

Stickel, E.; Groffmann, H.-D.; Rau, K.-H. (Hrsg.) (1997): Gabler-Wirtschaftsinformatik-Lexikon, Wiesbaden 1997.

Wall, F. (1997): Prozeßorientiertes Controlling der Dienstleistungsqualität von Rechenzentren. In: Grundel, H.: Struktur und Leistungsspektrum innovativer Rechenzentren, Heidelberg 1997, S. 97 – 122.

van der Zee, H. (1996): In Search of the Value of Information Technology, Dissertation, Universität Tilburg 1996.

Leonhard von Dobschütz

IV-Controlling bei Innovationen

1.   Controlling und Innovationen

Vordergründig haben Controlling und Innovationen wenig gemeinsam. Vor allem dann, wenn der stimulierend kreative Aspekt des Entstehungsprozesses von Innovationen dem kritisch dokumentierenden Aspekt des Controlling gegenüber gestellt wird. Deshalb hält sich die einschlägige Controlling-Literatur zu diesem Thema sehr bedeckt. Immerhin verweist Horváth darauf, daß der Controller in einer extrem dynamischen Umwelt die Rolle des Innovators annehmen soll (Horváth 1996, S. 793). Ergänzend dazu heißt es bei Küpper, daß sich die Anpassungs- und Innovationsfunktion des Controlling direkt aus der Zielausrichtungsfunktion ableiten läßt (Küpper 1990, S. 332).

Nach Hauschildt sind Innovationen qualitativ neuartige Produkte und Verfahren, die sich von dem vorangehenden Zustand merklich unterscheiden (Hauschildt 1997, S. 6). Will ein Unternehmen seine Marktpräsenz erhalten oder ausbauen, so sind Innovationen unerläßlich. Der Innovationszwang betrifft aber nicht nur die Produkte und Leistungen von Unternehmen, sondern auch deren Erstellungsprozesse. Insbesondere werden über die betriebliche Informationsverarbeitung (IV) mit ihrer prozeßunterstützenden Funktion Innovationen in den Leistungsprozessen wirksam. Diese Innovationen können aus einer neuartigen Technik und/oder einer neuartigen Technikverwendung resultieren (s.u.).

Auch in der Literatur zum IV-Controlling kommt die Innovationsthematik nur sporadisch vor. Ruthekolck nennt allerdings die Innovationsaufgabe als eine der vier Hauptaufgaben des IV-Controlling (Ruthekolck 1990), als da sind:
- Planungs-/Kontrollaufgabe,
- Koordinationsaufgabe,
- Innovationsaufgabe,
- Informationsaufgabe.

Seine Begründung: Aus der Nähe des IV-Controlling zu den operativen Einheiten (Fachabteilungen) kommen vielfältige Impulse zur Beseitigung von Mängeln in der IV-Unterstützung, von Medienbrüchen und zur Aufdeckung von Rationalisierungspotentialen. Aufgrund einer empirischen Untersuchung konnte Schöne (für sich überraschend) feststellen, daß der Innovationsfunktion in der Praxis („Aufgabe" bei Ruthekolck) sogar eine stärkere Bedeutung zukommt als der Koordinationsfunktion (Schöne 1997, S. 171 ff). Wesentliche Elemente der Innovationsfunktion sind:
- Erkennen von Rationalisierungsschwerpunkten,
- Stärken/Schwächen-Analyse der IV,
- Initiieren von Projekten.

Diese Formulierung ist sehr allgemein gehalten. Offensichtlich handelt es sich dabei um - mögliche - Auslöser von Maßnahmen, die zu betrieblichen Innovationen führen können. Im Regelfall tun sie es aber nicht, da die genannten Aufgaben auch zum Kerngeschäft der IV gehören und eine „merkliche Unterscheidung zum vorangehenden Zustand" deshalb nicht durchweg gegeben ist. Im Kontext betrieblicher Neuerungen geht es aber auch um das Veranlassen von Innovationsprojekten nach vorausgegangener Optimierung der Geschäftsprozesse und nach Prüfung des Innovationspotentials der IV.

Unbestritten ist sicherlich, daß die betriebliche IV einerseits durch ihr dynamisches Umfeld permanent Innovationen ausgesetzt ist, und andererseits selber innovativ auf die betrieblichen Leistungsprozesse und gegebenenfalls Produkte einwirken kann. Zu klären ist jedoch, ob und auf welche Weise das IV-Controlling einen nennenswerten Beitrag zur Veranlassung und Durchführung von Innovationsprozessen in der betrieblichen IV leistet.

2. Innovationen in der IV

Wird die betriebliche IV in die Teilprozesse Leistungserstellung (Informationsinfrastruktur) und Leistungsverwendung (Anwendungen) unterteilt (von Dobschütz 1995a), so können Innovationen auf zweifache Weise in die IV eingebracht werden: als innovative Technik i.w.S. (Infrastruktur) und als innovative Technikverwendung (Anwendungen). So kann zum Beispiel die Einführung eines CASE-Tools eine Innovation für die Anwendungsentwicklung bedeuten (innovative Technik), und der Einsatz von Internet im Verkaufsprozeß eine Innovation für den Vertrieb (innovative Technikverwendung) sein.

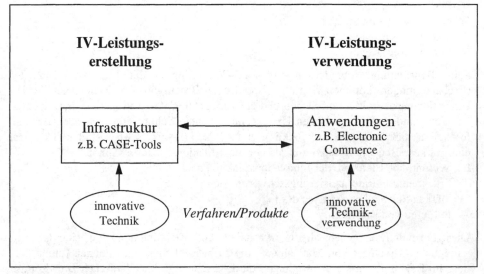

Abbildung 1: Innovationen in der IV

Im ersten Fall handelt es sich zunächst um eine Verfahrensinnovation für die IV mit der nachfolgenden Möglichkeit einer Produktinnovation. Denn das Produkt, die Dienstleistung „Entwickeln von Anwendungen", kann sich nach der CASE-Einführung preislich und qualitativ deutlich gegenüber vorher unterscheiden. Das zweite Beispiel verweist ebenfalls auf eine Verfahrensinnovation, allerdings im Vertrieb eines IV-Anwenders. Auch hier kann es durch die Verfahrensänderung zu innovativen Produkten kommen, zum Beispiel Produkten, die speziell für den Internet-Vertrieb entwickelt werden[1].

An letzterem Beispiel ist bereits zu erkennen, daß eine innovative Technikverwendung eine entsprechende Infrastruktur (Internet) voraussetzt. Entweder ist die Infrastruktur bereits verfügbar, oder die innovative Technikverwendung ist der Auslöser für innovative Technik, d.h. Neuerungen in der Infrastruktur. Umgekehrt kann natürlich auch eine innovative Technik (relationales Datenbanksystem) zu einem späteren Zeitpunkt eine innovative Technikverwendung (Einführung eines Marktinformationssystems) bedingen. Dieses „push and pull" ist vermutlich charakteristisch für die Einführung von Neuerungen in der betrieblichen IV (vgl. Abbildungen 2 und 3).

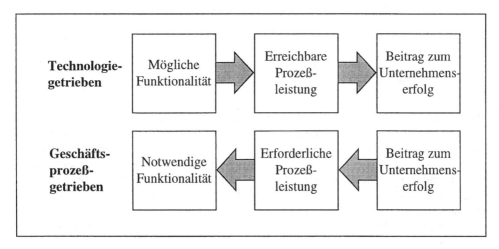

Quelle: Kempis/Ringbeck 1998

Abbildung 2: Innovationstreiber in der IV

Das Technologie-getriebene Vorgehen (push) stellt sicher, daß das am Markt verfügbare Potential von neuer Technik tatsächlich genutzt wird. Geschäftsprozeß-getrieben (pull) wird nach geeigneter IV-Unterstützung für die zuvor optimierten Kernprozesse gesucht.

---

[1]   Vgl. den Beitrag Jung/Schwarz in diesem Band

Das schließt vernünftigerweise überflüssige oder auch nur „nice-to-have" Innovationen von vornherein aus (Kempis/Ringbeck 1998, S. 27 f).

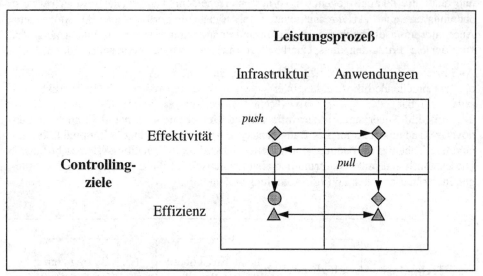

Abbildung 3: Push/Pull-Effekte bei Innovationen

IV-Controlling soll die Wirtschaftlichkeit der betrieblichen IV (was kostet es?) und deren Ausrichtung an den Geschäftszielen (wozu brauchen wir das?) gewährleisten (von Dobschütz 1995a). Wirtschaftlichkeit und Ausrichtung an den Geschäftszielen muß grundsätzlich auch für die Einführung jeglicher Innovationen gelten. Diese sehr allgemeinen Ziele müssen insbesondere im Falle von Innovationen noch durch die speziellen Ziele Qualität&Funktionalität (was leisten sie?) und Fristigkeit (wie schnell geht das?) ergänzt werden (von Dobschütz 1995b). Zielausrichtung gepaart mit Qualität und Funktionalität können als Effektivität, die Wirtschaftlichkeit und Fristigkeit als Effizienz der IV bezeichnet werden.

Wird in den Fachbereichen eine innovative Technikverwendung erwogen, so resultiert das auslösende Moment heute überwiegend aus der notwendigen Effektivität. Es ist dann Aufgabe der IV, die unterstützende Infrastruktur effizient zu gestalten. Desgleichen kann die IV den Einsatz innovativer Techniken zur vermehrten Ausrichtung der Anwendungen an den Geschäftszielen sowie zur Verbesserung der Qualität und Funktionalität anregen. Jetzt obliegt es den Fachbereichen, die Technikverwendung so zu gestalten, daß insbesondere auch die Wirtschaftlichkeit gegeben ist. Die dritte Möglichkeit, daß IV und Fachbereiche - jeder in seinem Bereich oder auch gemeinsam - eine Innovation zur Erhöhung der Effizienz anstreben, ist dagegen trivial.

3. Innovationen als Effektivitätsmehrer

Es ist einleuchtend, daß die Wirtschaftlichkeit von Innovationen notwendig für den Fortbestand eines Unternehmens ist, daß die Wirtschaftlichkeit allein jedoch kein ausreichender Ratgeber sein kann. Das heißt, Wirtschaftlichkeit muß immer zusammen mit einer Geschäftszielausrichtung gehen, damit ein Unternehmen wirklich erfolgreich sein kann. Dies hat die Firma McKinsey in einer kürzlich durchgeführten Untersuchung eindrucksvoll belegt (Kempis/Ringbeck 1998, S. 20 f).

In ihrer Studie haben Kempis/Ringbeck den Unternehmenserfolg von 100 internationalen Unternehmen anhand der Dimensionen Effektivität (Funktionalität, Verfügbarkeit und Nutzung) und Effizienz (Wirtschaftlichkeit und Fristigkeit) der IV (daselbst als IT - Informationstechnik - bezeichnet) überprüft. Der höhere Unternehmenserfolg hängt prinzipiell nur von der Höhe der Effektivität ab (Abbildung 4). Eine Steigerung der Effizienz bei niedriger Effektivität hilft lediglich die Kosten zu senken. In dieser Situation kann man sich auch kaputtsparen. Nur verbunden mit hoher Effektivität kann gesteigerte Effizienz den Unternehmenserfolg mehren.

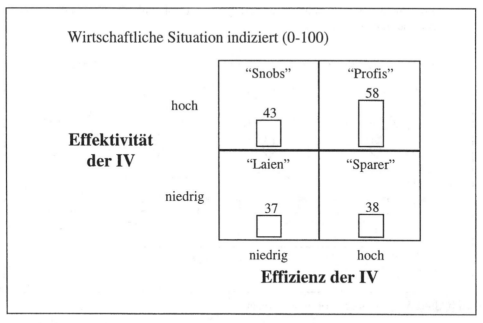

Quelle: Kempis/Ringbeck 1998

Abbildung 4: Höherer Unternehmenserfolg mit effektiverer IV

tnis gilt in verstärktem Maße für die Einführung von Innovationen. Inno-
ssen, schon wegen des in ihrer Natur liegenden höheren Risikos, in erster
vitätsmehrer sein. Sie sollen das Unternehmen voran bringen, das Geschäft
stabilisieren und es vergrößern helfen. Natürlich nicht um jeden Preis. Deshalb sind IV-
Profis auch nicht technikversessen, sondern verfolgen eine „Fast-Follower"-Strategie,
das heißt, sie übernehmen zügig bereits am Markt bewährte Technik und experimentie-
ren nicht unnötig mit unausgereiften Technologien (Kempis/Ringbeck 1998, S. 163 ff).

4. Der Erneuerungsprozeß in der IV

Innovationen werden zumeist projekthaft eingeführt. Der Erneuerungsprozeß in der IV
unterscheidet sich daher nicht wesentlich von der Ablauforganisation von Entwicklungsprojekten. Nach - idealerweise - einer Geschäftsprozeßoptimierung oder konsequenter
Marktbeobachtung kommt es zu einem Innovationsvorschlag, über den entschieden werden muß. Danach wird die Innovation durchgeführt und abschließend einer zwingenden
Nutzenkontrolle unterzogen. Das Prüfungsergebnis kann rückkoppelnd zu einer Nach-
besserung führen oder einen neuerlichen Innovationsprozeß auslösen (Abbildung 5). Das
IV-Controlling leistet, wie nachfolgend gezeigt werden soll, auf allen Stufen des Erneue-
rungsprozesses einen nennenswerten Beitrag.

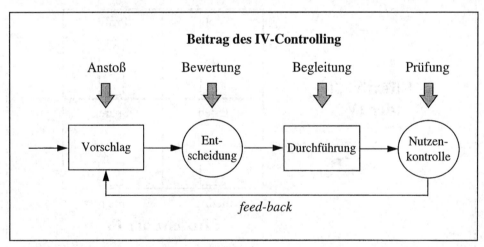

Abbildung 5: Einführung von Innovationen

4.1   Vorschlag

Vorschläge für Innovationen kommen aus dem Unternehmen selbst oder von außen (Technologieberatung). Intern ist es vor allem die Unzufriedenheit mit der IV-Unterstützung der Geschäftsprozesse, mit den Prozeßleistungen oder die systematische Beobachtung von Marktentwicklungen, sowohl was die Technik als auch die Technikverwendung betrifft. In vielen Unternehmen sind die Anwender mit der Informationsbeschaffung über Marktentwicklungen auf sich allein gestellt. Die IV-Abteilung ist zu sehr mit Tagesproblemen oder mit der Bewältigung von Krisen beschäftigt. So bleibt wenig Zeit für den Blick nach vorne. Die Entwicklung der betrieblichen IV wird aus diesem Grund nicht systematisch und kontrolliert betrieben, sondern mehr oder weniger dem Zufall überlassen.

Profis dagegen haben ihre Marktbeobachtung institutionalisiert (Kempis/Ringbeck 1998, S. 126 f) und führen regelmäßig Systemreviews durch, um Ansatzpunkte für Verbesserungen zu finden (Kempis/Ringbeck 1998, S. 137 f). Kriterien für eine Beurteilung der laufenden Anwendungen sind die
- Nutzungsintensität,
- Anwenderzufriedenheit,
- Effizienz der Nutzung und
- Kompatibilität zur Unternehmensumwelt.

Insbesondere durch die Kombination von Marktbeobachtung und Verbesserungspotentialen in den Anwendungen lassen sich Innovationen erfolgreich in Gang bringen. Der Beitrag, den das IV-Controlling hier leisten kann, ist offensichtlich. Statt „kaputt zu sparen" müssen einerseits Budgetmittel für eine systematische Marktbeobachtung bereit gestellt werden, sei es durch interne Spezialisten oder durch externes Know-how, sowie die sinnvolle und nutzbringende Verwendung dieser Mittel überwacht werden. Andererseits sollten die regelmäßigen Reviews der Anwendungssysteme vom IV-Controlling veranlaßt oder sogar durchgeführt werden. Es ist nicht entscheidend, woher oder von wem Innovationsvorschläge kommen. Wichtig allein ist, daß notwendige und sinnvolle Neuerungen in der IV ermutigt werden. Das IV-Controlling kann daher Innovationen sowohl selbst anstoßen als auch ein Klima schaffen, in welchem Innovationsvorschläge gedeihen.

4.2   Entscheidung

Soll über Innovationsvorschläge entschieden werden, so ist es wichtig, daß für die Bewertung und Finanzierung von Innovationsprojekten eine eigene Projektkategorie gebildet wird. Dadurch müssen Innovationen nicht mit den sonstigen Projekten, dem normalen Geschäft oder wichtigen Anpassungen wie der Einführung des EURO, konkurrieren.

Besonders innovationsorientierte Unternehmen teilen bis zu 20% ihrer Entwickler innovativen Projekten zu, das sind Anwendungen mit hohem zukünftigem Verbesserungs-
potential, die aber noch nicht unbedingt reif für den Einsatz im Tagesgeschäft sind
(Kempis/Ringbeck 1998, S. 128).

Für die Bewertung und Entscheidung von Innovationsvorhaben kommen nicht so sehr
rigorose Investitionskalküle in Frage, als vielmehr nutzwertanalytische Verfahren, die
die relative Vorzüglichkeit einzelner Vorschläge herausstellen. Die Finanzierung solcher
Projekte - insbesondere bei Neuerungen in der Infrastruktur - erfolgt vorzugsweise nicht
durch den Pionieranwender allein, sondern anwenderübergreifend, etwa durch die Spar-
ten- , Geschäfts- oder Konzernleitung (Kempis/Ringbeck 1998, S. 125 f).

Erfolgsentscheidend für die Auswahl von Innovationen sind zudem folgende Leitregeln
(Kempis/Ringbeck 1998, S. 167):
- Die Markterprobung abwarten (Fast-Follower-Strategie),
- Die Auswahl durch die Kernprozesse des Geschäfts bestimmen,
- Das Integrationspotential ausschöpfen (z.B. bei Standardsoftware),
- Die Anwender einbeziehen.

Innovationen sind naturgemäß risikobehaftet. Als ein Einzelhandelskonzern eine nicht-
ausgereifte Abrechnungssoftware einsetzte, eskalierten die offenen Posten Monat für
Monat, so daß am Ende des Geschäftsjahres der Prüfer das Testat verweigern mußte. Die
Beseitigung der aufgelaufenen Fehler allein kostete dem Unternehmen Millionenbeträge.
Innovationsbereitschaft darf nicht zugleich Leichtsinnigkeit bedeuten.

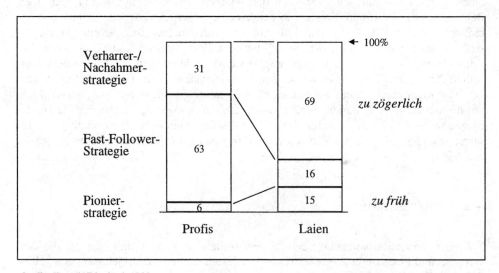

Quelle: Kempis/Ringbeck 1998

Abbildung 6: Einführungsstrategie für integrierte Standardsoftware

Bei der Entscheidung für Innovationen hat das Kerngeschäft Vorrang und nicht die Wünsche einer Hilfsfunktionen wie der Administration. Entscheidet man sich für eine bestimmte integrierte Standardsoftware, so soll sie am besten flächendeckend und nicht nur partiell eingesetzt werden. Die Kenntnisse und Wünsche der Betroffenen, die später mit der Entscheidung leben müssen, sind weitgehend zu berücksichtigen. Es kommt immer wieder vor, daß aus dem Kreis der Anwender im Nachhinein berechtigte Kritik an Neuerungen kommt. Fragt man, warum diese nicht rechtzeitig geäußert wurde, dann heißt die stereotype Antwort sehr oft: „Uns hat man damals nicht gefragt".

In der Entscheidungsphase für Innovationen spielt das IV-Controlling eine maßgebliche Rolle. Es ist insbesondere verantwortlich für die Gestaltung und korrekte Durchführung des Auswahl- und Bewertungsverfahrens. Dazu gehört die

■ Einrichtung und unabhängige Finanzierung einer separaten Projektkategorie,

■ die Entwicklung, Erprobung und Durchsetzung geeigneter nutzwertanalytischer Bewertungsmethoden und

■ die Kontrolle der konsequenten Einhaltung anerkannter Leitsätze (Erfolgsregeln).

4.3   Durchführung

Da sich Innovationsprojekte auch in der Durchführung nur wenig von normalen Entwicklungsprojekten unterscheiden, soll hier auf die klassischen Aufgaben des Projektcontrolling nicht weiter eingegangen werden.

Bei der Realisierung von Innovationsprojekten empfiehlt sich wegen möglicher Unsicherheiten in der weiteren Entwicklung infrage kommender Technologien ein gezielt partnerschaftliches Vorgehen (Outsourcing). Solange intern die grundsätzliche Marktbeobachtung (s.o.) und die Entwicklung der eigenen IV-Strategie verbleiben, können die fehlenden Spezialkenntnisse auf dem Gebiet der beabsichtigten Innovationen zunächst leichter und schneller durch Outsourcing aufgebaut werden. Outsourcing kann insbesondere auch die Realisierungsfrist von Innovationen deutlich verkürzen, was ein entscheidender Faktor für die Erhaltung oder Steigerung der Wettbewersfähigkeit sein kann.

Die Implementierung von Innovationen sollte vorzugsweise nach einem Stufenplan erfolgen. Erst wenn für einen abgegrenzten Pilotanwendungsbereich die Einführung erfolgreich abgeschlossen wurde, ist eine flächendeckende Einführung angeraten (Kempis/Ringbeck 1998, S. 181).

Auch während der Durchführungsphase von Innovationsvorhaben muß das IV-Controlling nicht untätig bleiben. Profis haben die Schlüsselbedeutung des Lieferantenmanagements als Erfolgsfaktor für Outsourcing klar erkannt (Kempis/Ringbeck 1998, S. 146 ff). Einen wesentlichen Beitrag leistet das IV-Controlling bei der Vertragsgestaltung im Sinne einer dynamischen Leistungspartnerschaft, die gekennzeichnet ist durch

■ flexible Vereinbarungen und

■ genaue Zuordnung von Preisen und Leistungen,

sowie bei der laufenden Überwachung der Vertragseinhaltung (von Dobschütz 1995b). Desgleichen kann das IV-Controlling die Gestaltung eines angemessenen Einführungskonzeptes und die nachfolgend schrittweise Einführung der Neuerungen sinnvoll begleiten.

4.4   Nutzenkontrolle

Mit der erfolgreichen Einführung von Innovationen allein ist es nicht getan. Sowohl direkt anschließend als auch fortlaufend muß überprüft werden, ob die erwarteten Effekte tatsächlich eingetreten sind. Dies gehört wiederum zu den Kernaufgaben des IV-Controlling. Neben einer Kontrolle des wirtschaftlichen Erfolges von Innovationen muß es in diesem Zusammenhang insbesondere zu einer Effektivitätskontrolle über Kriterien wie

▓ Funktionalität,
▓ Verfügbarkeit und
▓ Nutzungsgrad

kommen (Kempis/Ringbeck 1998, S. 227 f). Bei nachlaufenden Projektkontrollen schneiden Profis deutlich besser ab als sogenannte Laien (Kempis/Ringbeck 1998, S. 188).

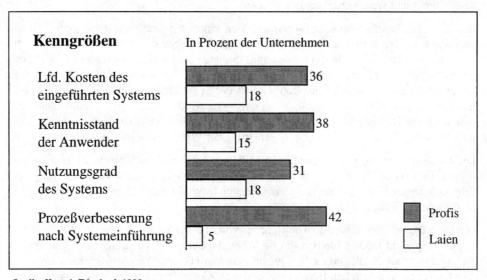

Quelle: Kempis/Ringbeck 1998

Abbildung 7: Nachlaufende Projektkontrolle

Diese quantitative Analyse der eingetretenen Wirkungen von Innovationen wird dann sinnvollerweise noch durch eine qualitative Analyse der Kundenzufriedenheit ergänzt. Damit wird der Grad der Akzeptanz von Neuerungen durch die Anwender ermittelt und es kann notfalls frühzeitig nachgebessert werden. Dieses „feed-back" beruhigt im Erfolgsfall nicht nur, sondern kann Anlaß für weitere und ergänzende Innovationen sein, wodurch der Innovationsprozeß wiederum von vorne angestoßen wird.

5. Von den Profis lernen

IV-Controlling und Innovation sind kein Gegensatz. Bei der Einführung von Neuerungen in die betriebliche IV muß das IV-Controlling auch nicht im Abseits stehen. Im Gegenteil, das IV-Controlling kann ein Innovationen förderndes Klima schaffen anstatt ein Kaputtsparen zuzulassen. Doch damit nicht genug. Allein die Effektivität der IV ist der Weg zum Erfolg. Aufgabe des IV-Controlling ist es daher, die Steigerung der Effektivität durch Innovationen zu forcieren.

Aktivitäten	Erfolgsfaktoren
Anstoß (Vorschlag)	- Systematische Marktbeobachtung stimulieren
	- Laufend Reviews der Anwendungen durchführen
Bewertung (Entscheidung)	- Separate Projektkategorie einrichten
	- nutzwertanalytische Bewertungsmethoden einsetzen
	- anerkannte Erfolgsregeln beachten
Begleitung (Durchführung)	- partnerschaftliches Vorgehen ermöglichen
	- auf stufenweise Einführung achten
Prüfung (Nutzenkontrolle)	- Projektkontrollen durchführen
	- Akzeptanz durch Anwender sicherstellen

Abbildung 8: Erfolgsfaktoren beim Innovationscontrolling

Dies gelingt am besten durch eine vorgeschaltete Optimierung der wichtigsten Geschäftsprozesse, aus der über klare Benchmarks[2] Verbesserungsansätze abgeleitet werden können. Wichtig ist dabei, daß Innovationen nicht vorschnell, sondern nach einer

---

[2]   Vgl. den Beitrag Kütz in diesem Band

ausreichenden Markterprobung eingeführt werden. Bei einem Innovationsvorhaben ist insbesondere der Anwender von Anfang an einzubeziehen, damit das angestrebte Ergebnis nicht durch Akzeptanzprobleme geschmälert wird.

Überhaupt darf auch bei Innovationen nicht auf die bewährten Tugenden des Projektcontrolling verzichtet werden. Wegen des höheren Erfolgsrisikos bei Innovationen ist jede Abweichung vom Tugendpfad leichtsinnig und kann zu ernsthaften Problemen führen. Bei der Implementierung ist schrittweise vorzugehen. Erst wenn Pilotanwender in einem begrenzten Anwendungsbereich über zufriedenstellende Ergebnisse berichten können, ist eine Ausweitung in weitere Bereiche des Unternehmens angeraten.

Obwohl die Schnelligkeit der Umsetzung von Innovationen wettbewerbskritisch sein kann, ist vor einer übereifrigen Hektik und übertriebenen Vorreitermentalität deutlich zu warnen. Profis gehen kein unnötiges Risiko ein. Sie setzen sich an die Spitze der Verfolger und übernehmen nur in ausgesuchten wettbewerbskritischen Anwendungen die Führung.

Literatur

von Dobschütz, L. (1995a): IV-Controlling - Theoretische Sicht und praktische Bedeutung, Controlling 5/1995, S. 306-312.

von Dobschütz, L. (1995b): CoSourcing und IV-Controlling: Werte schaffen statt Sparen um jeden Preis! In: Berg, J; Gräber, H. (Hrsg.): Outsourcing in der Informationstechnologie, Frankfurt/New York 1995, S. 102-116.

Hauschildt, J. (1997): Innovationsmanagement, 2. Aufl., München 1997.

Horváth, P. (1996): Controlling, 6.Aufl., München 1996.

Kempis, R.-D.; Ringbeck, J. et al. (1998): do IT smart, Wien 1998.

Küpper, H.-U. (1990): Controller-Anforderungsprofil in der Theorie. In: Mayer. E.; Weber, J.: Handbuch Controlling, Stuttgart 1990.

Ruthekolck, T. (1990): Informations-Controlling - Optionen der organisatorischen Gestaltung, Information Management 3/1990, S. 28-33.

Schöne, K. (1997): Controlling der Informationsinfrastruktur, Wiesbaden 1997.

Teil II

IV-Leistungen

Werner Prautsch

IV-Controlling als Teil der Einführungsstrategie von Standard-Software

1. Einleitung

Der überwiegende Teil der derzeit realisierten größeren IV-Projekte sind Einführungs-projekte für Standardsoftware. Die Gründe dafür liegen sowohl in der Entwicklungsge-schichte der meisten Anwendungen, die in vielen Fällen eine Ablösung geradezu er-zwingt, als auch in äußeren Sachzwängen wie der Euro-Einführung und dem Jahrtausendwechsel, die inzwischen so etwas wie eine Beschaffungshysterie ausgelöst haben. Aus der rasch steigenden Anzahl der Installationen resultieren zwangsläufig Eng-pässe in Bezug auf Kapazität und Qualifikation der Berater der dominierenden Sy-stemanbieter. Dadurch, sowie durch eigene Unzulänglichkeiten, kommt es schon heute für viele betroffene Unternehmen zu nur noch schwer zu beherrschbaren Projektrisiken.

Der vorliegende Beitrag setzt sich mit den Besonderheiten derartiger Projekte auseinan-der. Er zeigt damit wesentliche Ansatzpunkte für eine Steuerung der Projektabwicklung und der Projektergebnisse durch die Integration eines wirksamen Controlling in die je-weilige Einführungsstrategie auf. Auf die Vorstellung der gebräuchlichen Instrumente des Projektcontrolling wird jedoch verzichtet.

Das IV-Controlling wird hier als Instrument zum Erkennen und Kompensieren von Pro-jektrisiken verstanden. Es soll projektbegleitend helfen, die Effektivität und Effizienz der zu entwickelnden bzw. einzuführenden Anwendungen sicherzustellen.

Den Abschluß des Beitrags bilden eine Gegenüberstellung von Aufwand und Nutzen der vorgeschlagenen Ansätze des IV-Controlling sowie einige Empfehlungen zur prakti-schen Umsetzung.

2. Standardsoftware - Lösung aller Probleme?

In vielen Unternehmen steht das Management mehr oder weniger hilflos dem Phänomen gegenüber, daß
- die Kosten für ihre IV laufend zunehmen,
- die Abhängigkeit ihrer Unternehmen von Störungen und Ausfällen der Anwendungs-systeme wächst und deren Auswirkungen immer gravierender werden,
- technische Hemmnisse bei der Weiterentwicklung und Integration dieser Systeme zu empfindlichen Einschränkungen bei der Unterstützung beziehungsweise in der Ge-staltung der wesentlichen Geschäftsprozesse führen und
- ganz offensichtlich aus Sicht der Benutzer der praktische Nutzen der IV in der Ab-lauforganisation und damit deren Akzeptanz laufend abnimmt.

Zunächst sind das Alter, die Architektur und die Struktur eines Anwendungssystems entscheidend für dessen Wirtschaftlichkeit und Entwicklungsfähigkeit.

Diese wohl in der Mehrzahl der Unternehmen beobachtbare erhebliche Diskrepanz zwischen Nutzungspotential der Informationstechnik und Anwendungswirklichkeit irritiert viele Manager seit langem. Leider reduzieren sie das Problem aber meist auf dessen informationstechnische Aspekte und überlassen deshalb seine Bearbeitung und Lösung dem „zuständigen" IV-Manager. In Wirklichkeit steht dahinter die fundamentale unternehmerische Daueraufgabe, die Organisation und Informationsverarbeitung ihrer Unternehmen laufend an die auftretenden Veränderungen in den Geschäftsprozessen anzupassen. Wie sehr diese Aufgabe in der Praxis vernachlässigt wird, belegt die nach Einschätzung des Verfassers beunruhigend große Zahl von notleidenden Einführungsprojekten „umfassender Standardsoftwarelösungen". Ein weiterer Indikator für dieses Dilemma ist in der Vielzahl von ausdrücklich an die Manager adressierten Büchern und sonstigen Publikationen zum Thema Geschäftsprozeßoptimierung zu sehen.

In dem Projekt „Nutzen der Informationstechnologie in der produzierenden Industrie" des Instituts für Produktionstechnik und Spanende Werkzeugmaschinen der Technischen Universität Darmstadt, das gemeinsam mit einer Gruppe von McKinsey-Beratern durchgeführt und im September 97 abgeschlossen wurde, wurde der Einfluß der Informationstechnik auf den Unternehmenserfolg empirisch untersucht und nachgewiesen (Kempis/Ringbeck 1998). Wichtigstes Ergebnis der Studie ist die eindrucksvoll belegte Feststellung, daß die IT-Effektivität (in welchen Bereichen des Unternehmens bzw. zur Unterstützung welcher Funktionen wird die Informations-technologie eingesetzt) deutlich stärker zum Unternehmenserfolg beiträgt als etwa die IT-Effizienz (Kostenanteil am Umsatz sowie pünktliche und kostengerechte Projektabwicklung).

Das unterstreicht die nachfolgenden Überlegungen zu einer engen Einbeziehung des IV-Controlling in die ausgewählten Einführungsstrategien, unabhängig davon, für welche der möglichen Strategien man sich dabei entscheidet. Für diese Betrachtung ist es naheliegend, zunächst die charakteristischen Mängel und Probleme heutiger IV-Systeme zu identifizieren, dann die Alternative „Standardsoftware als Lösung aller Probleme" zu bewerten und daraus die Ansatzpunkte für ein wirksames IV-Controlling herzuleiten.

2.1   IV-Systeme: die wichtigsten Probleme

Es genügt hier eine grobe Klassifikation der typischen Probleme aktueller Anwendungen nach Merkmalen, die einen direkten Bezug zum IV-Controlling herstellen. Folgende Ursachen und Probleme sind in diesem Sinne relevant:

- ▓ Zunächst sind das Alter, die Architektur und die Struktur eines Anwendungssystems entscheidend für dessen Wirtschaftlichkeit und Entwicklungsfähigkeit. Historisch gewachsene Systeme mit einem hohen Anteil an teilweise vielleicht sehr alter Individualsoftware, an verschiedenartigen Programmiersprachen, Standardsoftware verschiedener Hersteller, unterschiedlichen Datenbanken, Netzwerken usw. sind in der Praxis nicht integrierbar. Systeme dieser Art sind weit verbreitet und haben meist schon ein Stadium erreicht, in dem sie nicht mehr wirtschaftlich weiterentwickelt oder auch nur mit vertretbarem Aufwand am Leben gehalten werden können. Grundsätzliche funktionale Erweiterungen werden so zu komplizierten und teuren Projekten. Ebenso können normale wie grundlegende Informationsbedürfnisse der verschiedenen Managementebenen nur mit Hilfsmitteln befriedigt werden, wie eigenständige Berichts-systeme mit geeigneten Datenbankschnittstellen oder - heute wohl noch die am meisten verbreitete Lösung - mit einfachen, oft genug von den Anwendern „selbst gestrickten" Tabellenkalkulationen. Die Zukunft heißt dann Data-Mining.

▧ Installationen mit einem hohen Anteil an Standardsoftware meist unterschiedlicher Hersteller unterliegen in der Regel gravierenden Restriktionen bei der Integration der eingesetzten Komponenten, die ebenfalls aus der Architektur und anderen software-technischen Eigenschaften der Programmsysteme resultieren. Hinzu kommen wachsende Probleme mit den Serviceleistungen der beteiligten Partner, die zunehmend auf deren wirtschaftliche Situation zurückzuführen sind und schlimmstenfalls aufgrund von Übernahmen und Konkursen usw. die Überlebens-fähigkeit ganzer Anwendungsbereiche in Frage stellen.

▧ Der Stellenwert der Organisation und Datenverarbeitung ist, gemessen an ihrer praktischen Bedeutung, in den meisten Unternehmen viel zu gering, die organisatorische Kompetenz ersichtlich nicht ausreichend. Das läßt sich im Einzelfall unmittelbar nachweisen, wenn man das Engagement der verschiedenen Manage-mentebenen im Detail betrachtet. Die Verantwortung für die Qualität der Informationsverarbeitung und Kommunikation, vor allem auch für die Qualität der Aufbau- und Ablauforganisation, liegt faktisch fast immer bei den IV-Leitern. Diese wiederum leben und denken in vielen Fällen in der Produktwelt eines einzigen Systemanbieters und verfolgen die Entwicklung der Informationstechnologie nur am Rande. Sie fühlen sich in erster Linie für die Technik und den Betrieb der IV verantwortlich, kennen deshalb die inzwischen erheblichen Fortschritte in der Methodik der Prozeßentwicklung und der Optimierung von Geschäftsprozessen nicht aus eigener Erfahrung und können sie demzufolge auch nicht praktisch umsetzen. Viele von ihnen sind aufgrund ihres Berufsalters sicher auch nicht mehr bereit, für ihr Unternehmen derart kritische Großprojekte wie etwa eine umfassende R/3-Einführung zu planen und verantwortlich zu leiten.

▧ Die in vielen Fällen grundsätzlich richtige Entscheidung für eine Ablösung der Altsysteme durch eines der verbreiteten Standardsysteme wie etwa SAP R/3, Baan IV, Oracle Applications, SSA BPCS usw., wird durch grundlegende Fehler zu einem kaum noch kalkulierbaren Risiko für das Unternehmen. Zu nennen wären die unprofessionelle Planung und Steuerung der Projekte, die nicht ausreichende personelle Abdeckung der Projekte, die Einbeziehung nicht ausreichend qualifizierter externer Berater und des mehr oder weniger bewußten Verzichtes auf eine wirkliche Reorganisation der Geschäftsprozesse mit konkreten und meßbaren Organisationszielen.

Daß Großprojekte dieser Art eigentlich „Chefsache" sein müßten, wird meist durch hochkarätig besetzte Lenkungsausschüsse oder ähnliche Konstrukte institutionalisiert. In der Praxis der Abwicklung der Projekte finden sich aber nur selten Belege für ein tatsächliches Engagement des Top-Managements.

Die genannten Probleme und Ursachen sind allgemein bekannt, die nationale und internationale Fachdiskussion hat längst alle dazu relevanten Aspekte durchleuchtet und bietet auch alle nur denkbaren probaten Lösungen an. In der Praxis dominiert jedoch der nachfolgend betrachtete überraschend naive Ansatz, alle diese Probleme durch den Einsatz moderner Standardsoftware beseitigen zu können.

2.2   Standardsoftware als Alternative

Die oben zitierte Studie der TU Darmstadt zeigte, daß mehr als 65% der untersuchten Unternehmen als Kernsysteme bereits Standardsoftware einsetzen (Abbildung 1). Dabei dominieren die Anwendungen in den Verwaltungsbereichen. Aber auch die Planung und Steuerung der Produktion und die zugehörigen Querschnittsfunktionen werden inzwischen, wie gezeigt werden konnte, durch differenzierte und flexible Softwarelösungen zu einem Anwendungsbereich, in dem - professionelles Vorgehen vorausgesetzt - die so oft zitierten Wettbewerbsvorteile tatsächlich erzielt werden.

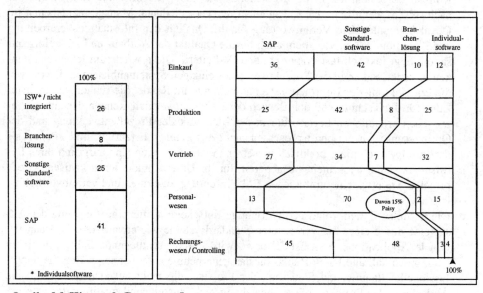

Quelle: McKinsey & Company, Inc.

Abbildung 1:   Art der verwendeten Software in Prozent der befragten Unternehmen

Wann also wird die Standardsoftware zur Alternative? Die Erfüllung der nachfolgend skizzierten Voraussetzungen entscheidet diese Frage:

▪ Ausgangspunkt der Entscheidungsvorbereitung muß eine nüchterne Bestandsaufnahme der betriebenen Systeme und der wirklichen Anforderungen der Anwendungsbereiche sein. Der Nutzungsgrad der Altsysteme, deren Wirtschaftlich-keit, schließlich auch die Diskrepanz zwischen verfügbarer und benötigter Funktionalität gehören hier zu den Entscheidungsparametern.

▪ Ist die Notwendigkeit einer Ablösung offensichtlich, besteht der nächste Schritt in einer möglichst neutralen Spezifikation der Anforderungen an das zukünftige System. Im (oft nur schwer durchsetzbaren) Idealfall werden diese Anforderungen aus einer Analyse und fundamentalen Neugestaltung der zu unterstützenden Geschäftsprozesse abgeleitet.

▪ Nun erfolgt die Auswahl der „passenden" Software. Hierzu sollten die hauseigenen Prozesse und Abläufe im Rahmen eines Vorprojektes in diese Software abgebildet und mit typischen Geschäftsvorfällen systematisch untersucht werden. Leider wird der dazu erforderliche Aufwand meist gescheut. Lieber verläßt man sich auf die Aussagen des Herstellers, daß die benötigten Funktionen im Prinzip vorhanden seien und im Rahmen des eigentlichen Einführungsprojektes angepaßt (customized) werden können.

▪ Hat die Überprüfung der Alternativen zu einem Beschaffungsentscheid geführt, erfolgt die Planung, Vorbereitung und Durchführung der geplanten Einführung, die im günstigsten Fall als Reorganisationsprojekt verstanden wird. Zeigen sich im Verlauf der Projektabwicklung Defizite der Softwarefunktionalität, müssen praxistaugliche robuste Modifikationen, Erweiterungen oder Alternativlösungen gefunden und einbezogen werden.

▪ Wesentliches Kriterium für die Qualität der neuen Anwendungssysteme ist die Akzeptanz bei den Anwendern. Die Abwicklung des Projektes wie auch die Gestaltung des späteren Betriebs müssen daher unter intensiver Einbeziehung der Anwender in die Projektarbeit sichergestellt werden.

Die genannten Schritte entsprechen den seit langem diskutierten Vorgehens- oder Phasenmodellen (vgl. Österle 1995, Band 1 und 2; Scheer 1997). Sie gelten natürlich für jegliche Art von IV-Projekten und werden dennoch überraschend oft ignoriert. Bei der quasi flächendeckenden Einführung von Standardsoftware aber hängt der angestrebte Erfolg, die „Lösung aller Probleme", ganz allein von der Professionalität des Vorgehens ab. Das heißt auch: das IV-Controlling muß vor allem die professionelle Einführung der neuen Software sicherstellen.

3.   Die Einführung von Standardsoftware als „Projekt"

Projekte sind ihrem Charakter nach einmalige Vorgänge, die klar definierte Ergebnisse erzielen sollen. Um sie erfolgreich steuern und abwickeln zu können, sollen realistische Planungen die notwendigen Arbeiten, Ressourcen und Termine festlegen. Die Steuerung der Projekte soll auf Basis dieser Planungen erfolgen. Planungsmethoden und -hilfsmittel aller Art sollen Fehlentwicklungen frühzeitig erkennbar und kompensierbar machen.

Größere IV-Projekte gibt es seit nahezu vier Jahrzehnten. Für sie scheinen die Erfahrungen aus anderen Anwendungsgebieten mit, hinsichtlich Umfang und Kom-plexität, durchaus vergleichbaren Projekten nicht zu gelten. Die Verdopplung bis Verdreifachung der ursprünglich geplanten Laufzeiten und Budgets eines Projektes wird unter Profis als eine Art Naturkonstante verstanden, schlichte Hilfsmittel wie die projektbegleitende Kalkulation und Terminverfolgung scheinen hier jedenfalls zu versagen. Wo also liegen die Besonderheiten eines Projektes, das auf die unternehmensweite Einführung eines Standardsoftwaresystems abzielt?

3.1   Ziele und Hemmnisse

Mit einem solchen Projekt klar definierte Ziele und Arbeitsergebnisse zu erreichen, bedeutet, daß für die Softwareeinführung und die dadurch bewirkten organisatorischen Veränderungen skalierbare Organisationsziele festgelegt werden müssen. Anstelle von Globalzielen wie der Verbesserung der Wettbewerbsfähigkeit, der Transparenz, der Flexibilität usw. müssen Ziele gesetzt werden, die zum Beispiel auf die Qualität der Auftragsabwicklung und der Produkte, die Durchlaufzeit eines Auftrags in bestimmten Funktionsbereichen, die Kosten der Abwicklung einzelner Geschäftsvorfälle, die Kosten der Herstellung der Produkte und ähnliche Faktoren ausgerichtet sind. Nicht zuletzt wären hier auch die Kosten der Informationsverarbeitung und Organisation zu quantifizieren.

In der Praxis trifft man aber nur selten Projekte an, bei denen derartig quantifizierte Ziele die Arbeitsgrundlage bilden. Wesentliches Hemmnis ist hierbei meist das Fehlen einer objektiven Wirtschaftlichkeitsbetrachtung vor der Projektentscheidung. Da ferner in vielen Unternehmen weder der BAB, noch die Betriebsergebnisrechnung die Ableitung von Kennzahlen gestatten, die wenigstens indirekt die Quantifizierung von Organisationszielen und die Überprüfung des Erreichens dieser Ziele ermöglichen würden, entfällt allein deshalb schon die objektive Beurteilung und Beeinflussung des Projekterfolgs.

Ein weiteres, in seinen Auswirkungen aber wesentliches Hemmnis ist in dem hohen Zeitdruck zu sehen, unter dem in vielen Fällen sowohl die Vorbereitung, als auch die eigentliche Beschaffungsentscheidung stehen.

Die Grundlage eines Vertrages sollte durch ein gemeinsam definiertes Einführungsprojekt gebildet werden. In den abgeschlossenen Verträgen fehlen jedoch nachprüfbare Ziele häufig ganz und meist sind auch die vereinbarten Regelungen zur gemeinsamen Steuerung der Projekte in Richtung auf das Ersatzziel „erfolgreiche Einführung" der Software völlig unkonkret und unverbindlich.

3.2 Einführungsschritte

Die oben angesprochenen Vorgehensmodelle sehen für die hier betrachteten Einführungsprojekte charakteristische Phasen vor, an deren Ende jeweils ein definiertes Arbeitsergebnis stehen soll. Trotz unterschiedlicher Terminologie entsprechen sich alle diese Modelle sehr weitgehend und sind insofern auch geeignet, mit den darin enthaltenen wesentlichen Phasen, Aktivitäten und Meilensteinen als Grundlage eines projektorientierten IV-Controlling zu dienen.

In der Fachdiskussion zum Thema Projektcontrolling sind ebenfalls alle denkbaren Aspekte erschöpfend behandelt worden. Geeignete Methoden und Instrumente dazu stehen damit ausreichend zur Verfügung. Weshalb also laufen dann so viele Projekte aus dem Ruder?

Es ist die Erfahrung des Verfassers, daß neben der Systematik eines Vorgehensmodells immer auch eine realistische Betrachtung der im konkreten Einzelfall gegebenen Randbedingungen zu den geplanten und umzusetzenden Aktivitäten erfolgen muß. In „stolpernden" oder gar scheiternden Projekten zeigt sich regelmäßig, daß wesentliche Aktivitäten oder Teilprojekte gestartet wurden, obwohl die dazu erforderlichen Ressourcen - meist die benötigten qualifizierten Projektmitarbeiter - offensichtlich nicht verfügbar waren. Randbedingungen wie die gegenwärtig aktuelle Euro-Einführung und die Probleme, die aus dem offenbar für viele Unternehmen völlig überraschend aufgetauchten Jahrtausendwechsel erwachsen, führen hier fast zwangsläufig zu von vornherein unsinnigen Terminvorgaben in den betroffenen Projekten.

Die Konsequenz daraus ist, daß jeder Einzelschritt eines Projektes nüchtern geplant und budgetiert werden muß. Führt diese Planung zu einer unakzeptablen Verlängerung der Gesamtlaufzeit oder einer signifikanten Ausweitung des Budgets, so muß die Entscheidung über das weitere Vorgehen an das Top-Management verlagert werden. Auch das eindrucksvollste Phasenmodell kann Mängel in der Regelung der Entscheidungsverantwortung im Projekt in ihren verschiedenen Dimensionen nicht kompensieren.

3.3 Wozu eine Einführungsstrategie?

Einführungsstrategien scheinen den Schlüssel zum Projekterfolg zu enthalten. Sie sollen sicherstellen, daß die Ziele der Systemeinführung (Reorganisation) planmäßig erreicht werden, ohne daß Qualitätseinbußen, Budget- und Terminüberschreitungen oder sonstige Widrigkeiten auftreten.

Verbreitet ist die folgende Unterteilung der Einführungsstrategien:
- Pilotierung der gesamten Funktionalität eines Standardsoftwaresystems an einem Standort und anschließendes sukzessives Einführen (Rollout) in der Fläche.
- Big Bang: die neuen Anwendungssysteme werden mit allen ihren Funktionen vorbereitet und gehen gleichzeitig (schlagartig) in den Echtbetrieb.
- Mischformen: je nach Unternehmensstruktur, Prozeßeigenschaften und Funktionalität werden geeignete Kombinationen der vorgenannten Alternativen umgesetzt.

Offensichtlich hängt die Auswahl einer dieser Strategien neben den organisatorischen Randbedingungen des Projektes in besonderem Maße von den zeitlichen Restriktionen ab. Scheitern kann man aber aus den oben angesprochenen Gründen mit jeder dieser Strategien.

In diesem Zusammenhang ist die in Abbildung 2 dargestellte Strategiedefinition nützlicher. In Strategie 1 wird sequentiell zunächst die Reorganisationsaufgabe gelöst, das heißt es erfolgt eine Optimierung der durch das System zu unterstützenden Geschäftsprozesse. Erst dann wird ein geeignetes System ausgewählt und implementiert. In Strategie 2 erfolgt die Geschäftsprozeßoptimierung parallel zur Systemeinführung, was in der Praxis zu erheblichen Synchronisationsproblemen führt. Bei der besonders verbreiteten Strategie 3 erfolgt die Systemeinführung ohne den Versuch, dabei gleichzeitig durch eine Verbesserung der Geschäftsprozesse organisatorische Veränderungen zu bewirken. Die Zahlen neben den Strategiedarstellungen geben in Prozenten der Grundgesamtheit die empirisch ermittelten Verteilungen zwischen qualifizierten (IT-Profis) und weniger qualifizierten (IT-Laien) Anwendern an, die sich für die jeweilige Strategie entschieden hatten.

Die Vorteile von Strategie 1 gegenüber Strategie 2 liegen offensichtlich in den strukturellen Verbesserungen der Prozesse aufgrund einer konsequenten Optimierung der einzelnen Geschäftsprozesse bezüglich der Anforderungen des Marktes. Strategie 1 führt aber auch zu einer erheblichen Reduktion der Projektkomplexität. Wie man der oben erwähnten Studie der TU Darmstadt entnehmen kann, läßt sich damit unter anderem die Projektdauer um bis zu 50% und der Projektaufwand um bis zu 60% reduzieren.

Sollten die Ergebnisse dieser Studie auch nur annähernd repräsentativ sein, ist das sicher Anreiz genug, sich ganz bewußt für die Einführungsstrategie 1 zu entscheiden und deren praktische Umsetzung mit aller Konsequenz zu verfolgen. Anzumerken ist noch, daß die Studie nachweisen konnte, daß Strategie 1 nicht nur für die Verwaltungsbereiche besonders vorteilhaft ist, sondern in besonderem Maße den Einsatz von Standard-PPS-

Systemen begünstigt und dort den Prozeßnutzen deutlich erhöht. Für das IV-Controlling bedeutet das eine Fokussierung auf die für die Umsetzung dieser Strategie relevanten Randbedingungen und Ressourcen.

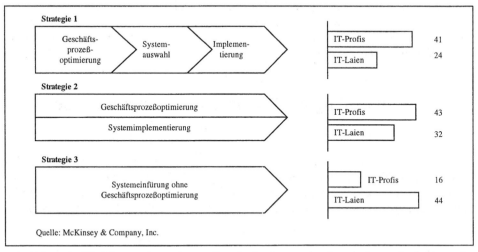

Abbildung 2: Einführung integrierter Standardsoftware in der Auftragsabwicklung in Prozent der Unternehmen

3.4 Anbieterstrategien

Welche Strategien verfolgen demgegenüber die Anbieter von Standardsoftware-systemen? Natürlich möchten die großen Systemanbieter ihre Marktposition ausbauen. Ihr Marketing ist deshalb darauf ausgerichtet, die Kompetenz in möglichst vielen wichtigen Anwendungsgebieten (Branchen) nachzuweisen und mit ihrer Projekt-erfahrung Vertrauen zu gewinnen. Selbstverständlich unterstützen sie die oben genannten Strategien und fordern entsprechend professionelles Vorgehen. In der Praxis überlassen sie die Entscheidung für eine der genannten Strategien jedoch dem Kunden, der schon deshalb die Verantwortung für den späteren Verlauf seines Projektes alleine trägt.

Vor allem die großen Anbieter sind aber in der jüngeren Vergangenheit derart erfolgreich gewesen, daß sie ihre Installationen inzwischen selbst nur noch mühsam bewältigen. Scheinbar kundenfreundliche Maßnahmen zur Lösung oder Minderung derartiger Probleme bestehen in Ansätzen wie dem Coaching der Mitarbeiter des Kunden, dem „train the trainer-Konzept" und dem Angebot von „voreingestellten" Branchenlösungen. Bei diesen Branchenlösungen sind die Systemparameter der Software bereits auf be-

stimmte Standardwerte eingestellt worden, was die ansonsten notwendigen recht aufwendigen Vorarbeiten dazu entfallen läßt.

Das IV-Controlling kann dem Rechnung tragen, indem die vom Systemlieferanten zu
erbringenden Leistungen explizit in die Controllingprozeduren einbezogen werden. Das
bedeutet weder eine Ausweitung der Aufgaben der Lieferanten, noch eine Zunahme der
Komplexität der Aufgabe, wenn in der ohnehin üblichen „gemeinsamen" Projektplanung
und -steuerung von vornherein alle irgendwie mit Risiken behafteten Aktivitäten besonders sensibel behandelt werden.

4.   IV-Controlling als Teil der Einführungsstrategie

Die Instrumente des Projektcontrolling sind an anderer Stelle ebenso oft wie gründlich
dargestellt worden (vgl. u.a. Kargl 1993, Krcmar 1992, Mehrmann/Wirtz 1992). Sie
werden hier als bekannt vorausgesetzt. Statt dessen sollen die Bedingungen einer erfolgreichen Einbindung des Controlling in große Einführungsprojekte diskutiert werden.

4.1   Voraussetzungen und Besonderheiten

Erfolgreich kann IV-Controlling nur dann sein, wenn - wie im übrigen auch die eigentliche Projektabwicklung selbst - die Wahrnehmung dieser Funktion durch entsprechende
Qualifikationen und Kompetenzen abgedeckt werden kann. Dabei ist es nicht zwingend
erforderlich, daß diese Qualifikationen und Kompetenzen in einer Person vereinigt vorliegen müssen. Man muß im Gegenteil zunächst immer davon ausgehen, daß die notwendigen Kenntnisse und Erfahrungen für die sichere fachliche Beurteilung der in einem
Einführungsprojekt vorkommenden Komponenten und Dienstleistungen nicht durch einen einzigen Mitarbeiter oder Berater abzudecken sind.

Das bedeutet, daß diese Aufgabe arbeitsteilig wahrgenommen werden und deshalb innerhalb der Projektorganisation die permanente Auseinandersetzung mit der Qualität der
Projektarbeit organisiert und implementiert werden muß. Es reicht sicher nicht, in den
Teilprojekten frühzeitig Termin- und Budgetüberscheitungen zu erkennen, obwohl auch
dies sicher schon für viele Projekte eine grundlegende Verbesserung der Abwicklung
bedeuten würde. Wichtiger ist, daß deren eigentliche Ursachen erkannt werden.

Um es zu wiederholen: das Erkennen der Ursachen der im Projekt auftretenden Probleme und Störungen erfordert ein Erfahrungspotential bezüglich Projektleitung, Projektmanagement, Praxis der Validierung der Aufbau- und Ablauforganisation und der Optimierung von Geschäftsprozessen, Einführungsmethoden, aktuellen IT-Entwicklungen
usw., das wohl nicht einmal ausnahmsweise durch einen einzelnen Menschen abgedeckt

werden kann. Also besteht eine wesentliche Voraussetzung für ein erfolgreiches IV-Controlling im obigen Sinne darin, durch eine geeignete Projektorganisation diese über viele interne und externe Mitarbeiter verteilten Erfahrungen und Kenntnisse zu bündeln und kontinuierlich den Projektstatus ermitteln zu lassen. Der dadurch bei allen Beteiligten ausgelöste Lernprozeß führt zu einer ständigen Verbesserung der Statusanalysen, als auch zu einer ständigen Reduktion des mit diesen Analysen verbundenen Aufwands.

Sind die Ursachen identifiziert und geeignete Gegenmaßnahmen abgeleitet worden, müssen sie umgesetzt werden. Da es dabei meist um zusätzliche Ausgaben, Fragen der Personalkapazität und -qualifikation, Führungsdefizite und ähnlich heikle Fragen geht, ist nun die Durchsetzbarkeit der als notwendig erkannten Maßnahmen zu sichern. Das ist Sache des Top-Managements. Das IV-Controlling (wie auch immer organisiert) kann lediglich die Maßnahmen und Empfehlungen des Projektmanagements untermauern und die Auswirkungen halbherziger oder verschobener Entscheidungen konkretisieren.

Eine wichtige Besonderheit typischer Einführungsprojekte liegt darin, daß sowohl die verschiedenen Projektaktivitäten, als auch die verschiedenen Projektphasen immer neue Konstellationen von Projektbeteiligten hervorrufen (Abbildung 3). Man sieht unmittelbar, daß dies eine laufende organisatorische Anpassung auch des IV-Controlling erfordert. Die Kunst besteht darin, für jede Phase zu gewährleisten, daß die darin zu leistenden Aufgaben tatsächlich und ohne Einschränkungen in Bezug auf die Arbeitsergebnisse wahrgenommen werden. Offensichtlich wird diese Aufgabe in der Praxis ebenfalls beharrlich unterschätzt.

Eine weitere Besonderheit liegt in der Schwierigkeit, die Anwender oder Anwendergruppen so zu qualifizieren, daß sie ihre Prozesse „optimieren" können. Häufig werden dazu sogenannte „Key-User" ernannt, die stellvertretend für ihre Fachabteilungen deren Anforderungen artikulieren und in geeignete Lösungen umsetzen sollen. Das gelingt wohl nur selten. Gerade hier liegt jedoch, wie auch in der Studie der TU Darmstadt gezeigt, die größte Chance, die Effektivität der Anwendungen zu sichern. Soll also der „Key-User" nicht zum Alibi für die sogenannte Benutzerpartizipation verkümmern, muß die Projektphase, in der die neuen Geschäftsprozesse entworfen und festgelegt werden, besonders kritisch gesteuert und in den Ergebnissen verfolgt werden. In den Ergebnissen verfolgen heißt, zuvor quantifizierbare und damit prüfbare Arbeitsziele zu definieren. Projektmanagement wie auch IV-Controlling sind hier gleichermaßen gefordert.

4.2 Erkennen und Kompensieren von Projektrisiken

Große Projektrisiken liegen vor allem in der unzulänglichen personellen Ausstattung der Projekte, in der Bereitstellung unrealistischer Budgets, in der unzureichenden Beteiligung des Top-Managements am Projekt, natürlich auch in der Qualität der Projektorganisation und des Projektmanagements, sowie in der Fähigkeit, auf Störungen in der Projektabwicklung wirtschaftlich sinnvoll reagieren zu können.

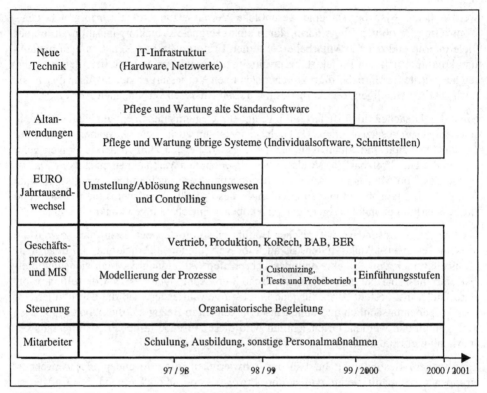

Abbildung 3: Typische Hauptaktivitäten in Einführungsprojekten

Eine weitere Quelle erheblicher Risiken liegt in der Wahl der Systempartner, also der Lieferanten der für die Einführung und Reorganisation erforderlichen IT-Produkte und Dienstleistungen.

Alle diese Faktoren sind hinlänglich bekannt. Wie standhaft sie in vielen Projekten ignoriert werden, ist ebenfalls bekannt. Auch wenn hingenommen werden muß, daß Manager, häufig aufgrund ihrer Berührungsängste gegenüber der IV, Verantwortung in diesem Bereich delegieren, wo immer es geht, darf andererseits unterstellt werden, daß die Manager daran interessiert sind, ihre Investitionen in die Reorganisation nicht zu gefährden. IV-Controlling muß daher die bestehenden Risiken aufzeigen und quantifizieren. Es muß nachweisen, daß und in welchem Maße Verzögerungen und Qualitätsverluste im Projekt die eigene Marktstellung und Unternehmensentwicklung gefährden.

Die Anwender der neuen Anwendungssysteme müssen über einen Zeitraum von mindestens zwei Jahren teilweise erhebliche Opfer in Form von Mehrarbeit, Leben und Arbeiten mit Improvisationen, usw. bringen. Ihnen ist gleichgültig, welche modernen Technologien und Finessen der Informationstechnik in den ihnen vorgesetzten Funktionsprogrammen stecken. Haben sie über einen längeren Zeitraum mittelbar oder unmittelbar im Projekt mitgearbeitet und können am Ende mit der eingeführten neuen Lösung schlechter arbeiten als mit den alten Programmen, ist ihre Akzeptanz vernichtet. Die Auswirkungen dieses häufig beobachtbaren Effektes sind zwar ebenfalls nur schwer zu quantifizieren, sind aber offensichtlich fatal. Sie reichen von oft erheblichen Verlusten in Bezug auf die Produktivität und Effektivität der Geschäftsprozesse und Abläufe im Unternehmen bis hin zu Fluktuation von für das Unternehmen besonders wichtigen Mitarbeitern. Noch ein Projektrisiko, das es einzuschränken gilt.

IV-Controlling muß alle diese Risiken explizit berücksichtigen und behandeln. Dabei sind Kennzahlen, Kostenübersichten und ähnliche Indikatoren und Hilfen nur eingeschränkt hilfreich. Wie in Abschnitt 4.1 angesprochen, hängen alle diese Risiken von oft komplexen Ursachenketten ab, deren frühzeitige und richtige Diagnose erst den Projekterfolg sichern kann. Wie erwähnt setzt dies einen Erfahrungshintergrund voraus, der in Einführungsprojekten nur durch eine größere Anzahl von Projektbeteiligten eingebracht werden kann. Diese zwangsläufig heterogene Personengruppe auf das oben beschriebene besondere Verständnis der Funktion „IV-Controlling" hin auszurichten und zu organisieren würde die Lösung des Problems ermöglichen.

4.3 Aufwand und Nutzen

Welcher Aufwand entsteht durch ein Controlling, wie es hier verstanden wird? Zunächst wird ein Verantwortlicher - möglichst nicht der gleichzeitig für die üblichen Controllingaufgaben zuständige Mitarbeiter - benötigt, der als „Generalist" aufgrund eigener Erfahrungen alle wesentlichen Aspekte der Planung, Steuerung und Realisierung großer IV-Projekte beherrscht. Er sollte mit aktuellen informationstechnischen Entwicklungen bzw. Methoden der Systementwicklung vertraut sein. Er sollte charakteristische Stärken und Schwächen der Standardsoftware sowohl aus eigener Erfahrung, als auch aus der Fachdiskussion kennen. Vor allem sollte er die wirtschaftlichen Auswirkungen von schlechter Organisation und mangelhaftem IV-Einsatz aufgrund einschlägiger Erfahrungen seiner Berufspraxis im Detail kennen.

Ein solchermaßen ausgestatteter Mitarbeiter bildet die wesentliche Voraussetzung für das Erreichen der oben angegebenen Ziele eines in das Projekt integrierten IV-Controlling. Hat man ihn nicht im Hause verfügbar (was häufig der Fall sein wird), muß er wenigstens temporär in den besonders kritischen Projektphasen in Form eines externen Beraters in das Projekt einbezogen werden. Natürlich kann diese Aufgabe nicht von einem der Berater des Systemlieferanten übernommen werden; sie muß einem nachweislich neutralen und unabhängigen Berater übertragen werden. Dieser sollte neben seiner Qualifikation auch nachweisen können, daß er diese Aufgabe schon in anderen Projekten erfolgreich wahrgenommen hat. Und er darf „teuer" sein, weil sich sein Einsatz besonders schnell bezahlt macht.

Dieser Controller ist für die Einbeziehung der für die jeweilige Aufgabe relevanten Projektmitarbeiter und den Einsatz geeigneter Controllinghilfsmittel verantwortlich. Deren Einsatz erhöht den Aufwand für das Controlling merklich. Hinzu kommen die Aufwendungen für die laufende Erfassung und Aufbereitung des Zahlenmaterials und der sonstigen zu berücksichtigenden Fakten, mit deren Hilfe die Projektprobleme erkannt, beschrieben und bewertet werden müssen. Hinzu kommt der Aufwand für die Erarbeitung der zu deren Lösung notwendigen Empfehlungen und Maßnahmen, schließlich noch der Aufwand, der zur Abstimmung dieser Maßnahmen erforderlich ist.

Diesem - gemessen am Gesamtbudget - eher geringen Aufwand steht ein Nutzen gegenüber, der zuletzt in der oben zitierten Studie der TU Darmstadt mit den Untersuchungsergebnissen wirklich aktueller Installationen und Projekte belegt worden ist. Auch wenn die dort ermittelten Erfolge eines „smarten" Vorgehens in Einführungsprojekten mit bis zu 50% Reduktion der Projektlaufzeiten und bis zu 60% Reduktion der Projektkosten nicht immer erreichbar sein sollten, ist offensichtlich, daß sich die konsequente Ausrichtung und Konzentration des IV-Controlling auf die unbedingte Sicherstellung der Effektivität der Anwendungen durch eine entsprechende Projektsteuerung auf ungewöhnliche Weise bezahlt machen wird.

5. Empfehlungen

Anstelle einer Zusammenfassung sind nachfolgend, eher rezepthaft und an die Adresse von Entscheidern gerichtet, einige Empfehlungen zur praktischen Umsetzung des beschriebenen Ansatzes aufgelistet. Wenn ein größeres Einführungsprojekt für Standardsoftware ansteht:

- Klären Sie zunächst, in welchem Zustand sich die abzulösenden Systeme befinden, was deren Betrieb wirklich kostet und welche Einschränkungen bzw. Risiken sich für die betroffenen Anwendungsbereiche ergeben.
- Halten Sie und ggf. Ihre Berater die Ablösung der Systeme durch eine Standardsoftware für notwendig, so folgen sie der o.a. Strategie 1. Stellen Sie also die Entwicklung eines neuen Konzeptes für die künftige Aufbau- und Ablauf-organisation einschließlich der Neugestaltung der tangierten Geschäftsprozesse (völlig unabhängig von den Eigenschaften einer bestimmten Standardsoftware) an den Anfang des Projektes.
- Zu Beginn dieser Arbeiten ist ein professionelles Projektmanagement einzusetzen. Gleichzeitig ist die Berufung eines Projektcontrollers notwendig, der den oben beschriebenen Anforderungen möglichst nahe kommt. Er soll seine Tätigkeit bereits mit der Planung und Vorbereitung des Projektes aufnehmen.
- Veranlassen Sie anschließend die Auswahl einer geeigneten Software ausschließlich auf Basis der zuvor erstellten herstellerneutralen Anforderungsdefinition, wobei das

IV-Controlling die Quantifizierung der Projektziele übernehmen sollte. Prüfen Sie selbst die genannten maßgeblichen Gründe für die empfohlene Entscheidung für den ausgewählten Systempartner oder ziehen Sie hierzu einen unabhängigen Berater hinzu. Lassen Sie sich keinesfalls mit IV-technischen Argumenten von Ihren organisatorischen Zielen abbringen.

▨ Während der Vorarbeiten zur eigentlichen Einführungsphase der Software und der damit verbundenen Reorganisation muß die laufende Überwachung der Arbeiten und Ergebnisse in den Teilprojekten durch das IV-Controlling in der oben geschilderten Weise erfolgen. Stellen Sie sicher, daß diese Arbeiten durch qualifizierte Teammitglieder beobachtet und bewertet werden. Setzen Sie sich regelmäßig mit den Feststellungen des Controlling auseinander und kümmern Sie sich selbst um die Umsetzung der erforderlichen Maßnahmen.

▨ Lassen Sie die Projektarbeit regelmäßig im Rahmen von Reviews prüfen, an denen auch die Fachabteilungen bzw. die künftigen Anwender der neuen Systeme beteiligt werden.

Projekte dieser Art sind weitaus anspruchsvoller und risikoreicher als die meisten sonstigen Großprojekte, die im Laufe einer Unternehmensgeschichte bewältigt werden müssen. Sie sind hinsichtlich der Anforderungen, die sie an Management und Personal stellen, weder mit anderen großen Investitionen, noch mit den Anforderungen typischer Restrukturierungsmaßnahmen vergleichbar. Und sie sind besonders tückisch in Bezug auf die Langzeitwirkungen der bei solchen Projekten möglichen Kunstfehler. Verstehen Sie ein solches Projekt, falls Sie es im Hause haben, daher unbedingt als „Chefsache". Binden Sie deshalb unbedingt alle wesentlichen Führungskräfte Ihres Unternehmens in die Projektsteuerung ein.

Literatur

Kargl, H. (1993): Controlling im DV-Bereich, München 1993.

Kempis, R.-D., Ringbeck, J. (1998): do IT smart – Chefsache Informationstechnologie, Wien 1998.

Krcmar, H. (1992): Informationsverarbeitungs-Controlling in der Praxis, Information Management 2/92, S. 6-18.

Mehrmann, E.; Wirtz, T. (1992): Effizientes Projektmanagement, 1. Auflage, Düsseldorf/Wien 1992.

Österle, H. (1995): Business Engineering, Prozeß- und Systementwicklung, Band 1 und Band 2, Heidelberg u.a. 1995.

Scheer, A.-W. (1997): Wirtschaftsinformatik, Referenzmodelle für industrielle Geschäftsprozese, 7. Auflage, Heidelberg u.a. 1997

Josef Kisting

IV-Controlling für große Wartungsprojekte

1. Einleitung

Die Wartung von Anwendungssystemen (IV-Systemen), die seit Jahren oder teilweise schon seit Jahrzehnten ihre Aufgaben zur Zufriedenheit aller erfüllen, wird oft im Stillen vorgenommen. Sie führt buchstäblich ein Schattendasein in Unternehmen und Behörden. Den Anwendern bleibt zumeist unsichtbar welche besonderen Anstrengungen unternommen werden müssen, damit ein IV-System, welches heute seinen Zweck erfüllt, auch in der Zukunft einsatzbereit ist. Für das Management sind in der Regel zwar die Wartungskosten deutlich erkennbar, aber der Nutzen der Wartung ist ihm selten offenkundig.

Unter Wartung von Anwendungssystemen soll hier die Zusammenfassung aller Aktivitäten der Systemgestaltung verstanden werden, die anfallen, um für ein IV-System, welches zu einem Zeitpunkt t einsatzfähig ist, die Einsatzfähigkeit auch zu einem Zeitpunkt t+Δ sicherzustellen (Kisting 1994) .

Die Einsatzbereitschaft eines IV-Systems kann durch verschiedene Ereignisse gefährdet werden:

- Fehler treten auf, die zu einem Systemabbruch führen. Etwa eine Division durch Null.
- Fehler treten auf, die falsche Ergebnisse verursachen. Auf Rechnungen werden zum Beispiel nur vier statt der erforderlichen fünf Vorkommastellen ausgedruckt.
- Fehlende Funktionalität, die für den Anwender unabdingbar ist. So müssen neue gesetzliche Anforderungen erfüllt werden.
- Inakzeptables Systemverhalten. Das Laufzeitverhalten sprengt den vorgesehenen Rahmen oder die Antwortzeiten werden ab einer bestimmten Teilnehmerzahl unerträglich lang.
- Fehlerhafte Bedienung. Etwa durch einen neuen Anwender.

Solchen Ereignissen wird in der Regel reaktiv begegnet, d.h. treten sie ein so wird versucht, die auftretenden Fehler und deren Folgewirkungen zu beseitigen, die Funktionalität schnell nachzubessern oder dem notwendigen Unterstützungsbedarf ad hoc nachzukommen. Grundsätzlich kann auch versucht werden, das Auftreten solcher Ereignisse präventiv zu verhindern, doch unter dem Kostendruck der letzten Jahre sind Präventivmaßnahmen eher zurückgestellt worden. Zwei große präventive Wartungsprojekte sind jedoch von allen Unternehmen in den nächsten Monaten durchzuführen. Die Vorbereitung der IV-Systeme auf Jahreszahlen nach 1999 und ihre Anpassung an den EURO.

Im nachfolgenden Beitrag sollen zunächst allgemein die Controllinganforderungen an ein großes Wartungsprojekt dargestellt werden. Anschließend wird über Erfahrungen mit einem Projekt Kalenderjahr-2000 berichtet.

2. Allgemeine Controllinganforderungen an ein großes Wartungsprojekt

2.1 Definition und Abgrenzung großer Wartungsprojekte

Was ist ein Wartungsprojekt, was unterscheidet es von anderen Projekten und worin unterscheiden sich die Controllinganforderungen an ein solches Projekt?

Im Gegensatz zur präventiven Wartung läßt sich reaktive Wartung im voraus weder mit Anfangs- und Endtermin noch mit dem erforderlichen Aufwand planen. Denn wann ein Fehler vorkommt und wie er konkret behoben werden kann, weiß man erst wenn er bereits aufgetreten ist. Allerdings kann reaktive Wartung aufgrund von Informationen aus vergangenen Jahren sehr wohl kapazitätsmäßig geplant werden.

Reaktive Wartungsaktivitäten sind schnell abgearbeitet. Sie haben eine durchschnittliche Aufwandsgröße von ca. zwei bis drei Tagen (Sneed 1997), d.h. der Aufwand liegt eher im Stundenbereich und nur selten im Monatsbereich.

Aus diesen Gründen werden einzelne Wartungsaktivitäten meist nicht aufwendig geplant sondern höchstens im Nachhinein dokumentiert. Besonders bei der Fehleranalyse wird dies noch dadurch gefördert, daß ein Großteil des Aufwandes in die Analyse fließt. Liegen detaillierte Informationen zu konkreten Maßnahmen vor, ist ein Großteil des Aufwandes bereits angefallen. Daher gibt es nur wenig Planungserfahrung für die Durchführung von einzelnen Wartungsaufgaben.

Bei einem Wartungsprojekt kann es sich nur um präventive Wartungsmaßnahmen handeln, d.h. die Veränderung des IV-Systems im Hinblick auf eine bestimmte Zielsetzung. Erreicht nämlich eine reaktive Wartungsaktivität Projektumfang, dann ist wohl eher Krisenmanagement als Projektmanagement gefragt. Wird von Wartungsprojekten gesprochen, so sind meistens Anpassungen an eine notwendige neue Funktionalität gemeint. Ist diese neue Funktionalität nicht unabdingbar, beispielsweise eine Gesetzesvorgabe oder ein Vorstandsbeschluß, sondern wird eine erweiterte Funktionalität aus Nutzen-/Kostengesichtspunkten für sinnvoll erachtet, spricht man eher von Weiterentwicklungen als von Wartungsprojekten. Diese Differenzierung soll im folgenden nicht gemacht werden. Ein Wartungsprojekt unterscheidet sich somit einerseits von einem Neuprojekt und andererseits von Wartungsaktivitäten (vor allem reaktiv), die nicht projektmäßig abgewickelt werden.

Von einem Projekt wird dann gesprochen, wenn es sich um eine definierte Aufgabenstellung mit Anfangs- und Endtermin handelt und ein Projektleiter mit einer zugehörigen Projektgruppe benannt wird. Ein Wartungsprojekt beschreibt die Aktivitäten, mit denen ein bereits eingesetztes und genutztes IV-System gemäß einer bestimmten Zielsetzung verändert wird. Das Neuprojekt hat zum Ziel, ein neues Anwendungssystem zu erstellen, welches erstmalig eingesetzt wird oder ein altes ablöst. Der wesentliche Unterschied zwischen Wartungs- und Neuprojekt besteht also darin, daß beim Neuprojekt keine kurz-fristigen Abhängigkeiten zu produktiv eingesetzten Systemen bestehen. Bei Wartungs-projekten wird das betroffene System parallel produktiv genutzt und unterliegt dadurch, z.B. bei Fehlerbeseitigungen, einem kurzfristigen Veränderungsprozeß. Nebenbei wird es im Wartungsprojekt modifiziert. Auf den Straßenbau übertragen bedeutet dies in dem einen Fall, es wird eine neue Straße in die Landschaft gebaut, im anderen Fall wird eine bestehende Straße bei weiter fließendem Verkehr repariert bzw. erweitert.

Ein Wartungsprojekt soll hier als groß bezeichnet werden, wenn es einen Aufwand von mehreren Monaten erfordert, sich über einen Zeitraum von mehreren Monaten erstreckt und wenn mehrere Abteilungen der IV involviert sind.

2.2 Projektteilaufgaben bei Wartungsprojekten

2.2.1 Projektdefinition

Die Projektdefinition ist bei einem Wartungsprojekt häufig einfacher als bei einem Neu-projekt. Denn ausgehend von einem schon bestehenden Anwendungssystem muß ledig-lich das beabsichtigte veränderte Verhalten beschrieben werden, beispielsweise sollen Lohn- und Gehaltssyteme neuen gesetzlichen Anforderungen genügen.

2.2.2 Projektorganisation

Ähnlich wie bei einem Neuprojekt gibt es auch bei einem großen Wartungsprojekt eine Projektgruppe, die für das Projekt freigestellt ist, Experten, die fallweise herangezogen werden und weitere Mitarbeiter, an die einzelne Aufgaben delegiert werden können. In beiden Fällen sollte zur Organisation eine Art Lenkungsausschuß gehören, an den re-gelmäßig berichtet wird und an den bei Bedarf eskaliert werden kann. Eskalation an den Lenkungsausschuß bedeutet, er entscheidet oder setzt Prioritäten bei konkurrierenden Zielen, wenn dies nicht innerhalb der Projektgruppe oder der vorhandenen Linienorgani-sation entschieden werden kann.

Bei einem Neuprojekt sind in der Regel in der Projektgruppe auch Mitarbeiter eingebun-den, die selbst aktiv Arbeitspakete im Projekt umsetzen, zum Beispiel neue Programme erstellen.

In einem Wartungsprojekt muß bei der Umsetzung auf die Mitarbeiter zurückgegriffen werden, die für die Betreuung der einzelnen Programme zuständig sind, da nur sie über die notwendige Kenntnis der Programme verfügen. Diese Mitarbeiter haben den Anfor-derungen aus dem Wartungsprojekt und dem täglichen Betrieb der betreuten Systeme zu entsprechen. Hieraus ergeben sich zwangsläufig Prioritätskonflikte, die geregelt werden müssen.

2.2.3 Festlegung des Vorgehensmodells

Da bei einem Wartungsprojekt auf bereits existierende IV-Systeme aufgesetzt wird, steht weniger eine Neukonzeption und zugehörige fachliche und technische Spezifikationen im Vordergrund sondern mehr eine transparente Darstellung des schon vorhandenen IV-Systems. Hierzu gehört auch die Analyse der bestehenden Programme, um herauszufinden, wo geändert werden muß und was. Besondere Aufmerksamkeit muß darauf gerichtet werden, daß die vorgesehenen Änderungen vollständig sind. Wartungsprojekte durchlaufen daher die Phasen:

- Bestandsaufnahme, Analyse und Spezifikation,
- Durchführung von Programmänderungen,
- Tests,
- Implementierung.

Welchen Anteil die einzelnen Phasen am Gesamtaufwand haben, hängt allerdings stark von der jeweiligen Einzelsituation ab.

2.2.4 Projektplanung, Projektsteuerung und Projektüberwachung

Für die Managementaufgabe dürfte es kein Unterschied sein, ob ein Neuprojekt oder ein Wartungsprojekt mittels Planung und Überwachung gesteuert wird. Während bei einer Neuentwicklung oft der Einsatz noch nicht ausgereifter Technologien im Vordergrund des Projektmanagements steht, so sind es bei einem Wartungsprojekt eher die konkurrierenden Prioritäten und die Tatsache, daß dem Wartungsbereich im allgemeinen oft nicht genug Aufmerksamkeit seitens des Managements gewidmet wird. Oft sind Wartungsprogrammierer gewöhnt, Prioritäten nach eigener Einschätzung zu vergeben und diese nicht mit dem Management abzustimmen. Es wird dann schwierig, die Aufgaben des Wartungsprojektes termingerecht zu erledigen, da die selbst vergebenen Prioritäten für den Wartungsprogrammierer Vorrang haben. Dieser kann zum Beispiel die schnell erledigten Aufgaben stets höher priorisieren als die langwierigen.

2.2.5 Projektcontrolling und Projektberichtswesen

Das Berichtswesen muß, wie bei jedem anderen Projekt auch, folgende Elemente enthalten:

- Information über den Projektstatus an das Topmanagement,
- Aktualisierung der Projektplanung,
- Informationen über den inhaltlichen Status des Projektes. Z.B. welche Programme auf die neuen Anforderungen hin schon angepaßt, welche bereits getestet sind usw.,

▓ Informationen über Risiken.

Durch die Projektorganisation - Teammitglieder sind zumeist nicht von ihrem Tagesgeschäft freigestellt - ergeben sich besondere Anforderungen an das Berichtswesen in einem Wartungsprojekt. Vereinfacht gesagt muß es das Berichtswesen ermöglichen, auch bei geringen Planabweichungen schnell und fundiert reagieren und gegebenenfalls eskalieren zu können, um die notwendigen Korrekturschritte zu bewirken.

Das Berichtswesen muß so robust aufgebaut sein, daß die Informationen, die dargestellt werden, so aussagefähig sind, daß über ihre Bedeutung nicht mehr diskutiert werden muß. Die Aussage, eine Aufgabe sei bereits zu 90% erledigt, hat ohne eine genaue Anleitung, wie der Realisierungsgrad zu ermitteln sei, wenig Aussagekraft. Denn ohne klare Vorgaben wird die Realisierung oft über die verbrauchten Ressourcen (input) und nicht am tatsächlichen Arbeitsergebnis (output) gemessen (Tom de Marco, S. 193). Es müssen daher meßbare und überprüfbare Meilensteine definiert werden, deren Erreichen oder Nicht-Erreichen eindeutig festgestellt werden kann. In Übereinstimmung mit dem Fachbereich kann ein Meilenstein nur dann als erreicht bezeichnet werden, wenn ein vom Management unterschriebenes Abstimmungsprotokoll vorliegt. Um einen solchen Meilenstein zu erreichen, muß festgelegt sein, wer welche Aufgaben wahrnehmen muß und welche konkreten Ergebnisse vorliegen müssen. Wird solch ein Meilenstein dann nicht erreicht, muß die für die Verzögerung verantwortliche Stelle ebenso eindeutig identifizierbar sein.

2.3   Einbindung des Managements durch gezielte Eskalation

Wartungsaktivitäten erfahren nur wenig Managementzuwendung (Kisting 1994). Ein Weg die Aufmerksamkeit des Managements geplant zu erzwingen, ist Eskalation an das Management. Die Frage, ob man in einem Wartungsprojekt auch ohne Eskalation auskommt, stellt sich in der Regel nicht, denn eine Priorisierung konkurrierender Aufgaben kann oft nur außerhalb des Projektes von Seiten des Managements entschieden werden. Damit reduziert sich die Frage darauf, zu welchem Zeitpunkt eskaliert werden soll. Aus Sicht des Projektleiters gilt, je früher er mit sichtbaren Erfolgen eskalieren kann, desto besser wird die Projektdisziplin sein und umso größer der Nutzen im fortschreitenden Projekt. Abweichungen, die von der Projektleitung zunächst toleriert werden, sind später nur noch schwer eskalierbar.

Ergeben sich aus der Eskalation keine Auswirkungen, dann wird dieses Instrument schnell stumpf. Aus Sicht der Projektleitung ist es wichtig, nur in Fällen zu eskalieren, die so aufbereitet werden können, daß der Eskalationsgrund jedem einsichtig ist. Das Management, zu dem hin eskaliert wird, hat dann die Aufgabe, den Eskalationsgrund mit dem notwendigen Managementabstand zu prüfen, erforderliche Maßnahmen einzuleiten und gegebenenfalls durchzusetzen. Funktionierende Eskalationsmechanismen bewirken, daß sich viele Konfliktsituationen schon im Vorfeld ohne tatsächliche Eskalation auflösen.

3.   Controllinganforderungen an ein großes KJ2000-Projekt

3.1   Ausgangslage

3.1.1 Die Herausforderung durch das Kalenderjahr 2000

In den Anfängen der kommerziellen Datenverarbeitung wurden zusammen mit einem neuen Computer zumeist auch die zugehörigen Anwendungssysteme erneuert. Deshalb wurde in den 70er Jahren die Lebensdauer eines Anwendungssystems mit nur wenigen Jahren angesetzt. Die Einführung der 360er Familie von IBM ermöglichte es aber, Programme auch nach Installation eines neuen Computers weiter zu verwenden. Damit mußten Anwendungssysteme nicht mehr im Abstand von wenigen Jahren völlig erneuert werden. Funktionierende Programme konnten weiter verwendet und erweitert werden.

Berücksichtigt man die früheren Speicherplatzkosten und die begrenzten Speicherplatzressourcen sowie den Personalaufwand bei der Datenerfassung, dann wird schnell verständlich, warum zu der damaligen Zeit die Kosten für die Darstellung des Jahrhunderts gescheut wurden, zumal der Informationsgehalt der beiden Ziffern gering war. Aber auch dann, wenn jemand mit Weitblick Jahreszahlen vierstellig darstellen wollte, ergaben sich Probleme, denn ein großer Teil der Systemsoftware hat lange Zeit nur zweistellige Jahreszahlen unterstützt.

Mit dem Aufkommen der Datenbanken konnten sich die zweistelligen Jahreszahlen dann weiter und weiter verbreitern und durchsetzen. Die erforderliche Kraftanstrengung, sich der Zweistelligkeit zu entledigen, wurde zwangsläufig immer größer, so daß bei Erweiterungen die Zweistelligkeit beibehalten wurde. Es gab auch gute Gründe, die enorme Kraftanstrengung zurückzustellen. Einerseits wurde jederzeit eine Systemablösung, gefördert durch die Client-Server Euphorie, erwartet und andererseits, würde der bevorstehende Jahrtausendwechsel die Umstellung sowieso erzwingen.

Es darf auch nicht außer Acht gelassen werden, daß die "Unart", die Jahreszahl eines Datums nur zweistellig anzugeben, auch heute noch allgemein üblich ist. Diese Konvention hat sich allgemein durchgesetzt, weil es so viel praktischer ist als die Nennung der vollen Jahreszahl.

3.1.2 Technische Lösungsmöglichkeiten

Zur Behebung des Problems kommen überwiegend zwei Lösungsmöglichkeiten in Betracht: Alle zweistelligen Jahresfelder werden auf vier Stellen erweitert oder, dort wo möglich, werden die Jahreszahlen zweistellig gelassen und programmintern die Zuordnung zum richtigen Jahrhundert vorgenommen. Vorteil der Erweiterungslösung ist, daß die Lösung leicht verständlich ist und weitere achttausend Jahre funktioniert. Der Nachteil liegt darin, daß nicht nur Programme mit Berechnungen und Vergleichen sondern auch die Programme geändert werden müssen, in denen Jahreszahlen nur durchgeschleußt werden. Außerdem müssen auch alle zugehörigen Dateien und Datenbanken angepaßt werden. Dies bedingt wiederum, daß alle Änderungen mehr oder weniger zum selben Zeitpunkt durchgeführt werden müssen. Bei den komplexen Abhängigkeiten, in welche die heutigen IV-Systeme hineingewachsen sind, ist die Beherrschung eines solchen Lösungsansatzes schwierig und aufwendig.

Bei der programminternen Lösung wird zusätzlicher Code eingebaut, um in das zutreffende Jahrhundert zu verzweigen. Dies geschieht beispielsweise so, daß alle Jahreszahlen < 50 als Jahrhundert die 20 zugeordnet bekommen und alle anderen die 19. Das hier gewählte Cutoff-Datum 50 muß in einzelnen Anwendungen möglicherweise verschieden gewählt werden. Diese Lösung hat den Vorteil, daß Dateien und Datenbanken unverändert bleiben können, und in der Regel weniger Programme zu ändern sind. Ein Nachteil ist, daß die Programme komplexer werden und dadurch der Wartungsaufwand tendenziell eher zunehmen wird. Dieser Lösungsansatz stößt bei komplizierten Sortierungen und Indizierungen an seine Grenzen.

Darüber hinaus können entsprechend systemspezifischer Besonderheiten noch weitere Lösungsansätze zur Anwendung kommen. Zu nennen sind hier Komprimierungstechniken oder, falls der Datenbankzugriff über ein oder wenige Module erfolgt, kann es sich sogar anbieten, zweistellige und vierstellige Jahreszahlen redundant in der Datenbank zu halten.

3.1.3 Zu erwartende Störungen bei Untätigkeit

Viele Jahreszahlen, die in Anwendungssystemen verarbeitet werden, erzeugen mit dem Wechsel vom 31.12.1999 auf den 01.01.2000 Störungen. In IV-Systemen, die Zukunftsdaten verarbeiten wie etwa eine Gültigkeitsdauer, können diese auch schon sehr viel früher eintreten. Scheck-/Kreditkarteninhaber, deren Karten mit Gültigkeitsdauer 00 als ungültig abgewiesen wurden, haben diese Erfahrung bereits gemacht.

Sind Jahreszahlen zweistellig dargestellt, so sind beim Jahrtausendwechsel unter anderem folgende Störungen zu erwarten:
- Zeitraumberechnungen. Die Differenz von 02 und 98 ist eine andere als wie zwischen 2002 und 1098.
- Vergleiche. Eine Abfrage "Wenn Jahr > 92 dann Mehrwertsteuer 15%" ergibt für das Jahr 00 zufällige Ergebnisse.
- Sortierungen und Indizierungen. Vierstellig kommt 2000 in einer Sortierung nach 1999, zweistellig liegt 00 vor 99.
- Semantik. 99 im Feld Jahreszahl bedeutet beispielsweise "Lösche Datensatz" und 00 bedeutet, daß eine detailliertere Eingabemaske aufgerufen wird.

- Bereits implementierte Programmlogik, mit der zweistellige Jahreszahlen vor 2000 und nach 1999 verarbeitet werden sollen, ist oft nicht konsistent.
- Verwendete Datumsroutinen kommen über den 01.01.2000 hinweg, aber nicht viel weiter.
- Beispielsweise wird das Datum zunächst fünfstellig dargestellt, die ersten zwei Zeichen für die zweistellige Jahreszahl und die nächsten drei Zeichen für den laufenden Tag im Jahr. Um diese Zahl mit 16 Bit darstellen zu können, wurde anschließend 70.000 subtrahiert. Wie man nachrechnen kann, wird diese Darstellung im Jahr 2003 zu Problemen führen.
- Das Jahr 2000 ist nicht als Schaltjahr berücksichtigt. Zum Beispiel wird der 60. Tag im Jahr 2000 nicht als 29. Februar, sondern als 1. März betrachtet oder die Anzahl Tage im Jahr 2000 wird fälschlich mit 365 angenommen.
- Dateninhalte des Anwenders. So gibt der Anwender in ein IV-System, welches für Jahreszahlen vierstellig ausgelegt ist, die Jahreszahl nur zweistellig ein. Ein Wiedervorlagedatum in 5 Jahren wird wohl nie mehr auftauchen.

Nicht zu vernachlässigen sind die Störungen, die dadurch entstehen, daß Programme für das Kalenderjahr 2000 geändert werden:

- Fehlerhafte Änderungen. In USA wird von einer Fehlerrate von 7% bei Störbeseitigungen im normalen Wartungsfall ausgegangen, d.h. bei der Beseitigung von 100 Fehlern werden 7 neue Fehler erzeugt (Jones 1997).
- Fehler treten durch Änderung auf. Hiermit sind die Fehler gemeint, die bisher schon vorhanden waren, aber erst durch einen Eingriff an ganz anderer Stelle zum Vorschein kommen. Zum Beispiel wird eine interne Tabelle nicht auf Überlauf abgefragt. Durch Erweiterung der Jahreszahl wird aber ein Überlauf hervorgerufen, so daß eine Störung auftritt.

3.1.4 Der „Factory"-Ansatz

In der Vergangenheit ist immer wieder versucht worden, im Bereich der Softwareentwicklung und -wartung von der "Einzelfertigung" zur Serienfertigung zu gelangen. So wird ansatzweise die Betreuung von Standardsoftware in Unternehmen nicht durch jedes Unternehmen einzeln sondern, um Gemeinsamkeiten zu nutzen, nur an einer Stelle für mehrere Unternehmen zusammen vorgenommen. Auch bei den Anpassungsmaßnahmen für das Kalenderjahr 2000 sind viele Aktivitäten gleichartig oder wiederholen sich. Hierzu gehören beispielsweise das Aufspüren von Codezeilen in Programmen, die Jahreszahlen verwenden, und das Ändern solcher Programmzeilen.

Bei einer „Factory", die Programme für das Kalenderjahr 2000 anzupassen hat, ist die ganze „Factory" auf dieses Ziel hin ausgerichtet. Es kann in hochwertige Analyse- und Automatisierungstools investiert werden, da diese über einen längeren Zeitraum genutzt werden können. Es lohnt sich, ein Kernteam zur Lösung besonders komplizierter Aufgabenstellungen in der „Factory" intensiv auszubilden. Für die einfacheren Aufgaben können dann Mitarbeiter eingesetzt werden, deren Einarbeitung weniger aufwendig ist. Gelingt eine weitgehende Automatisierung, so stellt sich auch die Frage nach einer Verlagerung in Billiglohnländer nicht.

In dem hier beschriebenen Projekt wurde die „Factory" des debis Systemhauses für KJ2000-Anpassungen verwendet.

3.2 Ein KJ2000-Projekt als Beispiel mit seinen Teilaufgaben

Im folgenden Beispiel wurde die Problematik des KJ2000 in ersten Ansätzen schon 1995 angesprochen und - nach einer Pilotphase in 1996 - ab 1997 projekthaft behandelt. Die Umstellung wird 1998 abgeschlossen sein, das heißt, bis dahin werden alle erforderlichen Änderungen und Tests durchgeführt und die Programme wieder im ihrem produktiven Einsatz sein. Nachstehend soll am Beispiel dieses großen Projektes zum Kalenderjahr 2000 gezeigt werden, mit welchen Controllingmechanismen das Projekt erfolgreich abgewickelt wurde.

3.2.1 Projektdefinition

Die Projektdefinition eines KJ2000-Projektes ist einerseits dadurch vorgegeben, daß benötigte IV-Systeme auch zukünftig, d.h. auch nach dem 01.01.2000 ablauffähig sein sollen und - falls Jahreszahlen verarbeitet werden - auch die Jahreszahl 2000 und größere richtig verarbeiten können. Andererseits bedarf es der Festlegung, was innerhalb des Projektes zu betrachten ist und was nicht. Gehört beispielsweise die Haustechnik mit Sicherheitsanlagen und Fahrstühlen dazu oder nicht? Im folgenden wird die Projektaufgabe auf IV-Anwendungssysteme eingegrenzt.

3.2.2 Projektorganisation

Die Projektorganisation wurde in drei Ebenen gegliedert:
- Gesamtprojektleitung,
- Cluster-Projektleiter,
- Umstellungsprojektleiter.

Ein Umstellungsprojektleiter hatte die Umstellung des von ihm betreuten IV-Systems zu verantworten. Mehrere IV-Systeme waren dann wieder zu einem Cluster zusammengefaßt, beispielsweise Personalsysteme. Ein Cluster umfaßte in der Regel zwischen 20 und 30 IV-Systeme; für sie war der Cluster-Projektleiter zuständig. Gesamtprojektleitung, sieben Cluster-Projektleiter, jeweils ein Vertreter aus der „Factory" und aus dem Rechenzentrum bildeten die Projektgruppe. Unterstützung erfolgte einmal durch ein installiertes Projektbüro zur Abwicklung hauptsächlich administrativer Aufgaben und bei Bedarf durch entsprechende Experten-Task-Forces. Die Gesamtprojektleitung berichtete an den Lenkungsauschuß mit dem Hauptverantwortlichen aus dem Top-Management und verschiedenen Vertretern aus anderen Bereichen.

3.2.3 Festlegung Vorgehensmodell

Das Vorgehensmodell (vgl. Abbildung 1) orientierte sich an der bei KJ2000-Projekten üblichen Vorgehensweise und hatte die folgende Struktur:
- Bestandsaufnahme,
- Planung einschließlich Definition von Teilprojekten, strategische Lösungsvorgaben, Termin und Ressourcenplanung,
- Festlegung der erforderlichen Anpassungen und Umsetzung je Teilprojekt,
- Tests je Teilprojekt,
- Implementierung je Teilprojekt

3.2.4 Projektplanung, Projektsteuerung und Projektüberwachung

Die Aufgaben Projektplanung, Projektsteuerung und -überwachung werden bei einem KJ2000-Projekt dadurch sehr anspruchsvoll, daß eine Vielzahl von Systemgestaltern, Anwendern und zu koordinierenden Bereichen in ihrer Zusammenarbeit aufeinander abgestimmt werden müssen. Diese beteiligten Personen bzw. Stellen sind oft schon mit anderen Aufgaben voll ausgelastet, so daß die Einhaltung vereinbarter Termine ein beträchtliches Maß an Einsatz durch die Projektleitung erfordert.

3.2.5 Projektcontrolling und Projektberichtswesen

Kernstück des Projektberichtswesens und damit auch des zugehörigen Controlling war ein Masterplan aller umzustellenden IV-Systeme, der im Projektbüro geführt und gepflegt wurde. In diesem Masterplan war jedes Anwendungssystem mit einer Vielzahl von Attributen enthalten:
- Systemkurzbezeichnung,
- Systemlangbezeichnung,

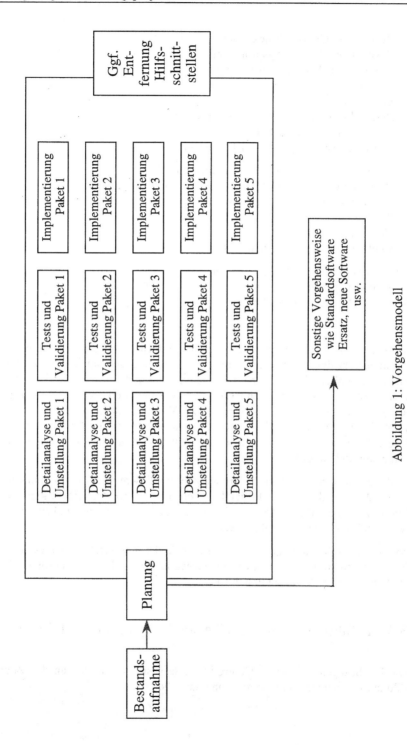

Abbildung 1: Vorgehensmodell

- Zuständiger Cluster-Projektleiter,
- Zuständiger Umstellungsprojektleiter,
- Verantwortlicher auf Anwenderseite,
- Anzahl Programme,
- Lösungskategorie,
- Zeitpunkt, wann erste Störungen zu erwarten sind,
- Bedeutung der Anwendung,
- Umstellungsrelevanz (z.B. nicht relevant, weil eine Ablösung geplant ist),

usw., ferner die Plandaten der Umstellung wie,
- Bereitstellung der Programme für die „Factory",
- Übernahme der Programme aus der „Factory",
- Testbeginn,
- Testende,
- Implementierung am 1. Standort,

usw. sowie Projektsteuerungsdaten wie,
- Umstellungsantrag gestellt,
- Umstellungsantrag genehmigt,

usw.

Solch ein zentraler Plan erforderte, daß die Informationslieferanten ihre Informationen termingerecht lieferten und diese Informationen aussagefähig waren. Die Informationen müssen von allen, die davon betroffen sind, akzeptiert werden. Dies kann bedeuten, daß vorher eine Abstimmung durchgeführt worden ist oder eine angemessene Einspruchsfrist festgelegt wurde. Sollte beispielsweise ein IV-System nicht mehr umgestellt werden, so waren Managementunterschriften auf Anwenderseite und auf Systemgestaltungsseite erforderlich. Einer einzelnen Information kann also möglicherweise ein erheblicher Aufwand zugrunde liegen.

Änderungen von einzelnen Informationen in diesem Masterplan mußten auf einem Formblatt über die Cluster-Projektleiter eingebracht werden. Es ist klar, daß solch ein Masterplan über etliche Monate reift und laufend um Attribute ergänzt wird, die für den weiteren Projektverlauf benötigt werden.

Neben diesem Masterplan mit zugehörigem Änderungsverfahren gab es noch ein monatliches Berichtswesen von den Cluster-Projektleitern an die Gesamtprojektleitung, wie es in allen größeren Projekten üblich ist.

3.3 Erfahrungen aus dem Beispielprojekt für das IV-Controlling

Die Erfahrungen für das IV-Controlling lassen sich am besten an den Zeitabschnitten Pilotphase, Planung und Durchführung darstellen.

3.3.1 Pilotphase

Bei dem betrachteten Projekt ist zunächst eine Pilotphase durchgeführt worden. Allgemeines Ziel der Pilotphase war es, Aussagen zu erhalten, in wie weit in den IV-Systemen Fehler im Zusammenhang mit dem Jahr 2000 verursacht werden würden und erste Erfahrungen mit der Anpassung von Programmen bezüglich einer richtigen Verarbeitung der Jahreszahlen zu sammeln. Darüber hinaus sollten Empfehlungen für Lösungsstrategien erarbeitet werden und die Basis geschaffen werden, um Budgetaussagen machen und grobe Terminpläne erstellen zu können.

Zusätzlich zu den beabsichtigten Zielen sind rückblickend in dieser Phase die Fundamente für das weitere IV-Controlling entstanden.

Eine erste Bestandsaufnahme war die Basis für weitere Vervollständigungen und Verfeinerungen. Das für diese Bestandsaufnahme verwendete Tabellenkalkulationsprogramm sowie das verwendete eMail-System wurden auch für den Masterplan beibehalten.

Aus den gewonnenen Informationen konnten Annahmen abgeleitet werden, aus denen sich eine Budgetaussage begründen ließ. Entsprechend dieser Budgetaussage gewann das Projekt so an Bedeutung, daß sich ein Hauptverantwortlicher des Top-Managements der Thematik annahm.

Durch Terminverschiebungen bei den umzustellenden IV-Systemen im Pilotprojekt konnte die Forderung nach einem Änderungsstop für umzustellende Systeme durchgesetzt werden. D.h. in der Zeit, in welcher die Programme eines Systems KJ2000-fähig gemacht wurden, durften außer in begründeten Ausnahmefällen keine sonstigen Änderungen mehr durchgeführt werden.

Die gesammelten Erfahrungen führten zu der Entscheidung, daß Programme von den betreuenden IV-Abteilungen in eine „Factory" zur Analyse und Programmänderung gegeben werden mußten. Durch diese Vorgaben konnte ein fester Zeitrahmen von zwei Zeitmonaten und für sehr große Anwendungssysteme von drei Zeitmonaten festgelegt werden. Da mit der „Factory" Ressourcen genutzt wurden, die nicht durch konkurrierende andere Aufgaben belastet waren, konnten diese Termine auch immer eingehalten werden.

Um eine Budgetaussage machen zu können, wurden die IV-Systeme je nach des zu erwarteten Änderungsaufwands in vier unterschiedliche Kategorien eingeteilt. Dann wurden die durchzuführenden Aktivitäten für IV-Systeme dieser Kategorien mit einer angenommenen Programmanzahl von 200 geschätzt. Mit dieser Schätzmethodik lag ein Referenzaufwand für jedes Anwendungssystem vor. Das heißt aus Kategorie und Anzahl Programmen konnte ein Referenzaufwand ermittelt werden, von dem Abweichungen nach oben begründet werden mußten.

3.3.2 Planung

In der Planungsphase wurde das Berichtsinstrumentarium vervollständigt und verfeinert. Beispielsweise wurde erkannt, daß ein Umstellungsprojekt nicht mit der Implementierung am ersten Standort abgeschlossen war. Integrationstests in Produktivumgebungen mußten berücksichtigt und es mußte in einer Roll-out-Planung genau abgestimmt werden, wann welches System an welchem Standort wieder zum Einsatz kam. Grund hierfür waren Abhängigkeiten zu standortspezifischen Systemen, die bei der Einführungsplanung berücksichtigt werden mußten.

Die Anzahl der umzustellenden Programme reduzierte sich gegenüber ersten Annahmen in hohem Maße. Durch das Pricing pro Programm war es lohnend zu überprüfen, welche Programme wirklich noch gebraucht wurden. Einerseits wurden ganze Systeme ausgemustert, die schon durch Neuentwicklungen abgelöst waren oder in Kürze abgelöst werden konnten, andererseits wurden nicht mehr benötigte Programme aussortiert.

3.3.3 Durchführung

Wichtig für die Durchführung war, daß die Informationen, die in dem Berichtssystem enthalten waren, nicht nur hingenommen sondern aktiv zur Steuerung benutzt wurden. Notwendig hierfür ist, daß
▪ die Informationen eindeutig sind,
▪ Ressourcen vorhanden sind, die diese Informationen auswerten können,
▪ das übergeordnete Management die erforderliche Unterstützung gibt.

Es muß also der Projektleitung ein Projektbüro mit Mitarbeitern zugeordnet sein oder anderweitige Ressourcen müssen zur Verfügung stehen, die die vorliegenden Informationen auswerten. Beispielsweise welche Plantermine wurden noch nicht bereitgestellt oder wo sind die Einstufungen, umstellungsrelevant bzw. nicht umstellungsrelevant, noch nicht vorgenommen worden. Eine solche Einstufung wurde dadurch eindeutig gemacht, daß hierfür festgelegte Managementunterschriften beigebracht werden mußten.

Durch Einbindung der „Factory" waren objektive Meilensteine definiert. Die „Factory" bestand aus einem OS/2-Client-Server-System, das heißt die Programme mußten aus der Großrechnerwelt in die Client-Server-Welt übertragen werden und nach erfolgter Anpassung wieder zurück. Der erste Meilenstein war dadurch eindeutig festgelegt, daß die Programme in der „Factory" verfügbar waren. Der zweite Meilenstein betraf die erfolgreiche Rückübertragung der Programme in die Großrechnerwelt.

Die Eindeutigkeit des Abschlusses der Testphase bei den einzelnen Umstellungsprojekten wurde dadurch erreicht, daß in einem Testleitfaden, der aus der Projektgruppe heraus entwickelt wurde, die Vorgehensweise hierzu festgelegt wurde, die dann jeweils systemspezifisch auszugestalten war. Am Ende des Testens wurde ein „Test-Testat" von dem

Umstellungsprojektleiter und dem Cluster-Projektleiter unterschrieben und an das Projektbüro weitergeleitet.

4. Zusammenfassung

Ein Großprojekt ohne Trial- und Errorphasen ist wohl kaum denkbar. Im Rückblick lassen sich verständlicherweise verschiedene Aktivitäten weiter perfektionieren. Wichtig ist, daß Irrwege schnell erkannt, nur einmal durchlaufen werden und die Erfahrungen im gesamten Projekt unmittelbar genutzt werden können.

Betrachtet man die für Großprojekte kritischen Erfolgsfaktoren wie:
- Unterstützung durch das Top-Management,
- professionelle Projektleitung,
- qualifizierte Projektgruppe,
- ausreichend verfügbare Ressourcen,
- belastungsfähige Eskalationswege,

so muß die Anforderung an das IV-Controlling sein, durch geeignete Instrumentarien das effiziente Zusammenwirken dieser Faktoren zu ermöglichen, Planungsgrößen bereitzustellen und Abweichungen von Planungen so schnell sichtbar werden zu lassen, daß rechtzeitig darauf reagiert werden kann.

Ermöglicht wird dies durch Vorgaben von Referenzgrößen, durch den Aufbau eines einheitlichen Berichtsweges, durch überprüfbare Meilensteine und durch einheitliche Vorgaben wie ein Vorgehensmodell, mit denen eine Vergleichsbasis geschaffen wird (Kisting 1998).

Früchte aus dem oben beschriebenen Projekt zum KJ2000 konnten schon in dem darauf folgenden Projekt EURO-Einführung geerntet werden. Es konnte auf der Bestandsaufnahme aufgesetzt werden, Vorgehensweisen aus der Testphase waren übertragbar, Projektorganisation und Berichtswesen und viele Einzelregelungen wurden unverändert oder entsprechend verbessert übernommen.

Literatur

DeMarco, T. (1989): Software-Projektmanagement, München 1989.

Jones, C. (1997): The Global Economic Impact of the Year 2000 Software Problem, Version 5.2, http://www.spr.com, S. 26.

Kisting, J. (1994): Wartung von Anwendungssystemen. In: von Dobschütz, L.; Kisting, J.; Schmidt, E. (Hrsg.): IV-Controlling in der Praxis, Wiesbaden 1994, S. 133 – 154.

Kisting, J. (1998): Anforderungen an das DV-Controlling durch Euro und 2000. In: EU-RO-GUIDE, 1. Erg.-Lfg. Mai 1998, Köln 1998.

Sneed, H.M. (1997): Measuring the Performance of a Software Maintenance Department. In: Proceedings First Euromicro Conference on Software Maintenance and Reengineering, Los Alamitos 1997, Seite 119 -127.

Teil III

IV-Wirtschaftlichkeit

Harald Huber

Die Bewertung des Nutzens
von IV-Anwendungen

1. Einleitung

Die Informationsverarbeitung (IV) gilt in zunehmendem Maße als die Möglichkeit, die betriebliche Effizienz der Geschäftsprozesse im Unternehmen zu steigern, oder aber die strategische Differenzierung des Unternehmens vom Wettbewerb zu erreichen.

So wird beispielsweise ein Kundentelefon oder ein Call Center erst durch eine entsprechende IV-Unterstützung ausreichend effizient, unter Umständen durch diese Unterstützung überhaupt erst möglich. Auch für andere, Service-orientierte Bereiche, in denen es um das Vorhalten und Anwenden von Kundendaten geht, wie in der Verwaltung von Kreditkarten, ist die Bedeutung der IV naheliegend.

Diese besondere strategische Relevanz der IV macht sie zur Chefsache. Letztlich muß die Unternehmensführung über Gegebenheiten und Ausmaß des IV-Einsatzes und damit auch über Investitionen in die Informationsverarbeitung entscheiden.

IV-Investitionen haben inzwischen derartige Größenordnungen erreicht, daß diese schon aus diesem Grund auf relativ hohen hierarchischen Positionen im Unternehmen zur Entscheidung anstehen sollten. Konkurriert doch der Mitteleinsatz in der IV letztlich mit dem entsprechenden Mitteleinsatz in anderen Bereichen.

Es ist daher eine Entscheidung von unternehmensweiter Bedeutung, ob die verfügbaren Investitionsmittel etwa in den Aufbau einer Produktionsstraße oder in die Konzeption eines neuen Produktionsplanungssystems investiert werden sollten.

2. Qualitativer Nutzen – die Hauptschwierigkeit gängiger Bewertungsmethoden

Die unternehmensweite Priorisierung von Investitionen innerhalb eines Unternehmens, auch diejenige zwischen der Informationsverarbeitung und - als Beispiel - dem Vertrieb, wird von den heute eingesetzten Methoden und Modellen der Nutzenbewertung zumeist nicht unterstützt.

Die Beurteilung des Nutzens ist immer dann relativ einfach, wenn der Nutzen leicht greifbar und quantifizierbar ist. Dies ist der Fall, wenn Effizienzoptimierungen erreicht werden wie Verbesserungen der Durchlaufzeit, Reduktion des Mitteleinsatzes durch optimierte Planung oder Reduktion der produzierten Fehler. Genau dann kommen auch die klassischen Methoden der Investitionsrechnung zur Anwendung.

Schwierig wird es, wenn der Nutzen eines IV-Systems nicht so leicht quantifizierbar ist. Das ist auf den ersten Blick recht häufig gegeben. So kann beim Aufbau eines Management-Information-Systems nicht so leicht ermittelt werden, welchen Nutzenbeitrag dieses MIS annähernd stiftet. Ähnliches gilt für ein Kundeninformationssystem, oder - als extremes Beispiel - für den Einsatz eines neuen Systems-Management-Tools im Systembetrieb von R/3-Anwendungen.

Aus diesem Grund wird allgemein die Erfüllung strategischer Ziele bzw. die Erzeugung eines strategischen Nutzens als Hilfsgröße herangezogen. Zum Einsatz kommen dann Portfolio-Verfahren oder Nutzwertanalysen, die mit Punktesystemen arbeiten. Diese Methoden erlauben die Bewertung der Attraktivität einzelner Anwendungen bzw. einzelner Projekte und geben damit dem Management die Möglichkeit, Investitionsvorhaben zu priorisieren.

Die Berücksichtigung strategischer Vorteile als Begründung für Investitionsentscheidungen hat neben einer gewissen Akzeptanz in der betrieblichen Praxis auch entschiedenen Widerstand hervorgerufen. Denn grundsätzlich bestehen bei diesem Vorgehen eine Reihe von Einschränkungen.

So kann beim Verzicht auf den Bewertungsmaßstab Geld das sinnvollste Projekt nur innerhalb des IV-Bereiches ausgewählt werden - nicht jedoch unternehmensweit, da sich Nutzenpunkte und Einnahmen oder Einsparungen nicht unbedingt vergleichen lassen.

Ebenso machen die Modelle keinerlei Aussagen über die sinnvolle Höhe des Mitteleinsatzes. Sie können nur bestehende Mittel optimal verteilen.

Nachstehend soll nun untersucht werden, welche Probleme sich einer möglichen Bewertung entgegenstellen. Danach wird ein Ansatz vorgestellt, der praxiserprobt und effizient ist und der darüber hinaus geeignet ist, der genannten Problematik auch auf Unternehmensebene zu begegnen.

In der Praxis besteht ein hoher Bedarf an geeigneten Verfahren zur Bewertung des Nutzens von Anwendungssystemen, auch wenn das IV-Management dies nicht in allen Fällen erkennt. Denn die Tatsache der häufig als unmöglich empfundenen Nutzenbewertung kommt der persönlichen Disposition vieler IV-Leiter durchaus entgegen. Ihnen liegt die Beschäftigung mit der Technik selbst sehr viel näher als das Nachdenken über einen monetären Nutzen. Diese Einstellung ist sicherlich mitverantwortlich für das schlechte Image, mit dem viele IV-Bereiche noch heute in den Unternehmen kämpfen.

3.   Probleme der Nutzenermittlung

Die Nutzenbewertung von Softwaresystemen oder IV-Anwendungen ist nicht problemlos. Dabei sind es nicht nur rein sachlogische, sondern auch politische Schwierigkeiten, die einer konsequenten Nutzenbewertung in Unternehmen entgegenstehen.

3.1   Hoher Abstand zur Wertschöpfung

Viele Leistungsprozesse der Informationsverarbeitung sind so weit von dem Leistungs-prozessen des Unternehmens entfernt, daß eine direkte Bewertung von Investitionen, wie sie eventuell in der Fertigung vorgenommen werden kann, nicht mehr sinnvoll möglich ist. Anwendungen, die das Controlling oder die Personalabteilung unterstützen, sind nicht nach ihrem Nutzen, sondern höchstens nach ihrem Einsparungspotential zu be-werten.

Doch genau das schafft auch die Problematik, der sich der IV-Bereich oftmals ausgesetzt sieht. Wer immer nur von Kostenreduktionen und Einsparungspotentialen redet, wer immer nur rationalisiert, der muß sich nicht wundern, wenn seine Leistungen selten mit „Mehrwert" in Verbindung gebracht werden.

Dabei stellt sich die Frage, warum den Leistungen der IV ein so großer Abstand zu den eigentlichen Wertschöpfungsprozessen des Unternehmens zugemessen wird. Zwei we-sentliche Gründe können hierfür identifiziert werden:

- Die IV ist mindestens eine Stufe weiter weg vom unterstützten Wertschöpfungspro-zeß als die jeweilige Unternehmensfunktion oder der zuständige Fachbereich. Daher werden die Leistungen der IV immer schwieriger zu bewerten sein als die anderer Bereiche, so daß die Problematik der Bewertung zumindest teilweise durch die Sachlogik vorgegeben ist.
- Die IV, als eine zumeist von Technikern geführte Abteilung, hat das Problem, die Technik der Lösung zu verstehen, sich aber für die Inhalte der Lösung nur wenig zu interessieren. Ein großer Finanzdienstleister hat diese Problematik zum Prinzip erho-ben: Es plant und entwickelt stets der Fachbereich die Anwendung bis zur groben Fachspezifikation und er muß die Nutzenrechtfertigung selbst liefern. Realisierte Nutzenvorteile für das Unternehmen werden allein dem Fachbereich zugerechnet. Grundsätzlich ist das nicht weiter problematisch, führt aber in letzter Konsequenz dazu, daß sich die Fähigkeit, die IV für eine bessere Positionierung am Markt einzu-setzen, nur fachbereichsintern entwickelt - nicht aber unternehmensübergreifend.

3.2   Kommunikationsproblem

Ein weiteres, für die Nutzenbewertung wichtiges Problem ist das Fehlen an Kommuni-kation. Fachbereich und IV verstehen sich selten gegenseitig und entwickeln für die je-weils andere Seite auch nur ein geringes Verständnis. Das kann durch eine Beobachtung der Diskussionen zwischen diesen Bereichen in nahezu allen Fällen leicht verfolgt und analysiert werden. Es läßt sich erkennen, daß sich die Diskussion zwischen den Berei-chen im wesentlichen mit den Problemen des Fachbereiches und deren mögliche Behe-bung durch IV-Technologie befaßt. Dabei sollten vielmehr die Ziele des Fachbereiches im Mittelpunkt stehen. Da diese aber nur wenig bekannt und dem IV-Bereich auch nur schwer verständlich sind, werden weder neue Herausforderungen angegangen noch Ziele höher gesteckt. Im Vordergrund der Betrachtung bleibt meist das problemlosere, das heißt kostengünstigere Erreichen der auch heute schon erreichten oder erreichbaren Ziele.

3.3 Zurechnungsproblem

Aber auch dann, wenn Nutzenpotentiale tatsächlich durch die IV allein oder zusammen mit den Fachbereichen erschlossen werden, erweist sich die Zuordnung des Nutzens zum eigentlichen Nutzenstifter als problematisch. Ein Unternehmen der Fahrzeugbaubranche, die äußerst forschungsintensiv ist, konnte den Innnovationszyklus für neue Produkte halbieren. Das ließ sich nur durch einen massiven Einsatz der Informationstechnologie erreichen. Doch der IV-Bereich wurde dafür nie gelobt. Stets wurde der Erfolg nur den Entwicklungsabteilungen zugerechnet. Ein Umstand, den allerdings die restriktive Verantwortungsübernahme des IV-Bereiches provozierte. Der hatte sich immer nur darauf konzentriert, eine lauffähige IV-Infrastruktur bereitzuhalten, und hatte die damit erreichten fachlichen Ziele nicht systematisch verfolgt.

Ein IV-Bereich, der eine lauffähige Infrastruktur bereitstellt, wird nie als hochproduktiv eingeschätzt werden, er wird bestenfalls als Standard betrachtet. Reklamiert die IV-Abteilung den erzielten Nutzenbeitrag nicht für sich, wird niemand den Vorteil wahrnehmen, daß ein Arbeiten mit modernsten Mitteln nur dadurch möglich ist, daß die IV-Abteilung jede Woche das neueste Release des Herstellers installiert.

3.4 Prognoseproblem

Informatik ist eine Ingenieurswissenschaft. Viele der Grundlagen der Informatik stammen aus den technischen Disziplinen und es gibt wohl - zumindest in der Theorie - kaum einen Bereich, der ein höheres Maß an Determinismus aufweist als die Informationsverarbeitung - auch wenn man das angesichts des häufig überraschenden Verhaltens eines Windows-PC's nicht immer glauben mag.

Aus diesem Grund haben viele Mitarbeiter aus IV-Abteilungen ganz grundsätzliche Probleme mit Nutzenschätzungen, denn wie in derartigen Projekten immer angeführt wird: Es ist nicht genau bekannt, welcher Nutzen tatsächlich generiert wird. Und da man die Gefahr einer Fehleinschätzung scheut, äußert man sich lieber nicht, statt daß man etwas behauptet, das sich später möglicherweise als falsch erweist.

Eine mittelgroße Unternehmensberatung wollte ein Vertriebsinformationssystem einführen. Der IV-Leiter war sich zwar sicher, daß er das beste System für seine Firma ausgesucht hatte, doch welchen Vorteil dieses für die Vertriebsabteilung in Mark und Pfennig erbringen würde, konnte und wollte er nicht prognostizieren. Daran scheiterte die Einführung des neues Systems und wurde um einige Jahre verzögert.

Dabei betrifft das Problem einer Prognose über das Ausmaß des gewünschten Effektes offensichtlich nicht nur IV-Anwendungen. Trotzdem bestehen gerade hier häufig große Schwierigkeiten, eine Prognose zu wagen.

Als Kritik wird oft angeführt, daß die Anwendung alleine nichts bewegen kann. Sind die Vertriebsmitarbeiter - um in dem Beispiel zu bleiben - eben einfach erfolglos, so kann nach Ansicht der IV auch das beste System nichts daran ändern.

Dieses Argument ist zweifellos richtig, doch kann zum Vergleich ein Formel-1 Fahrer betrachtet werden. Er erhält von seinem „Rennstall" eine Vorgabe für die nächste Saison, unabhängig davon, ob sein Rennwagen funktionsfähig ist oder nicht. Er hat das Beste daraus zu machen.

Und der Hersteller oder Konstrukteur des Rennwagens unterliegt den gleichen Regeln. Auch wenn der Fahrer einen Fahrfehler nach dem anderen macht – der Hersteller wird daran gemessen, ob er die Vorgabe erreicht oder nicht. Letzten Endes ist diese Vorgabe nichts anderes als ein Planwert, dessen Unter- oder Überschreiten Erfolg oder Mißerfolg transparent macht. Die Abhängigkeit von anderen ist offensichtlich kein Grund, auf eine Vorgabe zu verzichten. Zwar mindert der Verzicht auf eine Planvorgabe das Risiko eines Mißerfolges, damit gleichzeitig aber auch die Chance für einen Erfolg.

3.5 Multifaktorenproblem

Werden die oben dargestellten Probleme und entsprechende Anregungen und Lösungen mit Firmen diskutiert, so wird zumeist die grundsätzliche Richtigkeit der angeführten Argumente bestätigt. Doch die sicherlich bestehenden Wirkungszusammenhänge ließen sich nicht wirklich verfolgen, da das Netz der Zusammenhänge zu komplex und die einzelnen Wirkungen zu filigran seien.

Bei dem oben als Beispiel angeführten Vertriebsinformationssystem könne ja weder vorab noch nachträglich - auch bei einer verbesserten Vertriebsleistung - tatsächlich überprüft werden, auf welche Ursachen diese Verbesserungen zurückzuführen seien. So könnte sich der Markt verbessert haben, die Produkte der Mitbewerber verschlechtert, die eigene Entwicklungsabteilung neue, überlegene Produkte hergestellt haben, die Vertriebsschulung endlich Früchte gezeigt haben und so weiter und so fort.

Diese Einwände müssen ernst genommen werden. Allerdings ist es ein ganz grundsätzliches Problem für die Unternehmensführung und tritt auch bei anderen unternehmerischen Entscheidungen, beispielsweise beim Einsatz von Werbemaßnahmen, auf.

3.6   Nicht Zulassen von Fehlern

Ein sehr ernsthaftes Problem in der betrieblichen Praxis ist die Unfähigkeit, aus zurückliegenden Nutzenschätzungen zu lernen.

In einer Bank ist es üblich, neue IV-Systeme über einen Kosteneinsparungsausweis zu begründen. Dabei fiel in einer Untersuchung eine Abteilung besonders auf. Sie hatte in den letzen Jahren mit Hilfe der IV-Anwendungen eine rechnerische Verbesserung der Produktivität um mehr als 25% erreicht, allerdings ohne die Kosten (nicht nur die Gesamtkosten, sondern auch die Stückkosten der Leistungen dieser Abteilung) tatsächlich zu reduzieren.

Das lag daran, daß die Abteilungsleitung Nutzenschätzungen immer nur ex ante vornahm, eine nachträgliche Überprüfung tatsächlich erreichter Vorteile unterblieb.

Erfolgt kein nachträgliches Feedback, das eine Überprüfung der Aussagequalität der Schätzung erlaubt, so wird sich die Schätzqualität auch nicht verbessern.

Da – leider – in den meisten Unternehmen Fehler nicht ermutigt sondern nur geahndet werden, ist niemand an der Überprüfung der tatsächlichen Güte einer mehrere Millionen teuren Entscheidung interessiert.

4.   Mögliche Ansätze zur Nutzenbewertung

4.1   Von der Ein-Zeitpunkt-Entscheidung zum permanenten Controlling-Ansatz

Das Multifaktorenproblem ist tatsächlich ein Kernproblem, zumal die Einführung eines Anwendungssystems häufig einen über Jahre hinweg dauernden Prozeß darstellt. Selbst wenn die Anwendung perfekt entwickelt wurde, verfügen möglicherweise die Anwender noch nicht über ausreichendes Know-how. Doch erst, wenn diese Anwender das notwendige Know-how aufgebaut haben, kann sich die Organisation weiterentwickeln, was dann auch zu einer Optimierung der Prozesse führt.

Deshalb kann der Nutzen eines IV-Systems eben nicht in einer Augenblicksbetrachtung festgestellt werden. Einer der Ansätze dieses Beitrages ist daher, die Prognose und das Controlling des Nutzens von Anwendungssystemen als einen permanenten Prozeß aufzufassen, der einen Abschnitt in einem Regelkreis darstellt.

Das kann bedeuten, daß die Nutzenbewertung gar nicht direkt erfolgt, sondern als Strukturelement der Unternehmensteuerung Eingang in die Regelkreise des Unternehmens findet.

Am Beispiel des Vertriebsinformationssystems kann dies gut gezeigt werden. Statt einer komplexen Nutzenanalyse kann hier auch einfach ein Regelkreis aufgebaut werden, indem der Vertrieb zusätzliche IV-Kosten direkt über Erhöhungen seiner Vertriebsziele kompensieren kann.

4.2   Nutzenbewertung abhängig von der Art der Nutzenstiftung

Ein zweiter wesentlicher Ansatz ist eine Differenzierung der Nutzenart und daraus abgeleitet eine unterschiedliche Betrachtung dieses Nutzens.

In der Praxis kommen die folgenden fünf Nutzenarten vor:

Nutzentyp A:

▧ Die Wirtschaftlichkeit der Leistungserstellung wird optimiert, das heißt der Anwender erhält im wesentlichen die gleiche Leistung, doch ändern sich die Erstellungskosten.
Typische Beispiele sind Bandroboter, die eine Reduktion der Erstellungskosten für das gespeicherte und gesicherte Megabyte anbieten, oder Konsolensysteme bzw. Monitore, die automatisch Wartungen aufnehmen und weiterleiten und damit Funktionen von Mitarbeitern im Operating übernehmen.

Nutzentyp B:

▧ Die Anwendungen optimieren die Leistungsparameter von Prozessen. So kann beispielsweise ein Systems-Management-Tool eingesetzt werden, das die Verfügbarkeit des Gesamtsystems erhöht. Wenn sich die Kundenleistung, wie z.B. die Verfügbarkeit von Produktionsstraßen oder Robotern verbessert, muß dieser Vorteil dem Nutzentyp B zugerechnet werden. Vorausgesetzt es handelt sich um bewertbare Parameter wie Fehlerraten, Durchlaufzeiten oder ähnliches.

Nutzentyp C:

▧ Die IV-Systeme substituieren sonstigen Mitteleinsatz, das heißt es handelt sich hier um den klassischen Rationalisierungsfall. Prozesse bleiben in ihrer Art und in den wesentlichen Leistungsparametern gleich, können aber mit reduziertem Ressourcenaufwand ihre Leistung produzieren.

Nutzentyp D:

▧ Die IV-Systeme selbst generieren Leistungsparameter von Marktprodukten oder die Marktprodukte selbst. Das ergibt den einfachsten Fall der Nutzenbewertung. Er ist weitaus häufiger, als vielfach angenommen wird. Der Nutzen eines Systems-Management-Systems, das die Verfügbarkeit der Bankautomaten um 5% verbessert, ist vom Marketing oder der Marktforschungsabteilung relativ gut zu bewerten. Zumindest ebenso gut wie andere unternehmerische Entscheidungen. Auch der Verlust an Kundenzufriedenheit ist leicht festzustellen, wenn bei der Einführung eines neuen Fahrplanes in den ersten beiden Tagen die Durchschnittspünktlichkeit der Züge auf unter 50% sinkt. Das Problem besteht nur darin, daß die IV-Abteilung selten mit den Fachabteilungen, die eine derartige Nutzenbewertung durchführen könnten, in Kontakt kommt.

Nutzentyp E:

▓ Es werden Bereiche unterstützt, die ihrerseits wiederum unterstützend tätig werden und deren Nutzen ebenfalls nicht direkt bewertbar ist. Beispiele hierfür sind das Personalwesen und das Controlling.

4.3 Änderung des Blickwinkels von der Betrachtung der gesamten Anwendung hin zu Einzelfunktionen oder Produkten.

Der letzte entscheidende Ansatz für eine effiziente Nutzenbewertung ist die Unterteilung einer Anwendung in ihre einzelnen Funktionen.

In der betrieblichen Praxis werden IV-Projekte häufig als Monolithen gesehen, deren Vor- und Nachteile dann einer ganzheitlichen Bewertung unterzogen werden. In Wirklichkeit kann eine IV-Anwendung aus unterschiedlichen Bausteinen zusammengesetzt sein. Die einzelnen Funktionen und Bausteine sollten daher einer genaueren Betrachtung und partiellen Nutzenbewertung unterzogen werden. Dieses grundsätzliche Vorgehen wird auch als Target Costing bei allgemeinen Marktprodukten angewandt.

Die in der Literatur häufig vorgeschlagene Methode einer Nutzwertanalyse unterteilt eine Anwendung ebenfalls in Funktionen. Um den hier propagierten Weg zu verdeutlichen, soll auf den Unterschied zur klassischen Nutzwertanalyse hingewiesen werden. Das Beispiel für eine Nutzwertanalyse ist dem Manager Magazin 5/92 (Kargl 1993, S. 85) entnommen.

Bei genauer Betrachtung bewertet die Nutzwertanalyse nicht die Funktionen eines Systems, sondern die Ziele, die mit dem System erreicht werden sollen. So wird nicht beschrieben, wie denn der verbesserte Kundenservice erreicht werden soll. Die Konzentration auf die Ziele ergibt sich ganz natürlich, wenn Bewertungspunkte für einen Vergleich verschiedener Systeme herangezogen werden müssen, da das Geld als Vergleichsmaßstab versagt.

Eine weitere Schwierigkeit ist, daß die Unterteilung in Ziele, die die Basis für die Vergabe der Nutzenpunkte ist, bei der Entwicklung der Anwendung dann nicht mehr beibehalten wird. Wurde etwa der Abdeckungsgrad eines Geschäftsprozesses in der zu realisierenden Anwendung bei der Nutzwertanalyse nur mit einer geringen Wertigkeit versehen, so findet dies in die Konzeptionsphase des Projektes meistens keinen Eingang. In dieser Phase steht dann alleine die von den zukünftigen Anwendern geforderte Dringlichkeit im Vordergrund, die häufig weit mehr durch andere Aspekte bestimmt wird als durch Kosten/Nutzen-Überlegungen.

Wenn schon für die einzelnen Komponenten keine exakten Kostenziele existieren über-rascht es nicht, daß dann die Gesamtanwendung die Kostenziele nicht erreicht.

Gewinnung von Marktvorteilen	Gewicht
- Verbesserung Kundendienst	9
- Distributionskanäle / neue Märkte	7
- Markterfordernis	4
- Innovationsverstärkung	4 = 24
Informationsversorgung/Führungsinformation	
- Bessere und schnellere Information	4
über Kunden	4
über den Markt	2
über die Konkurrenz	
- Aufbereitungsform der Information	1
- Zielsetzungsvergleiche	4
- Erhöhte Transparenz	4 = 19
Mitarbeiter / Benutzeraspekte	
- interne Qualitätsverbesserung	3
- Motivation	2
- Ökologie et cetera	4 = 9
Einfluß auf Ertrag	11
Einfluß auf Kosten	12
Ersatz / Pflichtprojekte	
- Notwendiger Ersatz	8
- Pflichtprojekte	12 = 20
Technische Realisierungschancen	5
Summe	100

Tabelle 1: Nutzwertanalyse (Beispiel)

4.4   Ein Beispiel

Um einen konkreten Vergleich der Vorgehensweisen vorzunehmen, wird im Folgenden ein Beispiel vorgeführt.

Ein mittleres technisches Beratungshaus möchte sein veraltetes Abrechnungssystem erneuern. Aufgabe dieses Abrechnungssystems ist es, die Beratungsstunden, die durch einen Mitarbeiter erbracht wurden, auf Basis des vom Mitarbeiter ausgefüllten Tätigkeitsnachweises zu verrechnen.

Dieses Altsystem schafft an einigen Stellen Probleme, die durch eine neue Anwendung reduziert werden sollen. Heute geschieht es immer wieder, daß Abrechnungen von Kundenaufträgen ein oder zwei Monate in der Fakturierung „geparkt" werden. Es kommt dazu, weil manche Mitarbeiter Ihre Stundenberichte zu spät abgeben. Da die Mitarbeiter in der Fakturierung Projekte gerne als Ganzes abrechnen, legen sie diese Projektberichte zur Seite, um auf den letzten Stundenbericht zu warten. Durch Urlaubssituationen oder auch weil vielleicht der diesem Projekt zugeordnete Fakturamitarbeiter wechselt kann die Abrechnung längere Zeit hinausgezögert werden. Die Liegezeiten verursachen Zinskosten, die von der Geschäftsleitung moniert werden. Hinzu kommt der Wunsch der Geschäftsleitung, spätestens am dritten Tag eines Monats einen ersten Bericht über die laufenden Umsätze und Erträge zu erhalten.

Ein weiteres Problem liegt in der Intransparenz der Kundenumsätze. Im letzten Jahr mußte der Vertrieb erkennen, daß zwei verschiedene Abteilungen der Firma beim gleichen Kunden deutlich unterschiedliche Preise erzielen konnten. Nun erwartet der Vertrieb von einer zentralen Übersicht der laufenden Projekte und der getätigten Umsätze mehr Transparenz für Preisverhandlungen und damit letztlich höhere Durchschnittspreise.

Der Wunsch nach einer neuen Anwendung wird auch von den Gruppenleitern unterstützt. Sie müssen bisher für jeden Mitarbeiter eine Dispositionsliste über seinen Einsatz beim Kunden und eine Umsatzprognose erstellen. Da in jeder der Listen die gleichen Grunddaten geführt werden, die dann auch noch zusätzlich direkt für die Verrechnung genutzt werden könnten, entsteht Unzufriedenheit.

Nach einer Nutzwertanalyse wurde das Projekt als wichtig eingestuft. Eine Marktanalyse ergab aber, daß kein am Markt verfügbares Produkt alle Ziele der Firma vollständig erfüllten konnte.

Mit der weiter oben dargestellten Methodik wurde daraufhin eine Bewertung von drei Alternativen vorgenommen.

Es wurden zuerst die Funktionen der geforderten Anwendung aufgelistet und in ihrem Nutzen bewertet (Tabelle 2). Konnte kein Nutzen angegeben werden (Funktion Nr. 3), wurde nur der Kunde angeführt, der dann später für die Kosten, die zur Erstellung dieser Funktion notwendig werden, verantwortlich ist.

Nr.	Funktion	Klasse	Nutzenschätzung (pro Jahr)	Begründung	Kunde
1	Daten entsprechend der Verantwortlichkeit automatisch weiterleiten	Typ B	4000,-	Zinsgewinn durch raschere Abrechnung (Zinskosten im Schnitt heute bei 4000,-, Halbierung erwartet)	Geschäftsleitung
2	Mitarbeiter-Disposition automatisch führen	Typ C	12000,-	Manuelles Führen der Dispositionsliste entfällt (Abgleich Umsatzplanung / Personalplanung). (Pro Gruppenleiter 100,- / Monat)	Gruppenleiter
3	Auswertung Monatsumsatz früher verfügbar machen	Typ E	-	Wunsch der Geschäftsleitung	Geschäftsleitung
4	Umsatzdaten in Kundeninformationssystem automatisch übernehmen, dadurch Basis für Preisverhandlungen besser	Typ D	30000,-	Im letzten Jahr nachweislich 90000,- durch zu niedrige Preise verloren (Nachweis durch andere Abteilungen erbracht, die höhere Preise durchsetzen konnten)	Vertrieb

Tabelle 2:   Nutzenbewertung Abrechnungssystem

Für die Bewertung standen drei Alternativen zur Auswahl:
▨ Alternative 1: Zukauf eines Standardsystems zuzüglich individueller Schnittstellen.
▨ Alternative 2: Weiterverwendung des bestehenden Systems plus Aufbau individueller Erweiterungen in Excel.
▨ Alternative 3: Eigenerstellung eines Neusystems.

Die Bewertung der Alternativen wird anhand der Tabellen 3 bis 5 vorgenommen. Dabei ergeben sich die aufgezeigten Nutzenschätzungen der einzelnen Lösungen aus den jeweilig betrachteten Teilfunktionalitäten, die hierfür einer recht genauen Untersuchung unterzogen werden müssen. Die Kosten der Teilmodule oder Komponenten der Alternativen ergeben sich aus den Erstellungs- und Betriebskosten, die über die Nutzungsdauer ermittelt werden. Dieses Vorgehen muß entsprechend der individuellen Gegebenheiten jeder Unternehmung angepaßt werden. Alternative 1 schneidet recht gut ab:

| Funktion | Jahreskosten der Entwicklung / Beschaffung | | Nicht realisierter Nutzen | Nutzenpotential | Jahres-Nutzen |
	Schnittstellen	Neues System			
1	0,-	3500,-		4000,-	500,-
2	3000,-	0,-	4000,-	12000,-	5000,-
3	0,-	0,-		0,-	0,-
4	0,-	12000,-		30000,-	18000,-
Gesamt-nutzen					23500,-

Tabelle 3:   Alternative 1 (Zugekauftes Abrechnungssystem plus Schnittstellen)

Die Weiternutzung des bestehenden Systems hingegen kann, da der doch recht umfangreiche Zusatznutzen durch die Funktion 4 nicht geltend gemacht werden kann, nicht so positiv abschneiden wie die Alternative 1.

| Funktion | Jahreskosten der Entwicklung / Beschaffung | | Nicht realisierter Nutzen | Nutzenpotential | Jahres-Nutzen |
	Excel-Zusätze				
1	0,-		4000,-	4000,-	0,-
2	2000,-		5500,-	12000,-	4500,-
3	0,-			0,-	0,-
4	0,-		30000,-	30000,-	0,-
Gesamt-nutzen					4500,-

Tabelle 4:   Alternative 2 (Bisheriges Abrechnungssystem plus selbsterstellte Excel-Zusätze)

Die Alternative 3, die in der Praxis typischerweise bei einem nutzwertanalytischen Vorgehen sehr positiv abschneidet, fällt gegen Alternative 1 ebenfalls ab:

Funktion	Jahreskosten der Entwicklung / Beschaffung			Nicht realisierter Nutzen	Nutzen-potential	Jahres-Nutzen
	Schnitt-stellen	Workflow-Komponente mit Termin-kontrolle	Ab-rechnungs-system			
1	0,-	7000,-	0,-		4000,-	-3000,-
2	3000,-		0,-	4000,-	12000,-	5000,-
3	0,-	3600,-	2000,-		0,-	-5600,-
4	0,-		10000,-		30000,-	20000,-
Gesamt-nutzen						16400,-

Tabelle 5: Alternative 3 (Komplette Eigenerstellung)

Die sehr unterschiedliche Bewertung der drei Alternativen in dieser Betrachtung im Vergleich zu einer Nutzwertanalyse ergibt sich daraus, daß bei dieser die Geschäftsleitung die Gewichte der Funktionen 1 und 3 sehr hoch ansetzen wird, deren konkrete Nutzenbewertung aber unterbleiben würde.

Die Auflistung dieser Alternativen zeigt exemplarisch die auch in der Praxis gemachte Erfahrung, daß der Einsatz von zugekaufter Software auch bei sehr speziellen Anforderungen meist die wirtschaftlichste Lösung darstellt.

Es bleibt anzumerken, daß in der Praxis bei der Funktionsgliederung eine 80/20-Analyse vorgenommen werden sollte, da sonst der Aufwand für die Nutzenbewertung zu hoch ist. Folgt man diesem Ansatz, so stellen sich in den meisten Fällen die wesentlichen Nutzenaspekte deutlicher heraus, so daß auf die Analyse eher kleinerer Nutzenbeiträge verzichtet werden kann.

5.   Fazit

Die Arbeit sollte verdeutlichen, daß auch Investitionen in Software in den meisten Fällen quantitativ bewertbar sind und daß der ständige Verweis auf den strategischen Nutzen den Blick auf tatsächliche und mögliche Nutzenbeiträge verbaut. Aus Sicht des Autors bietet die permanente und transparente Darstellung des Nutzens eingesetzter Anwendungen eine hervorragende Chance für das IV-Management, den eigenen Beitrag im Unternehmen deutlicher hervorzuheben.

Literatur

Kargl, H. (1993): Controlling im DV-Bereich, München/Wien 1993.

Ulrike Baumöl, Thorsten Frie

Ein integriertes IV-Controlling-Instrumentarium für Investitions- und Betriebsphase

1. Der Methodenbruch im IV-Controlling

Gibt es zwei verschiedene IV-Controlling-Ansätze? Zu dieser Ansicht könnte man kommen, wenn man die einzelnen Aufgabenbereiche betrachtet, in denen IV-Controlling eingesetzt wird: IV-Controlling-Ansatz Nummer 1 orientiert sich an IV-Projekten, IV-Controlling-Ansatz Nummer 2 hingegen beschäftigt sich mit der im Unternehmen zur Aufgabenerfüllung eingesetzten Informationsverarbeitung (IV) und deren Wirtschaftlichkeit. Ein Begriff – zwei Welten? Tatsächlich werden für IV-Projekte andere Instrumente zur Steuerung und Überwachung eingesetzt als für die Steuerung und Überwachung der im Unternehmen integrierten IV. Auf der einen Seite kommen projektspezifische Instrumente (z.B. Meilensteinplanung, Projektbudgetkontrolle etc.) zum Einsatz und auf der anderen Seite verstärkt Kosten-Nutzen-orientierte Instrumente (z.B. Ansätze zur innerbetrieblichen Leistungsverrechnung, IV-Kennzahlen). Während IV-Projekte eher in den Bereich von Investitionsentscheidungen einzuordnen sind, zielt der zweite Ansatz ganz deutlich auf die Betriebsphase (Hier ist nicht nur der technische Betrieb gemeint, sondern auch die Beschäftigung der IV-Mitarbeiter) ab. Dennoch wird die hier angedeutete Trennung nicht ganz so kategorisch gehandhabt, weil eine Projektnachrechnung durchaus erfolgt und dabei auch geplante (geforderte) Mindestverzinsungen für die durchgeführten Projekte festgelegt und überprüft werden. Eigentlich ist auch nichts dagegen einzuwenden, daß für unterschiedliche Zielsetzungen (auf der einen Seite „Projekterfolg" und auf der anderen Seite „Wirtschaftlichkeit des IV-Einsatzes") auch unterschiedliche Instrumentarien genutzt werden. Einzuwenden ist allerdings durchaus etwas dagegen, daß diese beiden Welten nur von Investitions- zu Betriebsphase verbunden sind, nicht jedoch von Betriebs- zu Investitionsphase, und daß es so in dieser Richtung zu einem Methodenbruch (vgl. Becker/Grob/von Zwehl 1996, S. 315-339) zwischen den beiden Phasen kommt, der behoben werden muß. Werden in der Investitionsphase nicht bereits Parameter und Stellgrößen der Betriebsphase berücksichtigt, kann es zu relativ überraschenden Wendungen kommen: Ist ein IV-Projekt, z.B. die Entwicklung eines Kundeninformationssystems, aus Investitionssicht profitabel, weil der Aufwand für die Planung und Implementierung voraussichtlich vollständig im Budget und im Zeitrahmen bleiben werden, so kann die Pflege des Systems sich im Nachhinein als so aufwendig erweisen, daß eigentlich eine Entscheidung gegen diese Investition hätte fallen müssen. Die Lösung für dieses Dilemma liegt auf der Hand: Integriert man die beiden Welten des IV-Controlling, indem bereits in der Investitionsphase relevante Parameter der Betriebsphase berücksichtigt und somit also auch Instrumente der Betriebsphase für die Investitionsphase eingesetzt werden, kann der Methodenbruch überbrückt werden, und Entscheidungsparameter der Investitionsphase dienen zugleich als Überwachungsgrößen der Betriebsphase. Darüber hinaus kann auch die Berücksichtigung von Mindestverzinsungen oder anderen „Planrentabilitäten" für Projekte und deren spätere Überwachung oftmals nur „Augenwischerei" sein, weil diese Werte im Nachhinein nahezu beliebig „schön gerechnet" werden können. Hier wäre vielmehr eine projektbegleitende Aktualisierung der Wirtschaftlichkeitsüberprüfung sowie der Einsatz eines Controlling-Instrumentariums, das eine „ehrliche" Projekterfolgsüberwachung ermöglicht, wünschenswert.

Allerdings ist die Ermittlung der jeweiligen Steuerungs- und Überwachungsgrößen immer noch nicht problemlos möglich. Ein konsequenter Einsatz der bestehenden IV-Controlling-Instrumente scheitert heute noch oft an der schwierigen Quantifizierbarkeit der entsprechenden Größen. Die Quantifizierungsprobleme beginnen bereits bei den Kosten, die nur zu einem gewissen Grad zuverlässig ermittelt werden können. Denn auch hier treten bereits Verbundeffekte und Abgrenzungsprobleme auf, die z.B. eine Schlüsselung erfordern. Der Schwierigkeitsgrad einer Nutzen- oder auch Risikomessung ist noch ungleich höher, weil eine „natürliche" Quantifizierbarkeit, wie sie bei Kosten grundsätzlich vorliegt, gar nicht erst existiert.

In Abbildung 1 sind verschieden Ansätze zur Wirtschaftlichkeitsanalyse der IV aufgeführt. Auf der linken Seite sind die Ansätze, die entweder nur die Investitionsphase oder nur die Betriebsphase betrachten, auf der rechten Seite finden sich die Ansätze, die in beiden Phasen einsetzbar sind und sich somit dazu eignen, die Investitions- und die Betriebsphase instrumentell zu verbinden. Die auf eine Phase bezogenen Ansätze sind einerseits die traditionellen Investitionsrechenverfahren, die allerdings nur eine relativ begrenzte Anwendbarkeit für IV-Investitionen haben, weil sie auf Einnahmen und Ausgaben basieren, die, wie bereits erwähnt, für IV-Investitionen nur schwierig zu erheben sind. Die klassischen IV-Controlling-Ansätze (vgl. Reichmann 1997, S. 565-593; Nagel 1988) fokussieren in der Regel die Überwachung der Wirtschaftlichkeit in der Betriebsphase, sie sind aber dennoch geeignet, in einen phasenintegrierenden Ansatz eingebunden zu werden.

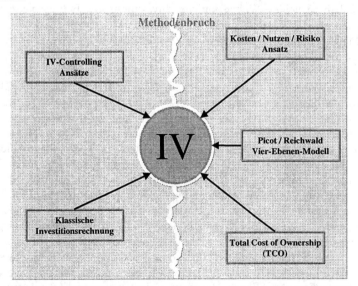

Abbildung 1: Ansätze zur Bewertung der IV im Unternehmen und Überbrückung des Methodenbruchs zwischen Investitions- und Betriebsphase

Der Lösungsansatz, der in diesem Beitrag verfolgt wird, integriert verschiedene Vorgehensweisen und Sichten auf die Kosten, den Nutzen sowie das Risiko von IV-Investitionen und -Betrieb. Ein Teil der Betrachtung fokussiert verschiedene Kategorien von „Treibern" und ihre konkreten Bewertungsparameter: Kosten-, Nutzen- und Risikotreiber für die unterschiedlichen Investitionsobjekte. Im Rahmen dieses KNR-Ansatzes (Kosten/Nutzen/Risiko-Ansatz) findet anhand verschiedener Maßgrößen (Geld-, Zcit- und Punkteinheiten) ganz bewußt eine Quantifizierung statt. Ergänzt werden kann diese Sicht auf die IV durch ausgewählte traditionelle Verfahren zur Messung von Kosten und Nutzen der Betriebsphase, die nicht unbedingt eine direkte Quantifizierung beinhalten (vgl. Picot/Reichwald 1985; von Dobschütz/Prautsch 1991; Krcmar 1992; Kargl 1996; Baumöl/Reichmann 1996), wodurch ein wesentlich breiteres Spektrum der Bewertung und zugleich die gewünschte Zusammenführung von Betriebsparametern in das Investitionskalkül stattfindet. Diese Quantifizierungsbemühungen werden schließlich in ein IV-Berichtswesen integriert, das jeweils für die entsprechende Phase, in der es zum Einsatz kommen soll, individuell gestaltbar ist.

Der oben beschriebene Methodenbruch und der Übergang vom investitions- zum betriebsorientierten sowie schließlich die Integration zu einem sich ergänzenden Instrumentarium ist in Abbildung 2 dargestellt.

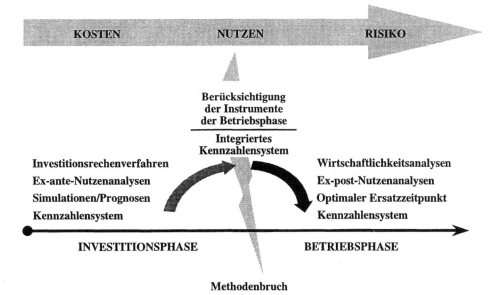

Abbildung 2: Der Methodenbruch im IV-Controlling

2. Investitionsentscheidung und Betrieb: unterschiedliche Controlling-Instrumente in einem integrierten Rahmen

Beim Einsatz des IV-Controlling-Instrumentariums sind, wie bereits zuvor erläutert, grundlegend zwei unterschiedliche Ansatzpunkte zu berücksichtigen. Auf der einen Seite die Investitionsentscheidung im Zusammenhang mit dem Aufbau oder der Ergänzung einer IV-Infrastruktur (Dieser Begriff beinhaltet sowohl die technische Infrastruktur, die Anwendungssystemlandschaft als auch die Dienstleistungen für Betrieb und Wartung) und auf der anderen Seite der Betrieb einer bestehenden Infrastruktur. Beide Begriffe umfassen hierbei also nicht nur den Einsatz der Hard- und Software, sondern auch die Betrachtung des erforderlichen Personaleinsatzes. Damit ein leistungsfähiges IV-Controlling möglich ist, müssen zunächst die Anforderungen der beiden Phasen an das jeweilige Instrumentarium ermittelt werden.

Eine der grundlegenden Anforderungen an einen konsequenten Einsatz des IV-Controlling ist ein straffes und zugleich klares Berichtswesen. Hier müssen die betriebswirtschaftlichen Begriffe, die für das IV-Controlling verwendet werden, inhaltlich standardisiert werden, damit eine „einheitliche Sprache" und eine Vergleichsbasis entsteht. Darüber hinaus muß ein Berichtsgerüst aus Standardberichten und deren Inhalten festgelegt werden, damit die Erstellung soweit wie möglich automatisiert werden kann und manuelle Eingriffe, die ein Berichtswesen erst aufwendig machen, vermieden werden können. Dazu kommt die generelle Festlegung von Berichtsmasken für Spezial- und Ad-hoc-Berichte, was ebenfalls der Standardisierung und damit der Verkürzung der Erstellungszeiten dient (Welcher Controller möchte nur „Berichter" sein?). Das IV-Berichtswesen ist letztendlich der „Pool" für die Ergebnisse des eingesetzten Instrumentariums. Hier sind die Anforderungen für die Investitionsphase, daß die Instrumente einerseits Informationen über die Integration der Investition, z.B. in die Informationssystem-Infrastruktur oder in das Qualifikationsportfolio der Mitarbeiter, sowie ihre strategische Bedeutung für das Unternehmen und das potentielle Risiko liefern. Anderseits sollen die Instrumente aber nicht nur die zu erwartenden Kosten der Durchführung des Projektes sowie des Betriebs, sondern auch den zu erzielenden Nutzen abbilden. Die Instrumente der Betriebsphase hingegen sollen auf der einen Seite so genau wie möglich die aktuelle Wirtschaftlichkeit in Kosten- und Nutzenwerten sowie das immer noch potentielle, aber wesentliche kurzfristiger eintretende Risiko widergeben; auf der anderen Seite sollen sie eine Überprüfung der Investition in Form einer Investitionsnachrechnung ermöglichen. Diese Anforderungen berücksichtigend, werden nachfolgend integriert für Investition und Betrieb einige Instrumente exemplarisch vorgestellt.

2.1 Grundlagen für die Integration

Damit aber entsprechende Instrumente überhaupt entwickelt oder auf ihre Anwendbarkeit hin untersucht werden können, müssen IV-Investitionen zunächst grundlegend systematisiert werden. IV-Investitionen lassen sich in drei grundlegende Typen unterteilen, die jeweils auf der Grundlage von drei verschiedenen Kriterien beurteilt werden müssen (vgl. Tabelle 1). Darüber hinaus existieren drei weitere Zielgrößen, die bei der Entscheidung für oder gegen das entsprechende Investitionsobjekt zum Einsatz kommen: Kosten, zeitliche Aspekte der Investition (z.B. „Wie schnell kann das System produktiv sein?") und Qualitätsapekte (z.B. „Wie benutzerfreundlich ist das System?"). Welche Instrumente in der Investitionsphase eingesetzt werden, hängt damit davon ab, welche Parameterkombination untersucht werden soll. Diese Zielgrößen sind in die Betrachtung der drei Kriterien integriert. Das heißt, daß z.B. im Rahmen der verfolgten Ziele direkt Kosten-, Zeit- und Qualitätsaspekte (z.B. Investition in neue Produkte: kürzere Durchlaufzeiten (Zeit) und bessere Entscheidungsunterstützung durch fundierte Informationen (Qualität)) einfließen, die bei der Investitionsentscheidung ein Rolle spielen.

Zu beachten gilt darüber hinaus, daß ein Investitionstyp selten allein „kommt", sondern daß Verbundeffekte bestehen. Investitionen in neue Software werden in der Regel durch Investitionen in neue, bessere Hardware sowie, je nach Komplexität der Software, auch in Schulungen begleitet. Allerdings ist es möglich, daß Weiterqualifizierungsmaßnahmen durchgeführt werden, ohne daß in neue Hard- oder Software investiert wird (z.B. kann ein Mitarbeiter weiterqualifiziert werden, der andere Aufgaben übernehmen soll). Genauso ist es denkbar, daß schnellere Hardware angeschafft wird, ohne daß daraus direkt neue Software resultiert.

Investitionstypus	Verfolgte Ziele	Erwarteter Nutzen	Potentielles Risiko
1. Investitionen in Hardware	Ersatz- bzw. Erweiterungsinvestitionen, Investitionen in neue Produkte	Verbesserung der Leistungsfähigkeit (z.B. Speicherung größerer Datenmengen, Verarbeitung neuer Software) Beschleunigung der Durchlaufzeiten (z.B. kürzere Antwortzeiten)	Betriebsrisiko: z.B. Datenverlust, Stillstand der Produktion; „Risiken bei Nichtinvestition": z.B. längere time-to-market als die Konkurrenz
2. Investitionen in Software	Ersatz- bzw. Erweiterungsinvestitionen, Investitionen in neue Produkte	Verbesserung der Leistungsfähigkeit (z.B. verbesserte Funktionalität), Unterstützung neuer Aufgaben	Betriebsrisiko: z.B. Datenverlust, neue „Kinderkrankheiten" verursachen Ineffizienzen Risiken bei Nichtinvestition: Technologiesprung bei nächstem Release zu stark

| 3. | Investitionen für IV-Mitarbeiter | Weiterqualifikation und Ausbildung, Einstellung neuer Mitarbeiter | Arbeitszufriedenheit, Optimale Nutzung der IT, Schaffung von Innovationspotentialen | Risiken bei Nichtinvestition: Arbeitsunzufriedenheit, Mitarbeiterprofil paßt nicht mehr zu den Anforderungen von Unternehmen und Umwelt, Investitionen in Hard- und Software bleiben unausgeschöpft |

Tabelle 1:   IV-Investitionstypen, Ziele, erwarteter Nutzen und Risiko

Eine Erfassung und Bewertung der Kriterien kann nur über die Definition entsprechender Kosten-, Nutzen- und Risikotreiber erfolgen, die zugleich den Ansatzpunkt für die IV-Controlling-Instrumente darstellen. Die Ermittlung von Kostentreibern und damit die Erfassung der Kosten sind für die Investitionsphase noch verhältnismäßig einfach, während der erwartete Nutzen bereits in dieser Phase nur schwierig festzulegen ist und sich vielleicht am deutlichsten in einer Verbesserung der Durchlaufzeiten von Prozessen niederschlägt. Das gleiche gilt für die Prognose des potentiellen Risikos einer Investition: Um mögliche Konsequenzen einschätzen zu können, ist es z.B. sinnvoll, Szenarien zu entwerfen, die z.B. die günstigste Entwicklung, eine mittlere und die schlechteste Entwicklung der Investition abbilden. Darüber hinaus sollte versucht werden, zu dem jeweiligen Szenario einigermaßen zuverlässige Eintrittswahrscheinlichkeiten zu ermitteln, damit der Entscheider das relative Risiko der Investition abschätzen kann. Sind Eintrittswahrscheinlichkeiten aber nur sehr vage anzugeben, sollte auf sie verzichtet werden. In dem Moment, in dem das Ziel eine langfristige Kosten-, Nutzen- oder Risikobetrachtung ist, wird allerdings selbst die Erfassung der Kosten der Investition immer schwieriger.

Damit also ein differenzierter Einsatz der Instrumente des IV-Controlling im Rahmen der Investitionssteuerung und -überwachung möglich ist, sollte zunächst ein Investitionsprozeß definiert werden; im zweiten Schritt können den Teilschritten dieses Prozesses Kosten-, Nutzen sowie Risikotreiber zugeordnet werden. Schließlich müssen die Instrumente individuell den einzelnen Phasen des Investitionsprozesses zugeordnet werden. Diese Vorarbeiten ermöglichen die Ergänzung des IV-Investitions-Controlling um Aspekte und Entscheidungskriterien, die in der Betriebsphase zum Einsatz kommen. Eine Überwindung des Methodenbruches setzt voraus, daß die Effizienzmaßgrößen der Betriebsphase direkt in die Entscheidungskalküle der Investitionsphase integriert werden, d.h., daß ein „Nachvorneziehen" der späteren Controlling-Parameter erfolgen muß. Ein beispielhafter IV-Investitionsprozeß könnte wie in Abbildung 3 gezeigt aufgebaut sein. Grundsätzlich muß in diesem Zusammenhang zwischen Kann- und Muß-Investitionen unterschieden werden. Im Falle von Muß-Investitionen (beispielsweise beim Ersatz einer für die Aufrechterhaltung des Betriebs unbedingt erforderlichen Hardwarekomponente), wird es nicht zu einem Abbruch des Investitionsvorhabens kommen, sondern das Investitionsprojekt wird entweder auf Basis des Investitionsantrags durchgeführt, oder eine andere Alternative wird gesucht und der Prozeß ein weiteres Mal durchlaufen. Bei Kann-Investitionen hingegen sind alle drei alternativen Ereignisse möglich. Als Vergleichsmaßstab für die Vorteilhaftigkeit der Investition für das Unternehmen dienen entweder die alternativen Investitionsprojekte oder, wenn es bei unterstellter Liquidität keine konkurrierenden Projekte gibt, die Anlage der Investitionssumme. Bei Muß-Investitionen gibt es die Nullalternative nicht, hier muß die Investition gewählt werden, die die Anforderungen am besten erfüllt. Bei Kann-Investitionen muß vor dem Heranziehen der Nullalternativen geprüft werden, welche Konsequenzen die Nichtdurchführung des Projektes hat.

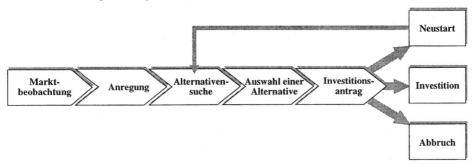

Abbildung 3: Beispielhafter IV-Investitionsprozeß

Die ersten beiden Phasen des Investitionsprozesses (Marktbeobachtung/Anregung) werden noch nicht von Instrumenten des IV-Controlling begleitet. Die Phase Marktbeobachtung wird nicht begleitet, weil sie einen kontinuierlichen Prozeß darstellt, der nicht an einem Ergebnis, wie z.B. „Anzahl der Investitionsanregungen aus Marktbeobachtungen" oder ähnlichem, gemessen wird. Die Aktivität in dieser Phase muß zwar institutionalisiert sein, das heißt einen „activity owner" haben, der verantwortlich ist, sowie einem bestimmten Plan folgen, sie muß aber nicht durch ein Controlling-Instrumentarium gesteuert werden. Die gleich Argumentation gilt auch für die Anregungsphase, weil hier noch keine Ergebnisse gesteuert oder überwacht werden und noch keine Auswahlkriterien zum Einsatz kommen; das ist erst in der Phase „Alternativensuche" der Fall.

Nachfolgend werden verschiedene Instrumente vorgestellt, die eine konsequente Integration des IV-Controlling für Investitions- und Betriebsphase ermöglichen.

2.2 Das integrierte Instrumentarium

2.2.1 Festlegung von Vorgabewerten

In der Phase „Alternativensuche" ist zum ersten Mal einerseits eine controllingseitige Unterstützung des Filterungsprozesses und sind andererseits durch entsprechende Controlling-Instrumente erzeugte Feedforward-Informationen erforderlich. Die Filterung der Alternativen hat das Ziel, diejenigen Investitionsmöglichkeiten zu eliminieren, die nicht direkt in die IT-Infrastruktur passen oder nicht den geplanten Zielsetzungen entsprechen. Die konkreten Kriterien, die in dieser Phase angewendet werden, sollten also in Kooperation mit dem IV-Controlling und mit Blick auf die in der Betriebsphase anzuwendenden Effizienzgrößen ausgewählt werden. Demzufolge sind denkbare Auswahlkriterien z.B. grundlegend zunächst die möglichen Erfüllungsgrade der beiden ersten oben angeführten Kriterien: verfolgte Zielsetzung sowie erwarteter Nutzen. Danach wird das dritte Kriterium, das potentielle Risiko untersucht: Die möglichen Konsequenzen einer Nicht-Investition in die Technologie, oder auch die potentiellen Konsequenzen, die ein Ausfall des Systems haben können. Ein Beispiel für den letzten Punkt sind solche Systeme, die auf eine vollständige Integration aller Betriebsprozesse abzielen, wie z.B. SAP R/3: Eine Entscheidung für oder gegen ein solches System muß immer die möglichen Konsequenzen eines Totalausfalls berücksichtigen im Vergleich zu einer Lösung, in der keine vollständige Integration stattfindet. Nachfolgend werden die drei Zielgrößen analysiert:

- Erstens aus Kostensicht, z.B. die Einhaltung des Planbudgets durch Kauf und Betrieb sowie die entstehenden Kosten bei Abbruch des Investitionsvorhabens oder bei einer Iteration des Auswahlverfahrens,

- zweitens die zeitlichen Eckdaten der Investition, also z.B. die erforderliche Zeit für die Einführung und die Schulung der Mitarbeiter, und schließlich

- drittens die Qualitätsaspekte, wie z.B. einerseits die Unterstützung der Einführung und des späteren Betriebs durch den Hersteller oder entsprechende Berater sowie andererseits kernproduktbezogene Qualitätsaspekte, wie z.B. Laufzeitstabilität. In diesem Schritt des Investitionsprozesses werden also Vorgabewerte vom IV-Controlling geliefert, die als Vergleichsgrundlage für den Projektfilter dienen.

Auch der Teilschritt „Investitionsantrag" muß insofern vom IV-Controlling mitgetragen werden, ohne daß ein konkretes Instrument zum Einsatz kommt, weil erstens die Ergebnisse des Einsatzes der Controlling-Instrumente im Auswahlprozeß dokumentiert werden, die Auswahl somit nachvollziehbar wird. Zweitens, wird so ein gewisser Spielraum eröffnet und das Projekt nicht von vornherein „totgerechnet". Diese Anforderung an das IV-Controlling gilt natürlich bereits in den frühen Phasen des Investitionsprozesses und wird durch den Antrag, der die erste Schnittstelle zum Entscheidungsträger ist, dokumentiert. Ein nachvollziehbares, konsequent begründetes Investitionsvorhaben mit klar definiertem Ablaufschema sowie einer deutlichen Darstellung der Kosten-, Nutzen- und

Risikotreiber mit Erläuterung der späteren Effekte der Investition, also ein effizientes „Projektmarketing", ist in dieser Phase ein wesentlicher Erfolgsfaktor für die Genehmigung der Investition.

In diesen beiden Phasen werden einerseits Daten für die Vorbereitung einer Investitionsentscheidung und andererseits Ergebnisse für die Entscheidungsfindung gesammelt. Die so entstandenen Informationen gehen direkt in das IV-Berichtswesen ein.

2.2.2 Instrumente zur Berücksichtigung der „Soft facts"

Die „Soft facts" im Rahmen des IV-Controlling sind einerseits die IV-Strategie und andererseits direkt damit verbunden der IV-Nutzen. Beide sind nicht durch „harte Zahlen" abbildbar, sondern müssen auf einem anderen Weg „greifbar", d.h. bewertbar, gemacht werden. Dem IV-Controlling stehen dazu verschiedene Instrumente zur Verfügung, von denen zwei für einen integrierten Einsatz in den beiden Phasen besonders geeignet sind. Das ist zum einen die Portfolio-Technik für die IV-Strategie und zum anderen das Vier-Ebenen-Modell nach Picot und Reichwald (vgl. Picot/Reichwald, 1985) für eine Einschätzung des Nutzens.

Die Entscheidungsvorbereitung für eine Investition erfordert die konkrete Festlegung des Informationssystemportfolios und die Einordnung der nach der Filterung verbleibenden Investitionsprojekte in dieses Portfolio. Das bedeutet also, daß eine Investitionsentscheidung die IV-Strategie des Unternehmens direkt beeinflußt. Aber auch in der Betriebsphase ist der Einsatz eines Portfolios sinnvoll, weil daran zum einen die Gültigkeit der IV-Strategie unter den gegebenen Rahmenbedingungen überprüft werden kann (Welchen aktuellen Status haben wir mit unseren Systemen?) und zum anderen anhand der Kriterien, nach denen eine Einordnung in das Portfolio erfolgt, der Erfolg der Investition überwachbar ist (Wo ist das Projektergebnis heute einordenbar und in welchem Quadranten bzw. welcher Position war es geplant?).

Von den vielen Portfolios, die im Laufe der Zeit entwickelt worden sind, eignet sich in modifizierter Form das Portfolio von Cash, McFarlan, McKenney (vgl. Cash/McFarlan/McKenney 1992, S. 24-26 und S. 253-256) am besten für diesen Zweck. In diesem Portfolio wird die Bedeutung der heutigen Informationssysteminfrastruktur des Unternehmens der zukünftigen Bedeutung der Infrastruktur gegenübergestellt. Das ursprüngliche Portfolio bildet auf jeder Achse die Ausprägungen „niedrig" sowie „hoch" ab und ordnet jedem der entstehenden vier Quadranten jeweils einem Unternehmenstypus zu (vgl. auch Abbildung 4). In dieser Form ist das Portfolio heute nicht mehr valide, weil es mit großer Wahrscheinlichkeit zukünftig keine Unternehmen mehr geben wird, bei denen die Informationsverarbeitung keine strategische Bedeutung haben wird. Es ist also eine deutliche Verschiebung in die rechten beiden Quadranten zu beobachten, während die linken beiden Quadranten mit der Zeit „leer" sein werden. Die Modifikation des originären Ansatzes besteht darin, daß ein zweites Portfolio hinter den entsprechenden Quadranten, in den das Unternehmen sich einordnet, gelegt wird. In dieses Portfolio wird auf der einen Achse die strategische Bedeutung des Investitionsvorhabens eingetragen und auf der anderen Achse das potentielle Risiko. Die Investitionsalternativen werden dann in das Portfolio eingetragen. Dadurch kann sich bereits die Dominanz einer der möglichen Investitionen zeigen. Die Dominanz hängt allerdings von der Präferenzstruktur des Entscheiders ab: Ist er risikoavers, wird er ein Projekt mit vielleicht geringerer strategischer Bedeutung, aber auch mit einem geringeren potentiellen Risiko vorziehen. Abbildung 4 zeigt die beiden Portfolios mit einem konkreten Beispiel für den Quadranten „turnaround". Die Modifikation ist aber für die anderen Quadranten genauso möglich.

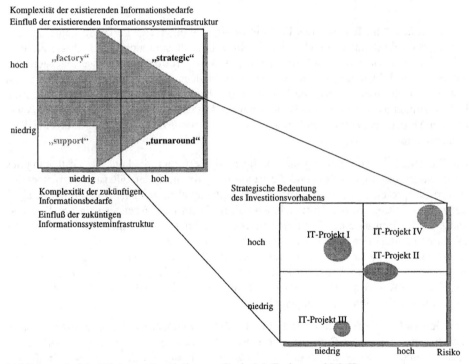

Abbildung 4: Modifiziertes Portfolio von Cash, McFarlan und McKenney

Befindet sich ein Unternehmen im Quadranten „Turnaround", d.h. daß der Einfluß der IT von einer eher geringen Bedeutung für das Unternehmen zu einer hohen Bedeutung wechselt, sind einerseits spezifisch auf diesen Bedeutungswechsel abgestimmte IT-Projekte aufzusetzen und in diesem Kontext im Hinblick auf ihre strategische Bedeutung für den „Turnaround" und das potentielle Risiko zu bewerten.

Die zweite Kategorie der soft facts ist der Nutzen. Eine vollständige Untersuchung der Vorteilhaftigkeit einer Investition mit Blick auf eine wirtschaftliche Einführung *und* eine wirtschaftliche Nutzung erfordert eine Analyse der Kosten und des Nutzens, wobei der

Nutzen nur aus der Betriebssicht betrachtet wird. Ein Beispiel für eine detaillierte Nutzenbetrachtung ist das bereits oben erwähnte Vier-Ebenen-Modell von Picot und Reichwald.

Picot und Reichwald schlagen in ihrem Modell eine phasenorientierte Vorgehensweise vor. Im Verlauf der Wirtschaftlichkeitsanalyse hat es sich bewährt, eine differenzierte Betrachtung der Ebenen Arbeitsplatz (I), Abteilung (II), Gesamtorganisation (III) und Gesellschaftliche Umwelt (IV) vorzunehmen. Auf jeder Ebene erfolgt eine Kosten-/Nutzenbetrachtung mit dem Ziel, sowohl einzelne Nutzenkategorien zu untersuchen als auch mit Hilfe der Analyse von Kosten-Nutzenbeziehungen der Ebenen zueinander zu einem aussagefähigen Ergebnis im Hinblick auf das Nutzenpotential der existierenden bzw. zukünftigen Informationssysteme zu gelangen. Die getrennte Untersuchung der Ebenen erlaubt den Einsatz unterschiedlicher Bewertungsmethoden auf jeder Ebene.

2.2.3 Der Kosten-Nutzen-Risiko-Ansatz

Nach der vorrangig durch subjektive Einflußfaktoren bestimmten Einordnung der Investitionsprojekte in das IV-Portfolio des Unternehmens und der qualitativen Nutzenanalyse, muß nun die Bewertung der einzelnen Projekte auf die Zielobjekte der Investition erfolgen. Dazu werden nacheinander die Kosten-, Nutzen- und Risikotreiber für die Zielobjekte „Hardware", Software", „Mitarbeiter" und schließlich übergreifend „Fachbereich/Unternehmen" ermittelt. Hier erfolgt keine Beschränkung auf einzelne Investitionstypen mehr, weil die übergreifende Auswirkung einer Investition, z.B. im Rahmen der Kategorie Kostentreiber, ebenfalls berücksichtigt werden muß. Wenn die Treiber der jeweiligen Kategorie (Kosten, Nutzen, Risiko) identifiziert sind, müssen für die Quantifizierung der Wirtschaftlichkeit entsprechende Parameter definiert werden, die eine entsprechende Bewertbarkeit zulassen. Dabei ist es möglich, daß ein Bewertungsparameter für mehrere Kategorien von Treibern genutzt werden kann (z.B. *Durchlaufzeiten* für Nutzen und Risiko). Beispielhaft können die folgenden Größen genannt werden:

Zielobjekt der Investition	Kostentreiber	Bewertungsparameter
Hardware	zu verarbeitendes Datenvolumen, Aufgaben, die durchgeführt werden sollen (z.B. nur administrative Aufgaben (Textverarbeitung, Tabellenkalkulation, Grafikerstellung), auch konstruktive Aufgaben (CAD) oder Verarbeitung großer Datenmengen, Anzahl der Benutzer, falscher Einsatz (Rechner ist zwar technisch veraltet, könnte aber noch für bestimmte Aufgaben eingesetzt werden, statt dessen: Ersatz), heterogene Ausstattung der Arbeitsplätze	Anschaffungs- und Erweiterungskosten, Betriebs- und Wartungskosten, Personalkosten für Hardwarebetreuung Kosten pro Arbeitsplatz, Ø Kosten pro Arbeitsplatz, Ø Kosten pro Datensatz

Software	Menge der Transaktionen, Anzahl der Benutzer, geplanter Einsatz, Komplexität der Software (längere Konfigurations- und Einrichtungsdauer bis zum Betrieb)	Anschaffungs- und Erweiterungskosten, Lizenzgebühren, Wartungskosten, Personalkosten für Softwarebetreuung, Einarbeitungskosten
		Kosten pro Arbeitsplatz, Ø Kosten pro Arbeitsplatz
Mitarbeiter	zu schulende Software, geplantes Mitarbeiterprofil, Qualifikationsstand	Schulungskosten (d.h. die Kosten, die für das Erlernen und die Weiterbildung an bestimmter Software erforderlich sind), sonstige IV-Personalkosten (d.h. die nicht in den anderen Kategorien bereits erfaßt sind), Kosten zur Erreichung des Mitarbeiterprofils (ohne oben genannte Schulungskosten, wenn sie zu den Maßnahmen der Profilerreichung gehören)
		Schulungskosten pro Mitarbeiter, Ø Schulungskosten
Fachbereich/ Unternehmen	Komplexität der Organisation (z.B. geographische Verteilung), Unternehmensgröße, Heterogenität der bestehenden Infrastruktur, Grad der Durchdringung mit IT	Infrastrukturkosten (z.B. Umzug von Hard- und Software), Integrationskosten (z.B. Zusammenführung verschiedener IT-Welten), Personalkosten für diese Aufgaben
		IT-Durchdringung gesamt und pro geographischer Einheit, Anteil der Infrastruktur- und/oder Integrationskosten an den gesamten IV-Kosten

Tabelle 2:   Mögliche Kostentreiber und Bewertungsparameter für IV-Investitionen

Ebenfalls beispielhaft können die folgenden allgemeinen Nutzentreiber genannt werden, die sich durch die aufgeführten Bewertungsparameter „quantifizieren" lassen:

Zielobjekt der Investition	Nutzentreiber	Bewertungsparameter
Hardware	höhere Kapazität, verbesserte Durchlaufzeiten, stabileres Laufzeitverhalten, verbesserte Kommunikation	Durchlaufzeit, Höhe des Datenvolumens, Anzahl der hardwarebedingten Ausfälle Veränderung der Durchlaufzeit
Software	verbesserte Prozesse, verbesserte Durchlaufzeiten, verbesserter Datenschutz und Datensicherheit	Durchlaufzeit (Datensätze, Transaktionen), Anzahl der Datensätze, Anzahl aufgetretener Fehler, Anzahl der Transaktionen

		Verfügbarkeit des Systems (effektive Verfügbarkeit in Relation zur technisch möglichen Verfügbarkeit), Fehlerquote (Anteil Fehler an Summe der Datensätze)
Mitarbeiter	Arbeitszufriedenheit, verbesserte Produktivität	Ø Zeit, die ein Mitarbeiter im Unternehmen bleibt, Anzahl bearbeiteter Aufträge
		Anteil der Abgänge; Anteil der Zugänge, Anteil bearbeiteter Aufträge
Fachbereich/ Unternehmen	schneller verfügbares Berichtswesen mit besseren Informationen, übergreifende Prozeßoptimierung, verbesserte Kundenorientierung	Durchlaufzeit (Prozesse und Berichte, d.h. vom Anstoßen eines Berichts bis zum Erreichen des Empfängers), Antwortzeiten (von Kundenanfrage bis zur Beantwortung)
		Servicegrad (Anteil bearbeiteter Kundenaufträge), Veränderung der Durchlaufzeiten

Tabelle 3: Mögliche Nutzentreiber und Bewertungsparameter für IV-Investitionen

Schließlich sind noch die entsprechenden Risikotreiber zu definieren, die ebenfalls für jede der Kategorien bestimmbar sind. Auch hier lassen sich Bewertungsparamter festlegen, die die Risikotreiber meßbarer machen, auch wenn die „echte" Quantifizierbarkeit und eine Integration, z.B. in eine Rechenformel, hier bereits schwieriger ist. Dennoch sind die Risikotreiber durch eine Abbildung im Rahmen der Bewertungsparameter „greifbar".

Zielobjekt der Investition	Risikotreiber	Bewertungsparameter
Hardware	Alter der Hardware, Heterogenität der Komponenten	Ø Hardwarealter, Anzahl heterogener Komponenten
Software	veraltete Datensicherheits- und Datenschutzkonzepte, nicht an veränderte Anforderungen angepaßte Datenstruktur, unzureichend getesteter Pilot	Manntage benutzt für Pilottest, Anteil der erfolgreichen Testläufe, Anzahl aufgetretener Fehler, Fehlerquote (vermutlich verursacht durch Software)
Mitarbeiter	zu geringes Ausbildungsniveau für effiziente Nutzung der IT, keine konsequente Personalentwicklung	Anzahl aufgetretener Fehler, Fehlerquote (vermutlich verursacht durch Mitarbeiter), Durchlaufzeit
Fachbereich/ Unternehmen	kein hinreichendes Ressourcenmanagement, qualitativ unzureichende Informationen, langsames, aufwendiges und unflexibles Berichtswesen, Veränderung der Rahmenbedingungen	Durchlaufzeit für Entscheidungen, Anteil der Entscheidungen, die sich im nachhinein als gut erwiesen haben, Anteil nicht unmittelbar zur Verfügung stehender Informationen

Tabelle 4: Mögliche Risikotreiber und Bewertungsparameter für IV-Investitionen

Der KNR-Ansatz stellt eine Möglichkeit der Bewertung der IV im Unternehmen dar. Die vorgestellten KNR-Treiber können sowohl für die Investitionsphase als auch für die Betriebsphase eingesetzt werden. Damit ist dieser Ansatz dazu geeignet, den Methodenbruch im Phasenübergang zu einem gewissen Grad zu überbrücken.

2.2.4 Integrierte IV-Kennzahlen

Ein weiteres Instrument des IV-Controlling sind IV-Kennzahlen, in denen aggregiert Kosten- und Leistungsgrößen der IV im Unternehmen abgebildet und zur Steuerung des IV-Bereichs verwendet werden können. In der Regel werden für die Investitionsphase einige spezifische Kennzahlen verwendet, deren Einsatz, wie bereits erwähnt, kritisch überwacht werden muß. Für die Betriebsphase existieren verschiedene Kennzahlensysteme, wie z.B. das IV-Kennzahlensystem nach Reichmann (vgl. Reichmann, 1997, S. 572-580). Diese Trennung muß zur Überwindung des Methodenbruchs aufgehoben werden und zu einem integrierten System führen. Denn gerade Kennzahlen eignen sich sowohl für die Erzeugung von Feedforward- als auch von Feedback-Informationen.

Das bereits erwähnte IV-Kennzahlensystem wird nachfolgend als Ausgangssystem gewählt (vgl. Abbildung 5) und um entsprechende Elemente zu einem integrierten IV-Kennzahlensystem erweitert. Das Ursprungs-Kennzahlensystem besteht aus drei Spitzenkennzahlen und drei Ästen, die die verschiedenen Aspekte der IV im Unternehmen abbilden. Die Spitzenkennzahl „IV-Effizienz" (IV-Nutzen/IV-Kosten) wird nicht direkt berechnet, sondern ergibt sich aus den darunterliegenden Kennzahlen, aus denen eine Tendenz für den IV-Nutzen abgeleitet wird. Wenn sich also z.B. im Zeitablauf alle Werte des Astes „Technische Infrastruktur" verbessern, dann kann daraus eine positive Tendenz für den IV-Nutzen abgeleitet werden, weil sich die technische Unterstützung der IV verbessert. Diese positive Veränderung muß allerdings mit der Veränderung der IV-Kosten verglichen werden, damit die tatsächliche IV-Effizienz abgeleitet werden kann. Dieses Kennzahlensystem muß sich beständig weiterentwickeln, um den Anforderungen der IV gerecht zu werden, und deshalb müssen Hilfsgrößen, wie z.B. die „CPU-Minuten", durch geeignetere und unternehmensspezifische Parameter ersetzt werden.

Eine Ergänzung des IV-Kennzahlensystems erfolgt auf Basis der bestehenden Struktur, so daß weitere Kennzahlen pro Ast hinzugefügt werden. Darüber hinaus wird das System um Projektmanagement-Kennzahlen ergänzt, die sowohl in der Investitionsphase nützlich sind als auch für die Projektnachrechnung in der Betriebsphase. Das Ergebnis dieser Ergänzung ist also ein integriertes Kennzahlensystem, daß in der Investitionsphase vorausschauende Informationen für die Betriebsphase liefert und damit den Methodenbruch des IV-Controlling überbrückt, aber auch für beide Phasen entscheidungsrelevante Informationen generiert, die jeweils eine optimale Steuerung ermöglichen.

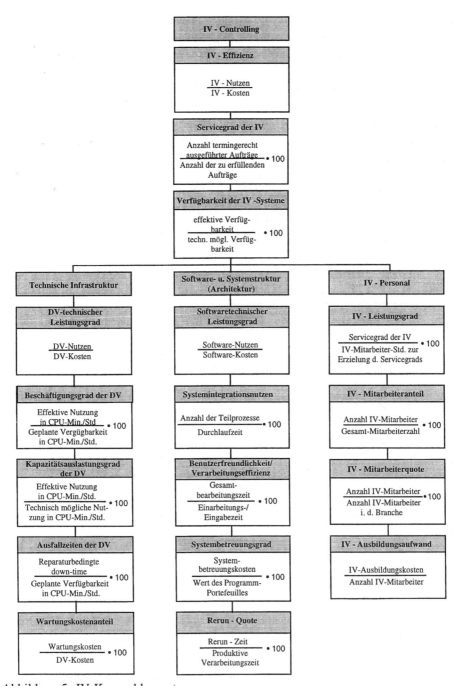

Abbildung 5: IV-Kennzahlensystem

Im Rahmen einer Anwendung der IV-Kennzahlen ist es möglich und im Sinne eines effizienten Einsatzes auch sinnvoll, einige Kennzahlen aus dem gesamten Kennzahlensystems auszuwählen und in einem ersten Schritt nur diese zu implementieren. Bei Bedarf können später weitere Kennzahlen hinzugezogen werden. Ein Auswahlkriterium könnte z.B. sein, daß zunächst die Kennzahlen eingesetzt werden, die sich aus dem bestehenden Berichtswesen bzw. der bestehenden Datenbasis problemlos ermitteln lassen.

Der Bereich IV-Personal kann z.B. durch Kennzahlen ergänzt werden, die schwerpunktmäßig Schulungs- und Beratungsaspekte berücksichtigen (vgl. Abbildung 6).

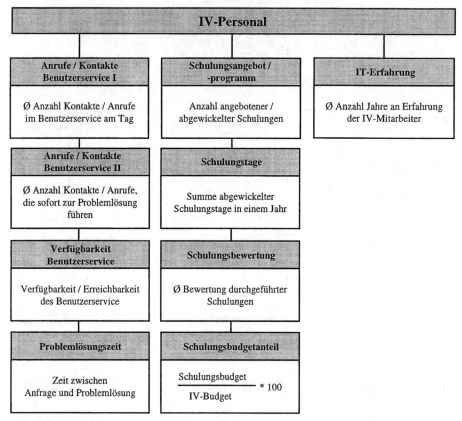

Abbildung 6: Erweiterung der IV-Personal-Kennzahlen

Die Kennzahl zum Schulungsbudget kann z.B. dazu benutzt werden, den Aufwand bzw. Ausgabenanteil für Schulungsmaßnahmen der IT-Abteilung abzuschätzen und daraus u.a. auch den Qualifikationsgrad der Mitarbeiter ableiten zu können.

Als nächstes steht der Bereich Software- und Systemstruktur im Vordergrund der Betrachtungen (vgl. Abbildung 7).

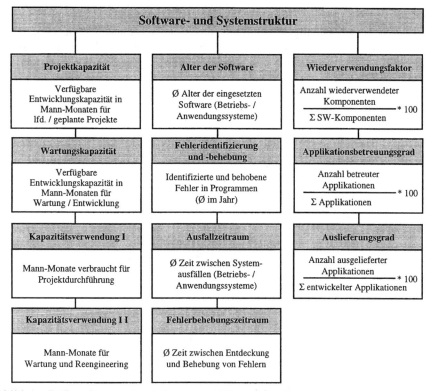

Abbildung 7: Erweiterung der Software- und Systemstruktur-Kennzahlen

Als Ergänzung zum Bereich „Technische Infrastruktur" sind die in Abbildung 8 gezeigten Kennzahlen vorstellbar.

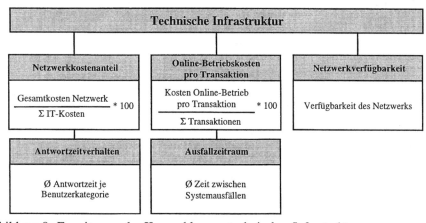

Abbildung 8: Erweiterung der Kennzahlen zur technischen Infrastruktur

Ein vollständig neuer Bereich im bisher vorgestellten Kennzahlensystem ist beispielsweise die Berücksichtigung des Projektmanagements für die Wirtschaftlichkeitsbetrachtung (vgl. Abbildung 9). Diese Kennzahlen eignen sich sowohl für einen Einsatz in der Investitionsphase als auch als Bestandteil der Betriebsphase für die Investitionsnachrechnung im Sinne der Überbrückung des Methodenbruchs.

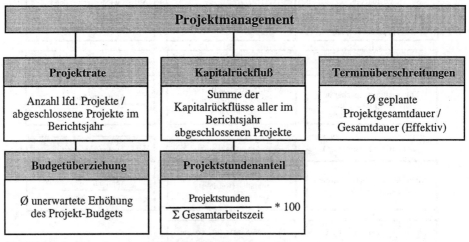

Abbildung 9: Erweiterung des IV-Kennzahlensystems
            um Projektmanagement-Kennzahlen

Ein weiterer Bereich, der völlig eigenständig von dem vorgestellten Kennzahlensystem und seinen Erweiterungen Berücksichtigung finden sollte, umfaßt Kennzahlen, die zur Beurteilung des kurz- und langfristigen Einflusses der IV auf den Unternehmenserfolg herangezogen werden können.

1. Kurzfristig

- IV-Ausgaben
  - Budget Über-/Unterdeckung
  - Anteil IV-Budget am Gesamtumsatz
  - IV-Aufwand je IV-Mitarbeiter
- IV-Einnahmen
  - Einnahmen durch den Verkauf von Produkten oder Dienstleistungen

2. Langfristig

- Anteil der verfübaren Entwicklungskapazität an strategischen Projekten
- Verhältnis zwischen neuen Entwicklungs-/Infrastrukturinvestitionen und Ersatzinvestitionen

2.3 Das IV-Berichtswesen

Die zuvor beschriebenen IV-Controlling-Instrumente generieren Informationen, die nur dann sinnvoll genutzt werden können, wenn sie in ein entsprechend strukturiertes Berichtswesen eingehen. Deshalb muß eine IV-Berichtswesen entwickelt werden, daß den Anforderungen der Integration der Investitions- und Betriebsphase gerecht wird. Es muß die aktuellen Kosten, den erzielten Nutzen und das bestehende Betriebsrisiko abbilden. Es soll darüber hinaus, im Sinne einer Feedforward-Steuerung, permanent den Ersatzzeitpunkt der Hard- und Software überwachen sowie die Notwendigkeit von „Neuinvestitionen" im Rahmen von Qualifizierungsmaßnahmen für die Mitarbeiter prüfen und schließlich auch versteckte und zukünftige „Kostenfallen" aufdecken. Das IV-Berichtswesen sollte so strukturiert sein, daß es die anstehenden IV-Investitionen zu ihrem aktuellen Stand dokumentiert und die laufenden Projekte sowie die bestehende IV abbildet.

Inhaltlich können prinzipiell zwei verschiedene Arten von Berichten unterschieden werden: zum einen numerisch-orientierte Berichte, die als Ergebnis Zahlen ausweisen (z.B. Kostenberichte), die wiederum in eine Kennzahl eingehen können, zum anderen verbale Berichte, die den Entscheidungsträger z.B. über eine bestimmte Entwicklung auf dem IT-Markt informieren.

Für den Aufbau eines IV-Berichtswesens sollten aus Gründen der Handhabbarkeit – wiederum unternehmensindividuell – einige wesentliche Kennzahlen ausgewählt werden. Dabei sollte, wie bereits erwähnt, im ersten Schritt das Kriterium der Ermittelbarkeit („Welche Kennzahlen können wir aus bereits bestehenden Daten speisen oder welche Daten sind verhältnismäßig einfach zu erheben?") im Vordergrund stehen. Ein weiteres Kriterium, das es zu beachten gilt, ist die soweit wie möglich automatisierte Erstellung des Berichtswesens, idealerweise ohne manuelle Eingriffe. Schließlich ist es für die Akzeptanz des Berichtswesens und einen effizienten und effektiven Einsatz erforderlich, daß die verwendeten Parameter einheitlich definiert sind. Das bedeutet, daß sowohl ihr Inhalt als auch ihre Interpretation standardisiert sein sollten, damit eine eindeutige Beurteilung der Größen, z.B. in Zeitreihenanalysen, möglich ist.

Das gesamte IV-Berichtswesen sollte in der Regel höchstens quartalsweise erstellt und nur bei bedeutenden Abweichungen sollten Spezialberichte bzw. Ad-hoc-Berichte ausgelöst werden. Die zeitliche Frequenz des Berichtswesens hängt natürlich wesentlich von der Bedeutung ab, die die IV für das Unternehmen hat (z.B. wird eine Investment-Bank einen kürzeren IV-Berichtszyklus haben, als ein Produktionsunternehmen der Stahlindustrie). Eine Ausnahme im Rahmen des Berichtszyklus stellt der Teil des Berichtswesens dar, der die anstehenden und aktuellen Projekte betrachtet. Hier wird gemäß der Meilensteine berichtet, wobei eine Zusammenfassung der wichtigsten Größen der Projektberichte wieder im Quartalsberichtswesen erscheinen sollte.

Inhaltlich kann ein solches Berichtswesen beispielhaft wie nachfolgend dargestellt aufgebaut sein:

Berichtsteil	Inhalt
1	Wichtigste Entscheidungsparameter (tabellarisch und grafisch) strukturiert nach anstehenden Investitionsentscheidungen (1), laufenden Projekten (2) und bestehender IV (3): (1) voraussichtlicher Kapitalbedarf für Investition (Projekt und Betrieb), voraussichtlicher Personalbedarf (Projekt und Betrieb), voraus. Nutzen (IV-Effizienz) und voraus. Risiko, weitere, ausgewählte IV-Kennzahlen für Feedforwardinformationen zur Unterstützung der Entscheidung: alle anstehenden Entscheidungen im Vergleich (2) Grad der Budgetausschöpfung, Grad der Fertigstellung, Abbruchwahrscheinlichkeit (kurze Dokumentation) (3) IV-Effizienz, IV-Verfügbarkeit und Servicegrad der IV, Anzahl lfd./abgeschlossener Projekte im Berichtsjahr, IT Personalkosten, IT Betriebskosten (HW/SW), Anteil IT-Budget am Gesamtumsatz, IT Aufwand je Mitarbeiter, Budget Über-/Unterdeckung, Summe der Kapitalrückflüsse der im Berichtsjahr abgeschlossenen Projekte, Einnahmen durch den Verkauf von Produkten oder Dienstleistungen
2	Investitionsnachrechnung auf der Basis von Kennzahlen: Gegenüberstellung von geplanten u. tatsächlichen Kosten und Projektdauern, Über-/Unterdeckung des Projekbudgets, Kapazitätsauslastung (Manntage), Einschätzung des erzielten Nutzens im Vergleich zum erwarteten Nutzen
3	Kennzahlenbögen der Betriebsphase: Anzahl der Mitarbeiter (IT, Anwendungsentwicklung, Schulung), Ø Wartungskosten (HW/SW), Medien- und Materialkosten, Ø Ausfallzeiten, Zeit bis zum Wiederanlauf nach einem Ausfall, Alter der eingesetzten SW/HW, Versicherungsprämien, Netzwerkkosten (SW/HW), Verfügbarkeit des Netzwerks, Ausfall- und Reparaturkosten, Änderungs- und Aktualisierungskosten, Personalkosten (IT, Anwendungsentwicklung, Schulung), Raummieten, Benutzerservice (Mitarbeiter, Technische Infrastruktur, Anwortzeiten, Verfügbarkeit)
4	Kosten-/Nutzenanalyse differenziert nach den verschiedenen Applikationen: Ø Wartungskosten, Ø Schulungskosten, Änderungs- und Aktualisierungskosten, Kosten bei Herstellerunterstützung, Ausfallkosten bei Ersatzbeschaffung, Ø Ausfallzeiten, Alter der eingesetzten SW, Applikationsbetreuungsgrad, Ø Zeit zwischen Systemausfällen, Ø Antwortzeiten, Benutzerservice (Mitarbeiter, Technische Infrastruktur, Anwortzeiten, Verfügbarkeit)
5	Risikoanalyse allgemein; nur bei speziellen Systemen, wie z.B. SAP R/3, kann eine differenziertere Risikoanalyse sinnvoll sein:
6	IST-Mitarbeiterprofil (z.B. einmal jährlich): Persönliche Daten, Stellung/Position, Vergütung, Sozialleistungen, Ausbildung, Anzahl Schulungstage, Schulungskosten, Entwicklungspotentiale Strategisches Mitarbeiterprofil (optional, z.B: auch einmal jährlich): Grafische Abbildung der aktuellen Lücke zwischen zukünftigen Anforderungen in Be-

	zug auf die Stellenbeschreibung im Vergleich zu den bis zum Erstellungszeitpunkt er-füllten Anforderungen (z.B. Qualifikationen)
7	Ebenfalls einmal jährlich: verbale Analyse des IT-Marktes bezogen auf Trends, Neu-entwicklung und Anwendererfahrungen verbunden mit einer Untersuchung der Konse-quenzen für das eigene Unternehmen: Marktstudien anerkannter Marktforschungsunternehmen zu ausgewählten Themen (IDC, GartnerGroup, Seybold usw.), Auswertung von IV-Aktivitäten der Marktführer, Kommentierung von Messebesuchen, Fachzeitschriften

Tabelle 5: Beispiel für ein IV-Berichtswesen

Bei der Entwicklung und dem Aufbau eines IV-Berichtswesens müssen nicht, wie be-reits erwähnt, sämtliche Kennzahlen oder sämtliche Berichte zum Einsatz kommen. In der Regel ist weniger oft mehr, und es sollten einige für das Unternehmen wichtige und aussagekräftige Kenngrößen ausgewählt werden, damit die IV steuerbar bleibt und nicht nur ein weiteres ressourcen-bindendes, papiererzeugendes Berichtsobjekt ist. Zur Ver-deutlichung der Einsatzmöglichkeiten wird nachfolgend anhand eines Beispiels ein mögliches integriertes IV-Controlling für die Investitionsentscheidung für ein Data Wa-rehouse vorgestellt.

3. Die Anwendung des Instrumentariums am Beispiel eines Data Warehouse-Projektes

Eine Gegenüberstellung des Informationsvolumens und des tatsächlichen Informations-bedarfs der für die Entwicklung und die Kontinuität der Unternehmensstrategie verant-wortlichen Führung ergibt ein äußerst kontraproduktives Gesamtbild. Auf der einen Seite stehen die in der Regel in operativen Organisationsbereichen angesammelten In-formationen im Überfluß zur Verfügung, sind jedoch auf der anderen Seite aufgrund ih-res hohen Detaillierungsgrades nicht unmittelbar als Führungsinformation für zeitnahe Analysen oder zur zielorientierten Steuerung von Entscheidungsprozessen geeignet. Im strategischen Management werden Daten aus operativen Systemen erst verdichtet zu ent-scheidungsrelevanten und -beeinflussenden Größen.

Eine mögliche Lösung dieses Konflikts verspricht man sich durch die Implementierung und den Einsatz eines Data Warehouses. Durch die zielgruppengerechte Aufbereitung und Bereitstellung zweckgebundener Informationen mit Hilfe der Informationstechnolo-gie sollen zum einen im wesentlichen Kosten eingespart und zum anderen ein genereller Nutzengewinn erwirtschaftet werden können. Das Data Warehouse-Konzept (vgl. Abbildung 10) ist als eine übergreifende Informationsplattform zu verstehen und zeich-net sich im wesentlichen durch Eigenschaften wie Integration, Erweiterbarkeit, Skalier-barkeit, Flexibilität und Zuverlässigkeit aus (Weber/Strüngmann 1997, S. 32).

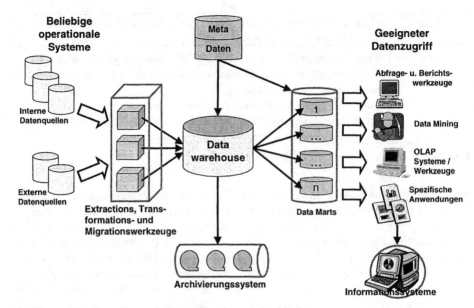

Abbildung 10: Grundlegende Data Warehouse-Architektur

Neben internen Datenquellen nutzt ein Data Warehouse i.d.R. auch externe Datenquellen, wobei in den weiteren Ausführungen aus Gründen der Komplexitätsreduktion der zugrunde liegenden Problemstellung ausschließlich die aus den unternehmensweiten operativen Systemen resultierenden Daten berücksichtigt werden sollen. Darüber hinaus wird ebenfalls vorausgesetzt, daß die Daten bereits verdichtet bereitgestellt werden, um so für die betrachtete strategische Entscheidungsdimension eine geeignete Informationsbasis zu bilden. Neben managementgerechten Anwendungssystemen bilden OLAP (Online Analytical Processing)-Systeme und -Werkzeuge sowie eine vielfältige Auswahl von Analyse- und Berichtswerkzeugen über die Zugriffsebene die Schnittstelle zu den Benutzern des Data Warehouses. Eine zentrale Rolle spielen in einem Data Warehouse die sogenannten Metadaten, die eine sowohl fachliche als auch technische Dokumentation der Warehouse-Daten darstellen; sie gewährleisten damit einerseits die Benutzbarkeit des Warehouses und andererseits seine Wartbarkeit. Mit dem Data Warehouse-Konzept kann es gelingen, das Ziel einer unternehmensweiten Integration von Daten in einem einheitlich gestalteten Gesamtsystem weiter zu verfolgen.

An betriebliche Informationssysteme werden in Bezug auf ihren Einsatzzweck sowohl betriebswirtschaftliche als auch technische Anforderungen gestellt. Hierzu findet sich in (Hornung/Reichmann/Baumöl 1997, S. 38-45) eine detaillierte Aufstellung. Die wesentlichen Aspekte aus betriebswirtschaftlicher Sicht sind die Verfügbarkeit, Verdichtung und Bereitstellung der Daten. Außerdem sollen unterschiedliche Sichten auf den Datenbestand möglich sein und ein umfassendes betriebliches Berichtswesen zur Verfügung gestellt werden können, das neben Standardberichten auch individuell gestaltbare Berichte sowie ein Dialogberichtswesen enthält. Aus technischer Sicht ist in erster Linie ein mit den Mitteln des konzeptionellen Entwurfs modelliertes Datenschema als Grundlage für die spätere Umsetzung erforderlich. Darüber hinaus ist neben dem zugrunde liegenden DBMS (Datenbankmanagementsystem) in Verbindung mit einer leistungsfähigen Hardware die unternehmensweite Netzwerkarchitektur von großer Bedeutung. Schließlich sollte die Implementierung eines zuverlässigen Sicherheits- und Zugriffskonzepts sowie die Integration eines Archivierungssystems berücksichtigt werden.

Die vorgestellte Data Warehouse-Architektur bildet die Grundlage für die Erarbeitung von Kosten-, Nutzen- und Risikotreibern. Im weiteren Verlauf der Überlegungen werden exemplarisch die Investitionsphase eines Data Warehouses näher betrachtet, wobei hier der oben beschriebene Methodenbruch durch die Berücksichtigung spezifischer Parameter aus der Betriebsphase überbrückt werden soll. Die ausgewählten Instrumente sind einerseits das Projekt-Portfolio und andererseits der KNR-Ansatz. Hierbei werden für zwei Bereiche, Mitarbeiter und Betriebsmittel, die als wesentlich im Rahmen eines Data Warehouse-Projektes identifiziert worden sind, entsprechende Kosten-, Nutzen- und Risikotreiber bestimmt.

Zunächst einmal sollen aber noch allgemeine Nutzenpotentiale von Data Warehouses vorgestellt werden. Gemäß der Trennung in technische und betriebswirtschaftliche Anforderungen sollen auch technische und betriebswirtschaftliche Nutzenpotentiale unterschieden werden.

Technische Nutzenpotentiale:
- Bereitstellung einer konsistenten Informationsbasis durch Aggregation von Daten aus operativen Informationssystemen;
- Entlastung operativer Informationssysteme, während der Ausführung komplexer Abfragen und Erstellung von umfangreichen Berichten;
- Initialisierung von Reengineering-Prozessen beim Entwurf der Data Warehouse-Architektur.

Betriebswirtschaftliche Nutzenpotentiale:
- effiziente Informationsbereitstellung für Entscheidungsträger;
- Verbesserung der Entscheidungssicherheit, -qualität und -geschwindigkeit;
- Standardisierung von betriebswirtschaftlichen Begriffen und deren Interpretation;
- Erzielung von Wettbewerbsvorteilen;
- mögliche Reduzierung von Kosten, z.B. durch Straffung des Berichtswesens sowie
- Verbesserung der Kundenbeziehungen und -zufriedenheit bei gleichzeitigem Umsatzwachstum.

Die Implementierung eines Data Warehouses sollte grundsätzlich als eigenständiges Projekt initiiert werden und ist in das existierende Projektportfolio eines Unternehmens mit einzubeziehen, da es in erheblichem Umfang personelle, betriebliche und vor allem finanzielle Ressourcen bindet und aus diesem Grund mit besonderer Sorgfalt zu planen und durchzuführen ist.

Projektkomplexität führt häufig in IT-Projekten zu einem erhöhten Projektrisiko, das schließlich in hohem Maße auch ein Projektkostenrisiko bedeutet. Ausschlaggebend bei der Einordnung eines Data Warehouse-Projekts in ein bestehendes Projektportfolio sind neben dem Projekterfolgsrisiko auch die für ein Projekt spezifischen Merkmalsausprägungen im Hinblick auf die strategische Bedeutung des Investitionsvorhabens, die schließlich für die Auswahl relevant erscheinender Kosten- und Nutzengrößen von Bedeutung sind. Aus dieser Tatsache resultiert die unten vorgenommene Einordnung eines Data Warehouse-Projekts in das modifizierte Projektportfolio-Schema. Charakteristisch für mehrperiodige, komplexe Projekte sind neben einem hohen Projekterfolgsrisiko auch die aufgrund ihre langfristigen Ausrichtung im Projektverlauf aufgebaute nicht zu unterschätzende Kostenbelastung. In Abbildung 11 ist der beschriebene Sachverhalt zusammenfassend dargestellt (in Anlehnung an Weis 1995, S. 568–569).

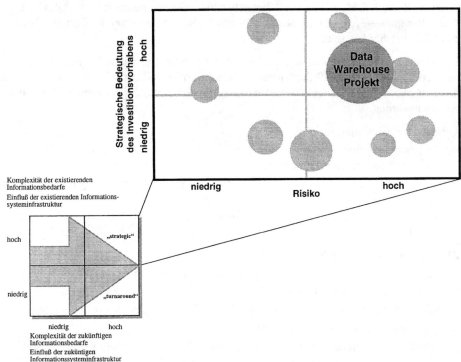

Abbildung 11: Einordnung von Data Warehouse Projekten in das Investitionsprojekt-Portfolio

Die bekannten Wirtschaftlichkeitsnachweise sind, wie bereits oben erwähnt, nicht verläßlich anwendbar, weil sie i.d.R. von bekannten Einnahmen- und Ausgabenströmen ausgehen. So können Kosten zwar identifiziert und zugeordnet, aber selten präzise berechnet werden (Mucksch/Holthuis/Reiser 1996, S. 430). Besondere Aufmerksamkeit ist in diesen Fällen nicht primär der strukturellen und ablaufbezogenen Auflösung des Projekts zu widmen, sondern schwerpunktmäßig der Identifikation controllingrelevanter Kosten- und Nutzengrößen.

Im Rahmen der Investitionsplanung von ressourcenbindenden und -verbrauchenden IV-Vorhaben werden häufig die während des Betriebs z.B. eines Data Warehouses anfallenden Kostenelemente nicht in die Überlegungen mit einbezogen. Untersuchungen der Gartner Group haben jedoch deutlich gemacht, daß nicht nur ausschließlich die Anschaffungskosten ausschlaggebend für Investitionsentscheidungen, sondern Kostengrößen aus der Betriebsphase berücksichtigt werden müssen. Die Spezifizierung der Anforderungen stellt grundsätzlich kein Problem dar, zumal auch ungenaue Formulierungen ausreichend hilfreich sein können, um eine konkrete Vorstellung über das zukünftige System entwickeln zu können. Gleichzeitig kann die Anforderungsspezifikation helfen, zumindest potentielle Kostentreiber der Betriebsphase identifizieren zu können. Es soll zum Ausdruck kommen, daß die Antizipation von Kostengrößen der Betriebsphase im Rahmen der Investitionsplanung zwar problematisch ist, aber im Hinblick auf die Investitionsentscheidung eine große Rolle spielt.

Die Basis für das Unternehmenscontrolling und folglich auch für das IV-Controlling bilden Kennzahlen, die mit dem Ziel ermittelt werden, die wichtigsten Sachverhalte des betrachteten Aufgabengebietes zu quantifizieren. Ein Kennzahlensystem und das Berichtswesen sollte auf den strategischen Informationsbedarf der Unternehmensführung ausgerichtet sein und in Anlehnung an die unternehmensspezifische Kostenstruktur die Gesamtkosten für Hard- und Software, Datenkommunikation, Netzwerkinfrastruktur, externe Beratungsleistungen, IV-Personal, Schulung usw. aufschlüsseln. Ebenfalls von Bedeutung sind z.B. die durchschnittliche Verfügbarkeit und Antwortzeiten der Informationssysteme und Netzwerkarchitektur sowie die Rentabilität und Produktivität von IV-Projekten.

Im folgenden werden beispielhaft die für ein Data Warehouse-Projekt relevanten Kosten-, Nutzen- und Risikotreiber für die Investitions- und Betriebsphase spezifiziert. Eine Zuordnung erfolgt im einzelnen zu zwei übergeordneten Bereichen, die in der Investitionsphase eines Data Warehouses für eine controllingspezifische Auswertung von Interesse sind:

1. Mitarbeiter/Personal:

Kostentreiber:	erforderliches IV-Personal für das Investitionsplanungsverfahren, Bedarf an externen Beratungsleistungen, Qualifikationsstand der Mitarbeiter, erforderliche Restrukturierungen (z.B. für die organisatorische Einbettung aller spezifischen Warehousing-Aktivitäten)
Nutzentreiber:	Aufbau von Fachkenntnissen, Qualifizierung von Mitarbeitern
Risikotreiber:	Verfügbarkeit qualifizierter Mitarbeiter mit ausreichenden Fachkenntnissen (z.B. Datenbank-Spezialisten) sowie ein entsprechendes Projektmanagement

2. Betriebsmittel (Hardware/Software):

Kostentreiber: veraltetete und/oder heterogene sowie schlecht dokumentierte
                 Hardware-/Software-/Netzwerkinfrastruktur, lange Systemantwort-
                 zeiten, Änderungs-/Aktualisierungs-/Anpassungsbedarfe
Nutzentreiber: umfassende Bestandsaufnahme der IV-Infrastruktur
Risikotreiber: Stabilität der Hardware-/Software-/Netzwerkinfrastruktur, Qualität
                 der Installation/Konfiguration der Hardware/Software

Bei der Berücksichtigung der Betriebsphase in der Investitionsphase sind nachfolgend
aufgeführte Kategorien von Bedeutung:

1. Mitarbeiter/Personal:

Kostentreiber: erforderliches IV-Personal (Warehouse-Betrieb), Mitarbeiterquali-
                 fizierung (Anwendung, Support usw.), Schulungen (Mitarbeiteraus-
                 fall, Materialien), Bedarf für weitere (fortgesetzte) externe Bera-
                 tung
Nutzentreiber: Mitarbeiterqualifizierung, verbesserter Kommunikations- bzw. In-
                 formationsfluß, höhere Arbeitszufriedenheit, Produktivitätsverbes-
                 serungen
Risikotreiber: keine konsequente Mitarbeiterqualifizierung, Abwanderung von
                 spezialisierten Mitarbeitern, Einkauf von externen Dienstleistungen

2. Betriebsmittel (Hardware/Software):

Kostentreiber: Hardware-/Software-/Netzwerkinfrastruktur, Installation/Konfigu-
                 ration der Hardware/Software, Änderungs-/Aktualisierungs-/An-
                 passungsbedarf, Datenvolumen, Datenpflege
Nutzentreiber: stabileres Laufzeitverhalten, verbesserte Durchlaufzeiten, effizien-
                 tere Bedienung, verbesserte Grundlagen für das Berichtswesen im
                 Unternehmen (unternehmensweit oder fachbereichsspezifisch),
                 aber auch bspw. die Möglichkeit einer verbesserten Kundenorien-
                 tierung durch Herstellung einer Kundensicht auf die Daten
Risikotreiber: Verfügbarkeit von Ressourcen (Mitarbeiter/Hardware/Software/
                 Netzwerk) sowohl aus Sicht der Beschaffung als auch während des
                 Betriebs

Aufbauend auf diesen Parametern kann ein Investitions-Berichtswesen aufgebaut und als
Steuerungsinstrument zur Sicherstellung der Wirtschaftlichkeit des Projektes eingesetzt
werden. Die Parameter können natürlich noch unternehmensindividuell ergänzt werden,
so daß ein vollständigeres Bild des Investitionsprojektes und seiner potentiellen Auswirkungen in der Betriebsphase entsteht.

4. Abschließende Betrachtung

Eine Analyse der IV im Hinblick auf ihre Kosten, ihren Nutzen und das potentielle Risiko bleibt weiterhin schwierig. Das liegt darin begründet, daß auch die besten Instrumente und das exakteste Berichtswesen die inhärenten Probleme der Identifizierbarkeit und Meßbarkeit der wesentlichen KNR-Treiber nicht beseitigt. Doch durch eine Integration einerseits der beiden Sichten Investition und Betrieb sowie andererseits der verschiedenen existierenden und weiterentwickelten Instrumente lassen sich einige der Schwierigkeiten lindern und letztendlich doch eine Beurteilung der IV vornehmen. Wichtig ist dabei, daß erstens ein möglichst breites Spektrum der Ausprägungen von Kosten, Nutzen und Risiken der IV untersucht wird und zweitens, die Prämissen, unter denen z.B. das Berichtswesen erstellt wird bekannt sind und in die Interpretation der Ergebnisse einbezogen werden. IV-Controlling und damit die IV-Wirtschaftlichkeit ist also noch kein gelöstes Problem und bleibt weiterhin ein sich dynamisch entwickelndes Betätigungsfeld.

Literatur

Baumöl, U./Reichmann, Th.: Kennzahlengestütztes IV- Controlling, in: Controlling, 8. Jg. (1996) 4, S. 204-211.

Becker, J./Grob, L./von Zwehl, W.: Münsteraner Fallstudien zum Rechnungswesen und Controlling, München 1996.

Cash, J. I. Jr./McFarlan, W. F./McKenney, J. L.: Corporate Information Systems Management - The Issuing Facing Senior Executives, 3rd ed., Homewood Illinois 1992.

Hornung, K./Reichmann, Th./Baumöl, U.: Informationsversorgungsstrategien für einen multinationalen Konzern, in: Controlling, 9. Jg. (1997) 1, S. 38-45.

Kargl, H.: Controlling im DV-Bereich, 3. Aufl., München 1996.

Krcmar, H.: Informationsverarbeitungs-Controlling in der Praxis, in: Information Management, 7. Jg. (1992) 2, S. 6-18.

Mucksch, H./Holthuis, J./Reiser, M.: Das Data Warehouse Konzept – ein Überblick, in: Wirtschaftsinformatik, 38. Jg. (1996) 4, S. 421-433.

Nagel, K.: Nutzen der Informationsverarbeitung, München 1988.

Picot, A./Reichwald, R.: Menschengerechte Arbeitsplätze sind wirtschaftlich. Vier-Ebenen-Modell der Wirtschaftlichkeitsbeurteilung, Eschborn 1985, Forschungsprojekt 01 H6 334/5.

Reichmann, Th.: Controlling mit Kennzahlen und Managementberichten, 5. Aufl., München 1997.

von Dobschütz, L./Prautsch, W.: Innerbetriebliche Verrechnung von DV-Kosten, in: Controlling, 3. Jg. (1991) 6, S. 330-334.

Weber, H. W./Strüngmann, U.: Datawarehouse und Controlling – Eine vielverprechende Partnerschaft, in: Controlling, 9. Jg. (1997) 1, S. 30-36.

Weis, E.: Kostenorientiertes Projekt-Controlling, in: Reichmann, Th. (Hrsg.), Handbuch Kosten- und Erfolgs-Controlling, München 1995.

Reinhard Jung, Stefan Schwarz

Die Eignung des Electronic Commerce für Klein- und Mittelunternehmen

1. Einleitung

Unter Electronic Commerce (EC) wird allgemein jede Art von Handel verstanden, bei dem der Käufer eines Produkts oder einer Dienstleistung einen Computer benutzt, um mit dem Computer des Verkäufers dieses Produkts oder dieser Dienstleistung zu interagieren (Ambler 1997, S. 2). Das beginnt schon mit der Suchphase des Käufers. So fallen auch jene World Wide Web (WWW)-Angebote unter den Begriff EC, die die Interaktion auf die Möglichkeiten zur Abfrage statischer Web-Seiten beschränken.

EC stellt eine relativ neue Form der Abwicklung von Geschäften dar, so daß bisher wenig Erfahrung über die Risiken und Chancen von EC vorliegt. Als besondere Chance des EC wird die Möglichkeit betrachtet, eine neue Qualität der Interaktion des Unternehmens mit aktuellen und potentiellen Kunden zu schaffen, um dadurch schneller und gezielter Geschäftsbeziehungen aufbauen zu können. Weitere Optionen bestehen in der Beseitigung regionaler Beschränkungen des Absatzmarktes und in der einfachen Erstellung individueller Käuferprofile. Gerade die „Individualisierung des Kunden" eröffnet dem Unternehmen vielfältige Möglichkeiten. Diese reichen von operativen Verbesserungen, wie einem gezielteren Marketing - im Extremfall One-to-One-Marketing - über einen effizienteren Einkauf und eine kostengünstigere Logistik bis zur Beeinflussung von Managemententscheidungen, wie der Veränderung strategischer Geschäfteinheiten vom traditionellen Handel zum EC.

Als Beispiel soll an dieser Stelle auf die Möglichkeit zur Erstellung von sehr genauen Kundenprofilen hingewiesen werden. Die Anonymität des Kunden wird dabei aufgehoben. Ein sich daraus im Einzelhandel ergebender Nutzeffekt besteht in der Möglichkeit zur Optimierung der Logistik, da nachverfolgt werden kann, an welchen Wochentagen welche Kunden in welcher Filiale welche Artikel erwerben. So kann zum Beispiel herausgefunden werden, ob Familien bevorzugt den Samstag oder doch den Donnerstag Abend für ihren Familieneinkauf benutzen. Das Wissen über derartige Sachverhalte kann zu einem gezielteren Einkauf und geringeren Kosten (z.B. geringerer Kapitalbindung, geringerem Verderb, usw.) führen. Methoden, die Informationen dieser Art aus EC-Daten generieren können, fallen in den Bereich des „Knowledge Discovery in Databases" (KDD).

Der Kundenkreis eines EC-Angebotes wird durch die Zugriffsmöglichkeit der Käuferschaft auf das WWW eingegrenzt. Obwohl Indikatoren für die Benutzung des Internet - wie die an das Internet angeschlossenen Rechner - sehr schnell wachsen, betrug die geschätzte Durchdringung des Marktes in Nordamerika 1997 nur etwa 10 % der privaten Haushalte und etwa ein Drittel der Unternehmen. Vor allem die Benutzer des Internet in dieser relativ frühen Phase können als innovativ und technikfreundlich eingestuft werden, da sie eine sich im permanenten Wandel befindende Technologie angenommen haben. Dies legt die Schlußfolgerung nahe, daß besonders Produkte, die mit diesen Eigenschaften assoziiert werden, gute Absatzchancen im Internet haben werden. Andererseits ergibt sich aus ihrem Streben nach Innovation und ihrer Entscheidungsfreudigkeit die Schlußfolgerung, daß Internetbenutzer eine geringe Bindung an den Anbieter haben. Sie versuchen eher rational - z.B. über den Preis oder den Service - eine Entscheidung in Bezug auf den Anbieter und Handelspartner zu treffen.

Frühe demografische Studien haben gezeigt, daß das durchschnittliche Einkommen der Internetbenutzer etwa doppelt so hoch ist, wie das von Nicht-Internetbenutzern. Hieraus läßt sich auf einen finanziell potenten Benutzerkreis schließen. Teilweise wird das Internet sogar als idealer Markt für Luxusgüter wie Weine, Delikatessen oder Flugreisen beschrieben (IBM 1997). Auch das Bildungsniveau der Internetbenutzer ist mit großer Wahrscheinlichkeit überdurchschnittlich, was die Vermarktungschancen für intellektuell ansprechende Produkte wie Bücher erhöht.

2. Entscheidung für den Einsatz von Electronic Commerce

Aus der für KMUs dringend gegebenen Notwendigkeit, bei allen Aktivitäten sehr sorgfältig einerseits Kosten und andererseits Leistungen bzw. Nutzen einander gegenüberstellen zu müssen, ergibt sich die Frage nach den Faktoren, die bei einer Entscheidung für oder gegen EC zu beachten sind. Eine wesentliche Aufgabe des IV-Controlling liegt darin, die Eignung von EC für ein Engagement des eigenen Unternehmens zu prüfen und damit entsprechende Entscheidungen vorzubereiten. In den folgenden Abschnitten wird deshalb untersucht, welche Einflußfaktoren hier eine besondere Rolle spielen. Darüber hinaus soll - ohne den Anspruch auf Allgemeingültigkeit - ein Eindruck davon vermittelt werden, welche Kosten in etwa mit EC verbunden sind.

2.1 Einflußfaktoren

Die Entscheidung, ob sich ein Produkt oder generell ein bestimmtes Unternehmen für den Einsatz von EC eignet, kann sich aufgrund der im vorherigen Kapitel angesprochenen Unsicherheiten recht wenig auf solche Fakten stützen, die in der Unternehmenspraxis ausreichend abgesichert sind. Um dennoch eine systematische Grundlage für die Unterstützung von Entscheidungen über den Aufbau von EC-Angeboten bereitstellen zu können, wird nachstehend das Entscheidungsfeld anhand der drei bestimmenden Bezugsgrößen wirtschaftlichen Handelns - Produkt, Markt und Unternehmen - untersucht.

2.1.1 Produkt

Produktattraktivität

Durch die immer weitreichendere Verbreitung von EC entsteht eine ausgeprägte Markttransparenz. Dem Kunden wird eine einfache und schnelle Möglichkeit gegeben, ähnliche Produkte verschiedener Hersteller ausführlich miteinander vergleichen zu können. Diese Erhöhung der Markttransparenz wird dazu führen, daß weniger attraktive Produkte schneller als solche erkannt werden und demzufolge einen kürzeren Lebenszyklus aufweisen. Folglich sollte nur bei Verfügbarkeit attraktiver Produkte ein EC-Engagement in Erwägung gezogen werden.

Ein weiterer Aspekt hinsichtlich attraktiver Produkte ist darin zu sehen, daß durch Nutzung von Internettechnologien neuartige Produkte entstehen. Dieser Trend ist hauptsächlich im Dienstleitungsbereich erkennbar. Ein Beispiel für neuartige Produkte dieser Art bilden die individuell zusammenstellbaren Online-Zeitungen. Hierbei wird es dem Kunden ermöglicht, durch Vorgeben von Selektionskriterien (etwa „nur Nachrichten aus den Bereichen Sport und nationale Politik") aus einer Vielzahl von Informationsangeboten die für ihn relevanten Information zu „seiner" individuellen Online-Zeitung zusammenstellen zu lassen.

Komparativer Preisvorteil des Produkts

Produkte, die im Vergleich zu ähnlichen Produkten einen niedrigeren Preis aufweisen, besitzen auch auf unvollkommenen Märkten bessere Absatzchancen. Durch einen Vertrieb über EC wird dieser Effekt deutlich verstärkt, weil der komparative Preisvorteil für den potentiellen Kunden wesentlich schneller sichtbar wird. Wie auch im Bereich der Produktattraktivität fördert das WWW bzw. EC also auch hinsichtlich des Preises die Tendenz zu einer höheren Markttransparenz.

Transaktionskosten

Das Internet eignet sich besonders gut zum Handel von Produkten, die zu ihrer Distribution nur eine geringe Logistikleistung benötigen. Kostenintensive und zeitaufwendige Logistikprozesse können die positiven Effekte, die durch Etablierung von EC in Teilen der Geschäftsabwicklung hervorgerufen werden, in einigen Fällen vollständig kompensieren (Beispiele):

▪ Zeiteinsparungen sind in der Bestellabwicklung nahezu irrelevant, wenn das bestellte Produkt sehr lange Produktions- bzw. Lieferzeiten besitzt.

▪ EC ist nicht geeignet bei Produkten, die relativ hohe Versandkosten verursachen. Derartige Produkte sind - verglichen mit dem Einzelhandel - aufgrund der vom Kunden zu tragenden Gesamtkosten nicht konkurrenzfähig.

Ein Produkt, das sich wegen seiner Beschaffenheit besonders gut für EC eignet, ist Software. Da der Kunde die von ihm benötigte Software im Idealfall für seine Bedürfnisse individuell zusammenstellen und direkt aus dem Internet per Download beziehen kann, reduzieren sich die Transaktionskosten auf ein Minimum.

2.1.2 Markt

Kundennähe

Die Präsenz eines Unternehmens im Internet erhöht in der Regel die Nähe des Unternehmens zum Kunden nachhaltig. Je nach Ausgestaltung der Internetpräsenz[1] kann dieser Effekt im Minimalfall von einer sehr geringen Kundenbindung, etwa durch Bekanntmachung des Unternehmens über einfache Informationsseiten, bis zu einer intensiven Kundenbindung reichen. Diese kann durch Nutzung von Push-Technologien (Brenner 1998) erreicht werden, bei der Informationen dem Empfänger aktiv zugestellt werden und dieser sie nicht abrufen muß, oder von Extranetz-Strategien, die es ermöglichen, logisch abgegrenzte Netze innerhalb des Internet zu realisieren.

Besonders bei der Betrachtung dieses Aspekts muß der IV-Controller die Vorgaben für die Unternehmensentwicklung berücksichtigen. Ein Faktor in diesem Zusammenhang ist der Grad der eventuell schon durch anderweitige Maßnahmen, z.B. Roadshows, Preisausschreiben usw., erreichten Kundennähe. Auf Basis dieser Ist-Situation sollte entschieden werden, ob eine Steigerung der Kundennähe des Unternehmens sinnvoll erscheint. Ist dies der Fall, stellt das Internet meist ein geeignetes Medium dar.

Verbreitung von Internettechnologie und Know-how im angestrebten Marktsegment

Eine bestimmende Determinate für den Erfolg eines EC-Angebots ist die Reichweite dieser Lösung in dem für das Unternehmen relevanten Marktsegment. Wenn die Zielgruppe des Unternehmens nicht in genügendem Maße über dieses Medium angesprochen werden kann, wird dieser Weg der Geschäftsabwicklung ineffizient. Im Umkehrschluß liegt allerdings die Vermutung nahe, daß spezielle Käufergruppen als besonders attraktiv angesehen werden können und bei diesen ein sehr hoher Abdeckungsgrad erreicht werden kann. Hierbei handelt es sich vor allem um solche Käufergruppen, die über die besonderen technischen Voraussetzungen und Kompetenzen verfügen sowie dem Medium Internet aufgeschlossen gegenüberstehen.

Konkurrenzpotential

Befindet sich das betrachtete Unternehmen in einem Markt mit starkem Wettbewerb, stellt der Einsatz von Internettechnologien für den Vertrieb von Produkten einen komparativen Konkurrenzvorteil dar, weil an der Schnittstelle zum Kunden sehr viel dynamischer agiert werden kann. Beispiele sind Märkte, die starken Einkaufspreis- und/oder

---

[1]   Vgl. dazu auch den Abschnitt 2.2

Wechselkursschwankungen unterliegen (Tourismus, Elektronik usw.) und dadurch permanente Verkaufspreisanpassungen erforderlich machen. Ohne die Möglichkeit, dem Kunden fortlaufend aktualisierte Preise mitteilen zu können (etwa über Versandhauskataloge), müssen langfristig stabile und damit häufig zu hohe Preise festgelegt werden.

Der angesprochene Vorsprung kann, je nach technischer aber auch vor allem organisatorischer Umsetzung, von einer mächtigen Konkurrenz gegebenenfalls schnell adaptiert werden. Adaptionsbarrieren bestehen vor allem in der organisatorischen Gestaltung des EC. Wenn es das Unternehmen schafft, gute und umfassende Lösungen im Bereich Distributionslogistik und Customer Care zu finden, dann ist eine Adaption durch Mitbewerber zumindest in der nahen Zukunft nicht zu befürchten. Vor allem die Integration der Prozesse, die für eine Einführung und den Betrieb von EC notwendig sind, in die bestehende Prozeßstruktur des Unternehmens wird in der Praxis oft unterschätzt. Hierbei sind unter anderem die oft stark differierenden Prozeßausprägungen aufgrund unterschiedlicher Kundenanforderungen zu berücksichtigen.

Ein Kunde, der sich der Internettechnologie bedient, erwartet in der Regel schnellere Prozeßausführungszeiten, niedrigere Kosten - da er einen Teil des Prozesses selber durchführt - und oft innovativere Prozeßstrukturen. Als Beispiel für innovative Prozeßstrukturen ist die kundenindividuelle Kommissionierung und Anlieferung zu nennen, die neuerdings von einigen Online-Händlern auch im Einzelhandelsbereich angeboten wird. Oben genannte Erwartungen an die Prozeßstrukturen eines EC Angebots sind oft gerade der Anreiz für den Kunden, über WWW mit einem Produzenten/Händler zu kommunizieren.

2.1.3 Unternehmen

Kostensenkungspotentiale

Abhängig von der vorhandenen IV-Landschaft eines Unternehmens können durch die Integration vorhandener IV mit dem neuen EC-System Geschäftsprozesse effizienter gestaltet werden, wodurch Kostensenkungspotentiale geschaffen werden. Dies gilt für den elektronischen Datenaustausch (EDI) via Internet sowie die Substitution von gelber Post durch E-Mail sowohl im innerbetrieblichen Bereich (bei Verteilung auf mehrere Standorte) als auch für den zwischenbetrieblichen Bereich.

Ein weiteres Beispiel für Kostensenkungspotentiale durch EC stellt die Substitution von personalintensiven Servicefunktionen dar. Elektronische Tracking-Systeme ermöglichen es dem Kunden, selbständig - d.h. ohne etwa einen Anruf bei einem Kundendienstmitarbeiter - den Status „seines Geschäftsvorfalls" jederzeit zu ermitteln. Im Bereich der Logistik bieten Unternehmen wie die FedEx inzwischen die Möglichkeit an, den genauen Ort des Versandgutes via Abfrage durch eine WWW-Seite zu ermitteln.

Abhängig von der Käuferschicht ergeben sich durch den EC-Einsatz auch Kostensenkungspotentiale im Werbe- und Absatzbereich. Gegebenenfalls können zum Beispiel Produktkataloge durch elektronische Pendants ersetzt oder Kundenbesuche einfach virtuell im Cyberspace abgewickelt werden.

Unterstützung vorhandener Geschäftsarten

Die Geschäftsarten eines Unternehmens bestimmen dessen Hauptgeschäftsprozesse. Derartige Prozesse weisen zwingend Schnittstellen zu den Marktpartnern des Unternehmens auf. Im Handel existieren die folgenden Geschäftsarten: das klassische Lagergeschäft, das Streckengeschäft, das Aktionsgeschäft, das Dienstleistungsgeschäft und das Zentralregulierungsgeschäft. Den Einfluß der Geschäftsarten auf die Eignung des EC soll im folgenden am Beispiel der Handelsgeschäftsarten „klassisches Lagergeschäft" und „Streckengeschäft" verdeutlicht werden.

Bei den meisten Teilprozessen des „klassischen Lagergeschäfts" handelt es sich um materiallogistische Prozesse. In diesem Zusammenhang ist an die physische Beschaffung, die Lagerhaltung, die Kommissionierung und die physische Distribution zu denken. Der Anteil informationslogistischer Teilprozesse ist relativ gering. Gerade umgekehrt verhält es sich beim Streckengeschäft. Hier stellt die Information die bedeutsamste Ressource dar. Der Anteil der Materiallogistik im betrachteten Unternehmen verliert an Bedeutung.

Die positiven Effekte, die eine Einführung von EC in einem Handelsbetrieb, der ausschließlich klassisches Lagergeschäft betreibt, hervorrufen kann, sind vergleichsweise gering. Prozeßverbesserungen, die aus Faktoren wie der Verhinderung von Medienbrüchen, der Beschleunigung administrativer Prozesse oder der Auslagerung von Prozessen an die Geschäftspartner gewonnen werden, vermögen offensichtlich den Gesamtprozeß kaum zu verbessern, da die dominierenden Teilprozesse nicht beeinflußt werden.

Betrachtet man das Streckengeschäft, dann kann durch EC ein signifikanter Einfluß auf die dominierenden Teilprozesse genommen werden. Als Beispiel kann die gesamte Kommunikation mit den Geschäftspartnern auf Internettechnologie verlagert werden, was zu erheblichen Prozeßvereinfachungen und -beschleunigungen führt. Auch die Prozeßqualität kann so verbessert werden (z.B. durch die Verhinderung von Mehrfacherfassungen und das Vermeiden korrespondierender Fehleingaben).

Bedeutung für das Image

Für viele Unternehmen gehört ein EC-Einsatz auch zum angemessenen Image. Soll etwa ein besonders innovatives Image vermittelt werden - und diese Anforderung ergibt sich in jüngster Zeit in immer mehr Branchen - ist EC oder zumindest eine WWW-Adresse zur Verwendung auf Geschäftspapieren, Katalogen, in Werbespots usw. ein absolutes Muß.

2.1.4 Integration der Einflußfaktoren in ein grafisches Entscheidungsmodell

Für ein Unternehmen, das vor der Entscheidung über den Einsatz von EC steht, sind viele der oben diskutierten Einflußfaktoren zugleich wichtig. Folglich muß eine Möglichkeit zur Integration dieser Einflußfaktoren geschaffen werden, die es dem IV-Controller erlaubt, einen Überblick über die Ausprägungen aller Einflußfaktoren zu gewinnen und zugleich auf eine Gesamteignung des EC für ein spezielles Unternehmen zu schließen. Eine Integration der Einflußfaktoren über mathematische Modelle erscheint aufgrund der teils subjektiven Beurteilung und der unzureichend mathematischen Definition der Einflußfaktoren problematisch. Eine grafische Integration der Einflußfaktoren ist aus diesen Gründen weitaus angemessener.

Abbildung 1 zeigt die oben erläuterten Einflußfaktoren als Achsenbezeichnungen in einer radialen Abbildung. Das jeweils äußerste Ende einer Achse ist mit einer für den EC ungünstigen Bewertung des Einflußfaktors markiert. Das Zentrum der Abbildung lokalisiert die gegenteilige Bewertung.

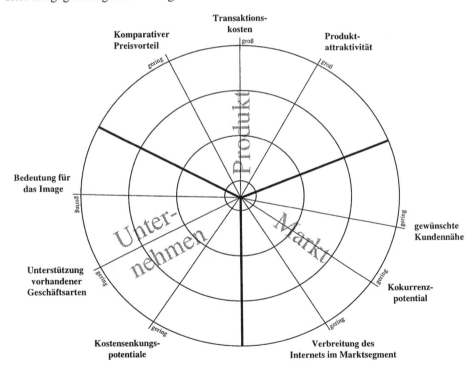

Abbildung 1: Einflußfaktoren für die Entscheidung über den Aufbau von EC-Angeboten

Die Aufgabe des IV-Controller besteht darin, sein Unternehmen für jeden Einflußfaktor in dieser Darstellung zu positionieren (d.h. auf jeder Achse einen Punkt zu markieren). Die polygone Fläche, die durch das Verbinden dieser Punkte gebildet wird, gibt einen Hinweis auf die Eignung des Unternehmens für die Errichtung eines EC-Angebots. Je kleiner die entstehende Fläche ist, desto wahrscheinlicher existieren gute Voraussetzungen, ein derartigen Angebot zu etablieren.

2.2 Kosten

Die Kosten für den Aufbau und den Betrieb eines EC-Angebots können sehr stark variieren. Die entstehenden Kosten lassen sich dabei im wesentlichen in die Kategorien Planung und Design, Produktion und Test und in die Phase Betrieb sowie Wartung/Pflege einteilen. Als Kostenarten treten hauptsächlich Personalkosten, Kosten für die Beschaffung von Hard- und Software und Kosten für den Online-Betrieb auf. Ob es sich bei diesen Kosten um fixe bzw. variable Kosten handelt, ist vom Kontext abhängig. So können Netzzugangskosten, je nachdem ob eine Wähl- oder Standverbindung benutzt wird, als fixe oder variable Kosten betrachtet werden. Die Kosten für eine Wählverbindung hängen u.a. von der Anzahl der aufgebauten Verbindungen und der Dauer dieser Verbindungen ab, die Kosten für eine Standverbindung werden meist monatlich pauschal fakturiert. Die folgende Tabelle stellt die wesentlichen Kostenfaktoren zusammen.

Bereich	Kostenfaktoren
Internet-Zugang	Kosten des Internet Service Providers
Zugang zum Internet Service Provider	Kosten der Standleitungen, Wählleitung
Sicherheit	Kosten für Sicherheitskonzepte, Firewalls und Betrieb
Präsenzentwicklung, -gestaltung und –pflege	Kosten für Design, Bereitstellung der Inhalte, Umsetzung der Inhalte und Automatisierung
Informationszugriff	Arbeitszeitkosten der Mitarbeiter, Kosten für Informationsbroker, Integration mit internen Informationssystemen
Hard- und Software	Serverhardware, Server-Software, Router, (im Firewall), Client-Software und Client-Konfiguration

Training	Administratorentraining, Mitarbeitertraining
Betrieb	Überwachung von Servern und Firewalls

Quelle: Fachverband Informationstechnik im VDMA und ZVEI (1998)

Abbildung 2: Zusammenstellung der wesentlichen Kostenfaktoren

Die Höhe der Kosten läßt sich nur schwer quantifizieren. Sie werden zum Teil von einigen der im vorangehenden Kapitel erläuterten Einflußfaktoren determiniert. Einen Anhaltspunkt für die Höhe der erwartungsgemäß entstehenden Kosten gibt Abbildung 3.

Präsenz für ein mittelständiges Unternehmen, einschließlich Datenbankanbindung, Bulletin Board und Diskussionsforen. Gesamtumfang etwa 500 Seiten HTML:	
Projektphase	**Kosten [DM]**
I. Konzept und Planung	7.500,-
II. Design und Prototyp	18.000,-
III. Produktion	36.000,-
IV. Tests	6.000,-
V. Start/Promotion	5.000,-
Gesamtkosten	**72.500,-**
Betrieb und Pflege	bis zu 10.000,- DM pro Monat

Quelle: Fachverband Informationstechnik im VDMA und ZVEI (1998)

Abbildung 3: Exemplarische Kosten für den Aufbau und den Betrieb eines EC-Angebotes

3. Fallbeispiel Amazon.com

3.1 Vorstellung des Unternehmens

In den letzten drei Jahren berichten die Wirtschaftsrubriken sowohl der gedruckten als auch der Online-Presse immer wieder über die außergewöhnliche Entwicklung des On-line-Buchhändlers Amazon.com. Dabei wird dieses erst im Juli 1995 gegründete Unter-nehmen mit vielen Superlativen beschrieben. Die Euphorie, die diesem neuartigen Un-ternehmen auch aus der Finanzwelt entgegegebracht wird, beruht bis zum jetzigen Zeitpunkt noch auf Erwartungen, da Amazon.com nach eigenen Angaben bis ins erste Quartal 1998 Nettoverluste ausweisen mußte (9.26 Mio. US$ Verlust im ersten Quartal 1998). Die Erwartungen werden durch eine Mischung aus Fakten und Prognosen ge-weckt, von denen einige im folgenden aufgeführt sind:

- Amazon.com weist bis heute permanent ein dreistelliges jährliches Netto-Umsatzwachstum aus (446% für den Zeitraum zwischen dem ersten Quartal 1997 und dem ersten Quartal 1998).
- Ebenfalls wächst die Kundenanzahl von Amazom.com jährlich mit dreistelligen Wachstumsraten (3.1997-3.1998: 340.000 - 1.510.000 [=564%]; Kundenanzahl Juli 1998: ca. 2,5 Mio.). Die Geschäftsführung von Amazon.com prognostiziert im Be-reich der Kundenanzahl eine Beschleunigung des Wachstums.
- Amazon.com hat Kunden in 160 Ländern auf allen Kontinenten.
- In vielen Rankings der beliebtesten Internet-Adressen belegt Amazon.com vordere Plätze.[2]
- Das Angebot von Amazon.com umfaßt derzeitig über drei Millionen Buch- und Mu-siktitel. Darüber hinaus werden E-Mail-Dienste, individualisierte Einkaufsmöglich-keiten, ein WWW-basiertes Zahlverfahren per Kreditkarte und die direkte Beliefe-rung des Kunden angeboten.

Nicht nur aufgrund dieser Schlagzeilen wies die Aktie von Amazon.com eine überdurch-schnittliche Performance auf. Ihr Kurs verzehnfachte sich in den drei Jahren seit der virtuelle Buchhändler „seine Türen öffnete" (Abbildung 4).

Nach der Darstellung der offensichtlich erfolgreichen Entwicklung von Amazon.com drängt sich die Frage auf, aufgrund welcher Voraussetzungen ein derartiger Erfolg mög-lich ist.

---

[2]   vgl. z.B. Mediametrix: New Media Results im WWW:
       http://www.mediametrix.com/interact_mmnewmedia.htm.

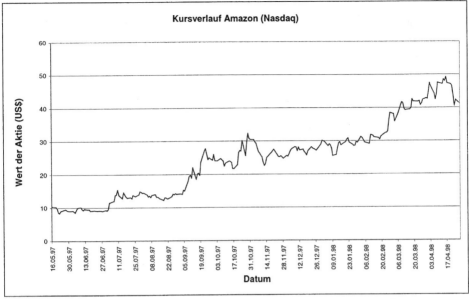

Abbildung 4: Der Wert der Amazon.com Aktie (AMZN) von 1995 - 1998[3]

Fundamental wichtig für diesen Erfolg scheint das Verständnis der Verantwortlichen bei Amazon.com über die Kernkompetenzen des Unternehmens zu sein. Besonders deutlich wird dies an einem Zitat von Jeff Bezos, dem Präsidenten und CEO von Amazon.com:

> *„Ultimately we are an information broker. On the left side, we have lots of products, on the right side we have lots of customers. We are in the middle making connections. The consequence is that we have to set off customers: customers looking for books and publishers looking for consumers. Readers find books or books find readers."*[4]

Aufgrund der neuen Technologien, auf denen das Unternehmen beruht, wurde die Geschäftsidee von Amazon.com entwickelt. Vor allem im Bereich der anzubietenden Geschäftsarten wurden neuartige Ideen verwirklicht. Amazon.com versteht sich als Makler, dessen Hauptaufgabe es ist, Kunden und Lieferanten auf dem eingeschränkten Bereich des Buchhandels zusammenzubringen. Es besteht kaum Interesse an der eigenständigen

---

3   The Nasdaq Stock Market, Inc.: Charting Amazon.com (AMZN) im WWW: http://www.nasdaq.com/asp/quotes_charting_frame.asp?symbol=AMZN'&selected=AMZN'& months=24.

4   Zitat Jeff Bezos (Amazon.com) zitiert in: „In Search of a perfect market, a Survey of Electronic Commerce", The Economist, 10. Mai 1997.

Durchführung der klassischen Funktionen des Handels, wie etwa der zeitlichen, räumlichen, quantitativen und qualitativen Überbrückungsfunktion[5]. Die zeitliche Überbrückungsfunktion wird insofern nicht wahrgenommen, da Amazon.com versucht, keine Lagerbestände aufzubauen. Die räumliche Überbrückungsfunktion wird im Rahmen einer konsequenten Outsourcingentscheidung an Logistikdienstleister wie UPS abgegeben.

Aufgrund der geringen Lagerhaltung dürfte es Amazon.com auch weniger gut möglich sein, quantitative Überbrückungsfunktionen wahrzunehmen. Dies würde der oben beschriebenen Philosophie widersprechen. Die qualitative Überbrückungsfunktion nimmt Amazon.com in Form von Dienstleitungen wahr, die zusätzlich zu den Büchern angeboten werden. Hierbei handelt es sich um die Möglichkeit, Besprechungen anderer Kunden zu lesen, oder um Einkaufshilfen, die dem Kunden Bücher zum Kauf empfehlen, die von anderen Kunden im Zusammenhang mit dem gerade ausgewählten Buch erworben wurden. Es handelt sich hierbei ausschließlich um Dienstleistungen, die geringe Transaktionskosten verursachen.

3.2 Anwendung des Modells der Einflußfaktoren

Nachfolgend wird das oben entwickelte Modell zur Unterstützung der Entscheidung über den Aufbau von EC-Angeboten beispielhaft auf Amazon.com angewendet.

3.2.1 Produkt

Produktattraktivität

Amazon.com vertreibt Bücher, die in identischer Form auch bei anderen Anbietern erworben werden können. In dieser Hinsicht ist demnach keine besondere Produktattraktivität gegeben. Amzon.com erreicht allerdings einen gewissen Vorsprung vor der Konkurrenz durch die oben beschriebenen Zusatzleistungen. Eine Differenzierung kann im Rahmen der Beratung stattfinden. In diesem Bereich werden von Amazon.com verschiedene Dienstleitungen angeboten, so daß es Amazon.com schafft, sich trotz des sehr stark standardisierten Produkts von der Konkurrenz abzuheben. Inwieweit diese Differenzierung positiv beurteilt wird, hängt stark vom Käuferkreis ab. Es gibt Kundengruppen, die eine persönliche Beratung mit der Möglichkeit der Rückfrage präferieren.

---

[5]   Genauere Erläuterungen zu den Funktionen des Handels werden gegeben bei: Becker, J.; Schütte, R.: Handelsinformationssysteme, Landberg/Lech 1996, S.5 ff.

Komparativer Preisvorteil des Produkts

In Deutschland existiert für Bücher eine Preisbindung, sodaß in dieser Hinsicht kein Vorsprung vor der Konkurrenz erzielt werden kann. Ausländische Bücher unterliegen allerdings nicht dieser Preisbindung. Amazon.com erzielt aufgrund des immensen Umsatzes bei seinen Lieferanten erhebliche Rabatte, die in Form extrem tiefer Verkaufspreise einen erheblichen komparativen Preisvorteil bedeuten.

Transaktionskosten

Da es sich bei Büchern um materielle Güter handelt, sind Logistikkosten nicht zu vernachlässigen. Aufgrund der Produkteigenschaften, wie geringe Abmessungen, geringes Gewicht und Ungefährlichkeit, entstehen vertretbare Logistikkosten. Diese werden im Fall Amazon.com durch konsequentes Outsourcing und Degressionseffekte positiv beeinflußt. Den vermeintlichen Nachteil hoher Logistikkosten für den Versand nach Europa kompensiert Amazon.com inzwischen durch Akquisitionen und Neugründungen; in Deutschland wurde der ABC Bücherdienst übernommen und firmiert seit April 1998 als Amazon.com Deutschland GmbH.

3.2.2 Markt

Kundennähe

Bei Amazon.com handelt es sich um ein neu errichtetes Unternehmen. So konnte bei dessen Konzeption die gewünschte Kundennähe in die Überlegungen einbezogen werden. Da der ganze Prozeß, von der Büchersuche, über die Auswahl, die Beurteilung und die Bezahlung des Buches, bis hin zur Lieferung des Buches, über Internet durchgeführt oder angestoßen werden kann, ist eine sehr große Kundennähe erreicht.

Amazon.com steht - bildlich gesprochen - bei seinen Kunden „auf dem Schreibtisch". Deshalb ist weltweit für jeden Menschen, der einen mit dem Internet verbundenen PC besitzt, Amazon.com näher als jeder beliebige andere Buchhändler.

Verbreitung von Internettechnologie und Know-how im angestrebten Marktsegment

Die in Teilen der Bevölkerung noch geringe Verbreitung von Internettechnologien ist sicherlich ein Grund dafür, daß Amazon.com nicht eine noch positivere Entwicklung vollzogen hat.

Gerade aber im Bereich der Fachbücher, wie sie von Mitarbeitern und Nutzern von Hochschulen und anderen Bildungseinrichtungen benötigt werden, bestehen gute Absatzmöglichkeiten, da diese Organisationen traditionell durchgängig mit Internettechnologie versorgt sind. Der Trend zur immer schnelleren Verbreitung von Internettechnologie auch in Unternehmen und privaten Haushalten wird diese Entwicklung darüber hinaus positiv beeinflussen.

Konkurrenzpotential

Im Fall von Amazon.com existieren eine Vielzahl von Mitbewerbern. Alle Buchhändler weltweit gehören dieser Konkurrenz an. Bei einer nicht zu vernachlässigenden Zahl von Buchhändlern handelt es sich um Kleinbetriebe, die meist nicht auf genügend finanzielle Ressourcen zurückgreifen können, um für sich mit einer ähnlichen Vorgehensweise und Konsequenz den weltweiten Buchmarkt zu erschließen.

Dennoch können diese Buchhändler durchaus auch im Bereich EC mit Amazon.com konkurrieren, indem sie den Bekanntheitsgrad ihres Angebots per Internet vergrößern. Hierzu ist oft nur ein geringer finanzieller Einsatz erforderlich.

Die großen Buchhändler, die oft über eine Vielzahl von Filialen verfügen, haben das Potential, um einen Vertrieb von Büchern ähnlich dem von Amazon.com zu etablieren. Nachteilig kann sich für diese Firmen die dadurch entstehende „Zweigleisigkeit" herausstellen. Aufgrund der Verschiedenartigkeit von Filialverkauf, der durch relativ aufwendige Lagerhaltung geprägt ist, und dem Online-Verkauf können oft wenige Synergiepotentiale genutzt werden, und Denkmuster, die durch das schon existierende Filialgeschäft geprägt wurden, können sich kontraproduktiv auf die Einführung des Online-Geschäfts auswirken.

Die deutsche Konkurrenz der Online-Buchhändler weist im Vergleich zu Amazon.com sehr geringe Umsätze auf. Darüber hinaus verfolgt Amazon.com eine Expansionspolitik, die teilweise durch Akquisitionen getragen wird. So übernahm Amazon.com mit Tele-buch.de (jetzt: Amazon.de) einen der umsatzstärksten deutschen Online-Buchhändler. Konkurrenz für Amazon.com könnte eventuell aus dem Bereich des Buchgroßhandels erwachsen. Dieser wickelt schon von jeher mit seinen Kunden, den einzelnen Buchhandlungen, online Geschäftsvorgänge ab und stellt diese jetzt über WWW auch den Endkunden zur Verfügung (www.buchkatalog.de).

3.2.3 Unternehmen

Die Einflußfaktoren, die sich im wesentlichen auf einen Vergleich des Unternehmens vor und nach einer EC-Einführung beziehen, sind für Amazon.com nicht relevant, da das Unternehmen eigens für diese Geschäftsart gegründet wurde.

3.2.4 Bewertung

Die situative Beschreibung kann relativ einfach in das oben vorgestellte graphische Modell integriert werden, so daß man eine unternehmensspezifische Darstellung erhält. Hierzu wird auf jeder Achse ein Punkt markiert, der nach Auffassung des Beurteilers die Lage bzw. das Ziel des Unternehmens am besten wiedergibt. Da der Beurteiler die einzelnen Komponenten für „seine" spezielle Situation gewichten muß, wurde auf eine Einteilung der Achsen in diesem Zusammenhang bewußt verzichtet. Die Fläche, die sich für den Amazon.com Fall ergibt, ist relativ klein. Das deutet - und dies war aufgrund der speziellen Ausrichtung nicht anders zu erwarten - auf eine gute Eignung für den EC hin.

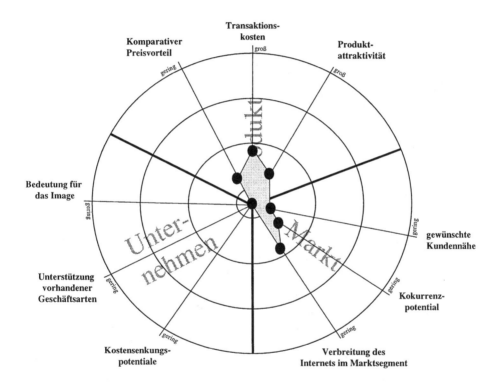

Abbildung 5: Ausprägung der Kriterien für Amazon.com

4. Zusammenfassung und Handlungsempfehlung

Die Einrichtung eines EC-Angebots ist eine strategische Management-Entscheidung, die natürlich mit Unsicherheit bzw. Risiko behaftet ist. Zur Beseitigung der Unsicherheit oder Reduktion des Risikos wurden in den vorausgehenden Kapiteln Einflußfaktoren und deren Auswirkungen diskutiert. Bewußt wurde eine Einschränkung auf die wichtigsten Einflußfaktoren vorgenommen, um das Modell operational gestalten zu können. Zur Erleichterung der Abschäzung der Auswirkungen wurden Beurteilungsansätze dargelegt, die auch Aufschluß über die Art und Höhe der wahrscheinlich entstehenden Kosten geben. Besonderer Wert wurde hierbei auf die Praxisnähe der Kostenbetrachtung gelegt.

Als allgemeine Vorgehensweise wird den KMUs ein dreistufiger Ansatz nahegelegt:

1. Eignung und Potentiale eines Unternehmens für den EC werden durch Bestimmung der Ausprägung der in Kapitel 2.1 diskutierten Einflußfaktoren evaluiert. Durch die vorgestellte grafische Integration der Einflußfaktoren läßt sich aus den Einzelbewertungen ein Gesamtbild kombinieren, das die tendenzielle Eignung des Unternehmens für den EC verdeutlicht.

2. Sollten sich in Schritt 1 signifikante Potentiale für das EC herausgestellt haben, sind diese gegen die wahrscheinlich auftretenden Kosten abzuwägen. Hierbei sollte der Entscheider zwei Faktoren besonders berücksichtigen. Die Errichtung einer nicht trivialen EC-Lösung ist in den meisten Fällen ein Projekt mit evolutionärem Charakter. Neue Anforderungen werden sehr schnell durch Marktbedingungen, durch die technische Entwicklung oder durch die Tatsache entstehen, daß Potentiale, die eine EC-Lösung für ein Unternehmen haben kann, erst nach der Einführung erster Teilprojekte ersichtlich sind. Im Gegensatz zu der Evaluation der Potentiale einer EC-Lösung sind die entstehenden Kosten, vor allem wenn Serviceleistungen auch extern bezogen werden, genauer zu beurteilen.

3. Nach Prüfung der Potentiale, die eine EC-Lösung für das eigene Unternehmen bieten kann, und nach einer anschließenden Kostenbetrachtung, muß die Entscheidungen über Projektbewilligung oder Projektablehnung getroffen werden. Dem Entscheidungsvorbereiter muß in diesem Zusammenhang bewußt sein, daß Entscheidungen über die Errichtung einer EC-Lösung für viele KMUs derart neuartig sind, daß eine möglichst gründliche Durchführung der ersten beiden Schritte notwendig ist.

Literatur

Ambler, S. W. (1997): An Object-Oriented Architecture for Business-To-Consumer Electronic Commerce On The Internet, White Paper, 1997.

Bakos, Y. (1991): Electronic Marketplaces. In: MIS Quarterly, 1991, S. 295-310.

Brenner, W. (1998): Intelligente Softwareagenten: Grundlagen und Anwendungen, Berlin 1998.

Choi, S.-Y.; Stahl, D. O.; Winston, A. (o.J.): Gutenberg and the Digital Revolution: Will Printed Books Disappear? Im WWW: http://www.arraydev.com/commerce/jibc/9801-4.htm.

Clinton, B.; Gore, A. (o.J.): A Framework For Global Electronic Commerce. Im WWW: http://www.iitf.nist.gov/eleccomm/ecomm.htm.

Deutsch, M. (1998): Electronic Commerce: Zwischenbetriebliche Geschäftsprozesse und neue Marktzugänge realisieren, Braunschweig/Wiesbaden 1998.

Ezell, S. J. (o.J. a): Electronic Commerce. Im WWW:http://www.lynxcapital.com/ecres.htm.

Ezell, S. J. (o.J. b): Internet Shopping: Reality or Hype? Im WWW: http://www.lynxcapital.com/hypershop.htm.

Fachverband Informationstechnik im VDMA und ZVEI (1998): Electronic Commerce - Chancen für den Mittelstand, Frankfurt 1998.

Farquhar, B. J.; Langmann, G.; Balfour, A. (1998): The Consumer Needs in Global Electronic Commerce. In: International Journal of Electronic Markets, 05/98, S. 9-12. Im WWW: http://www.electronicmarkets.org/netacademy/publications.nsf/c721 bb91ced4bacec12565c20050529c/c8e27368f193a434c12565ed005394b2/$FILE/v8n 2_farquhar.pdf.

IBM (1997): e-business advisor. Im WWW: http://advisor.internet.ibm.com/samples/german/eca_summ.html.

Jung, R. (1996): Globale Datennetze: Nutzungsmöglichkeiten im betrieblichen Bereich, bilanz & buchhaltung, Mai 1996, S. 176 - 180.

Jung, R. (1997): Unternehmenspräsentation im Internet: Pro und Kontra, bilanz & buchhaltung, April 1997, S. 141 - 142.

Keen, P. G. W.; Mougayar, W.; Torregrossa, T. (1998): The Business Internet and Intranets: A Manager's Guide to Key Terms & Concepts, Harvard Business School Press 1998.

Klein, S. (1996): Interorganisationssysteme und Unternehmungsnetzwerke: Wechselwirkungen zwischen organisatorischer und informationstechnischer Entwicklung, Wiesbaden 1996.

Köhler, T. (1998): Electronic Commerce: Digitaler Vertrieb in der Praxis, Bonn/ Paris/Reading u.a. 1998.

Lynch, D. C., Lundquist, L. (1996): Digital money: the new era of Internet commerce New York 1996.

Malone, T.; Yates, J.; Bejamin, R. (1987): Electronic Markets and Hierarchies. In: Communications of the ACM, 1987, S. 484-497.

Merz, M. (1998): Elektronische Dienstemärkte: Modelle und Mechanismen des Electronic Commerce, Heidelberg/New York 1998.

Ohlson, K. (o.J.): Small businesses grabbing a foothold on the Internet. Im WWW: http://www.infoworld.com/cgi-bin/displayIcommerce.pl?/980715smallbiz.htm.

Schmidt, B.; Dravta, R.; Kuhn, C.; Mausberg, P.; Meli, H.; Zimmermann, H.-D. (1995): Electronic Mall: Banking und Shopping in globalen Netzen. Stuttgart 1995.

Thome, R.; Schinzer, H. (1997): Electronic Commerce: Anwendungsbereiche und Potentiale der digitalen Geschäftsabwicklung, München 1997.

Timmers, P. (1998): Business Models for Electronic Markets. International Journal of Electronic Markets, 07/98, S. 3-8. Im WWW: http://www.Electronicmarkets.org/net acdemy/publications.nsf/c721bb91ced4bacec12565c20050529c/c539b15f4249e6acc 125664100540abc/$FILE/v8n2_timmers.pdf.

Wigand, R. T.; Benjamin, R. I. (1995): Electronic Commerce: Effects on Electronic Markets. In JOURNAL OF COMPUTER-MEDIATED COMMUNICATION Vol.1, No. 3, Dez. 1995. Im WWW: http://jcmc.huji.ac.il/vol1/issue3/wigand.html.

Teil IV

Organisation des IV-Controlling

Heiko Aurenz, Helmut Krcmar

Controlling verteilter Informationssysteme

1. Einleitung

Gegen Ende der 90er Jahre befindet sich die betriebliche Informationsverarbeitung (IV) in einem strukturellen Umbruch, dessen Ursachen primär in Veränderungen der Basistechnologien und Anwendungsarchitekturen liegen. Dieser Strukturwandel ist auf der technologischen Ebene durch die Ablösung der in den vergangenen Jahrzehnten dominierenden, zentralisierten Großrechnersysteme gekennzeichnet. Damit findet eine Abkehr von den mit diesen traditionellen Hardware-Architekturen verbundenen zentralistischen Software- und Organisationsstrukturen statt. In der Vergangenheit stand die Konzentration von Planung, Aufbau und Betrieb dieser IV-Infrastrukturen in zentralen Abteilungen, wie den klassischen Rechenzentren, im Einklang mit der vorherrschenden Organisationspolitik. Sie wird nun zugunsten einer verstärkten Dezentralisierung dieser Funktionen aufgegeben.

Die dynamische Entwicklung in der Informationstechnologie (IT) verbunden mit einer dramatischen Verbesserung des Preis-/Leistungsverhältnisses der Hardware-Ressourcen sind heute für das unaufhaltsame Vordringen vernetzter, dezentraler IV-Systeme verantwortlich. Dieser Trend zu verteilten IV-Systemen auf der Basis der PC-Technologie wird durch die Schaffung allgemein akzeptierter Standards unterstützt, die eine für proprietäre Systeme kennzeichnende Herstellerabhängigkeit beseitigen. Ferner begünstigt die zunehmende Deregulierung der weltweiten Telekommunikationsmärkte einen ungehinderten unternehmensweiten und unternehmensübergreifenden Informationsaustausch. Dieser wiederum baut auf einer flächendeckenden Verbreitung verteilter und vernetzter IV-Infrastrukturen auf. Der bevorstehende Jahrtausendwechsel und die Euro-Einführung beschleunigen zudem den Prozeß der Reorganisation veralteter IV-Strukturen.

Auch im Bereich der Anwendungssysteme schreitet die Verteilung der Daten und Verarbeitungsprozesse unaufhaltsam voran. Mit dem gestiegenen Angebot an Standardsoftware setzen sich immer mehr verteilte Anwendungsarchitekturen nach dem Client/Server-Prinzip durch und verdrängen die klassischen, individuell erstellten Softwaresysteme. Durch die Dezentralisierung, die sowohl auf die technische als auch organisatorische Verteilung der IV-Ressourcen zurückzuführen ist, haben sich auch die Anforderungen an das Informationsmanagement grundlegend gewandelt. Die Umgestaltung der früheren Zentralrechnersysteme in verteilte Client/Server-Systeme und deren Integration in Netzwerke bilden hierbei die Kernprobleme. Gleichzeitig stehen komplexe Aufgaben bei der Realisierung neuer Konzepte der Verteilung von Anwendungen und Daten nach dem Client/Server-Prinzip im Vordergrund. Aus organisatorischer Sicht ist die bisher für die gesamte Informationswirtschaft zuständige zentrale IV-Abteilung gezwungen, ihre Rolle völlig neu zu definieren. Denn im Rahmen der Reorganisation werden verstärkt dezentrale Organisationseinheiten in IV-Funktionen, wie Systemplanung, Systementwicklung und Systembetrieb, eingebunden.

2.   Aufgaben des IV-Controlling

Die bisher in der Literatur von Wirtschaftsinformatikern, Controlling-Spezialisten und Praktikern angebotenen Ansätze zum Thema „IV-Controlling" orientieren sich bei der Ableitung der Aufgaben des IV-Controlling primär an traditionellen IV-Strukturen. Sie ignorieren den momentan stattfindenden Strukturwandel der IV weitgehend.

Will das IV-Controlling zukünftig seiner Rolle als Unterstützungsfunktion des Informationsmanagement gerecht werden, muß es sich mit den zentralen Entwicklungen und Herausforderungen dieses Umbruchs auseinandersetzen. Es muß das Informationsmanagement in seinem neuen Rollenverständnis und bei der Erfüllung der Zukunftsaufgaben durch die Bereitstellung geeigneter Methoden und Verfahren unterstützen. Dies kann dem IV-Controlling nur gelingen, wenn es sich den Herausforderungen stellt, die mit den veränderten Rahmenbedingungen verbunden sind. Ferner muß es unter Berücksichtigung der bereits heute erkennbaren Entwicklungstendenzen, die Charakteristika der neuen Systemarchitekturen sowie die von den innovativen IV-Infrastrukturen ausgehenden Wirkungen gezielt analysieren. Mit den gewonnenen Erkenntnissen sind die traditionellen Aufgaben des IV-Controlling entsprechend zu modifizieren und neu auszurichten. Parallel zu den neuen Herausforderungen an das Informationsmanagement müssen ebenso für das IV-Controlling, als dessen Unterstützungsfunktion, zusätzliche Aufgaben definiert werden.

Primäre Aufgaben des IV-Controlling sind der Entwurf, die Einführung und Weiterentwicklung eines konzeptionellen Handlungsrahmens für die effiziente Planung und Steuerung der Informationsverarbeitung einschließlich Auswahl, Bereitstellung und Weiterentwicklung eines entsprechenden Instrumentariums. Nach Sokolovsky besitzt diese Aufgabe des IV-Controlling gestalterischen Charakter und bezieht sich insbesondere auf folgende Inhalte:
▨ Erkennen der strategischen Vorteile der Information und Informationstechnologie in einer Wettbewerbssituation und deren systematische Erschließung für das Unternehmen.
▨ Umsetzen der allgemein anerkannten Erfolgsfaktoren der betrieblichen Informationsverarbeitung und mithelfen, die operativen und strategischen Probleme zu beherrschen.
▨ Zielorientierte Ausrichtung der betrieblichen Informationsverarbeitung durch gezielte und effektive Investitionen (Sokolovsky 1993, S. 547).

Gleichzeitig muß das IV-Controlling im Rahmen seiner prozeßorientierten Koordinationsfunktion bei der inhaltlichen Ausgestaltung des Handlungsrahmens mitwirken und das Informationsmanagement unterstützen:
▨ Ziele/Plangrößen für alle relevanten Prozesse/Aktivitäten festlegen.
▨ Überwachen, ob Prozesse/Aktivitäten zielorientiert und planmäßig ablaufen und (Zwischen-)Ergebnisse erreichen.

▓ Planabweichungen analysieren und Vorschläge zum steuernden Eingreifen formulieren (Sokolovsky 1993, S. 548; Krcmar 1992; Seibt 1990, S. 125).

Außerdem hat das IV-Controlling im Rahmen seiner Informationsfunktion das IV-Management mit allen planungs- und steuerungsrelevanten Informationen zu versorgen und dem Linienmanagement entsprechende Beratungsleistungen zur Verfügung zu stellen. Dabei ist darauf hinzuweisen, daß der IV-Controller hierbei keine Linienverantwortung trägt, sondern als wirtschaftlicher Berater des Informationsmanagement fungiert.

3. Elemente und Werkzeuge des IV-Controlling

Die Koordinationsfunktion und auch die Informationsfunktion des IV-Controlling sind an den Entscheidungs- und Aufgabenfeldern des Informationsmanagement auszurichten. Diese lassen sich anhand der zur Verfügung stehenden Ressourcen Information, Personal, Software, Hardware und den sich aus der lebenszyklusorientierten Sicht von Anwendungssystemen ergebenden Teilbereichen Portfolio-, Projekt- und Produktmanagement darstellen.

Ein weiteres Handlungsfeld des Informationsmanagement ist die IV-Infrastruktur. Diese einzelnen Entscheidungs- und Handlungsfelder des Informationsmanagement sind gleichzeitig die für das IV-Controlling maßgeblichen Controlling-Objekte. Das Controlling der IV-Ressourcen bezieht sich auf alle Teilbereiche des Informationsmanagement und kann deshalb als Querschnittsfunktion innerhalb des IV-Controlling betrachtet werden. Zusammen mit einem einheitlich definierten Zielsystem läßt sich - in Anlehnung an Krcmar - ein IV-Controlling-Rahmenkonzept beschreiben (Abbildung 1).

Die bereits inhaltlich präzisierten Grundfunktionen des IV-Controlling, Koodination und Informationsversorgung, die aus einem einheitlichen Zielsystem abgeleitet werden, bilden tragende Elemente dieser Rahmenkonzeption. Ein Berichtswesen, das die relevanten Informationen aller Planungs- und Steuerungsprozesse anhand geeigneter Kenngrößen bereitstellt, dient damit der Entscheidungsunterstützung des Informationsmanagements. Es ermöglicht die laufende Steuerung und Kontrolle der Informationsmanagement-Funktionen. Auch die Prozeßorientierung und die Ausrichtung am Lebenszyklus von Anwendungssystemen mit den Bereichen Portfolio-, Projekt- und Produkt-Controlling als generelle Gestaltungsprinzipien für sämtliche Aktivitäten des IV-Controlling sowie die instrumentelle Komponente sind als zentrale Bestandteile zu berücksichtigen.

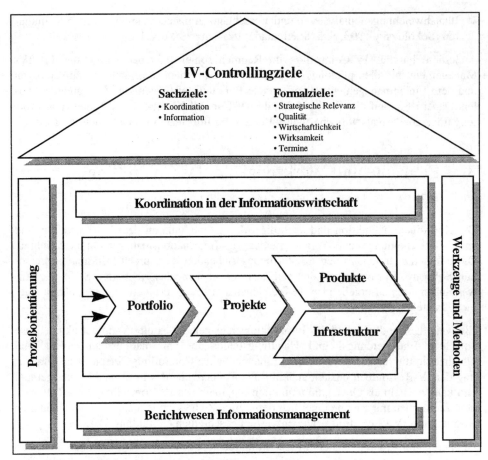

Abbildung 1: Rahmenkonzeption für das IV-Controlling.
            In Anlehnung an Krcmar/Buresch (1994), S. 17.

4.   Anforderungen verteilter Client/Server-Architekturen an das IV-Controlling

Die aktuelle Entwicklung der Rechnernetze bildet gewissermaßen das technische Fundament verteilter Systeme. Als wesentliche Komponente stellen dabei Client/Server-Architekturen ein Kooperationsmodell dar, das die Zusammenarbeit verteilter Softwarekomponenten beschreibt (vgl. dazu ausführlich Autenrieth/Dappa/Grevel 1990, S. 16;

Krcmar/Strasburger 1993). Sie können auf dem Anwendungssektor als Pendant zur technischen Entwicklung von verteilten Hardware-Architekturen interpretiert werden.

Bei der Implementierung von Client/Server-Architekturen handelt es sich nicht primär um das Auswechseln von bestimmten Hardwareplattformen, sondern vielmehr um eine veränderte Sicht beziehungsweise ein neues Konzept für Anwendungs-Architekturen. Die dem Client/Server-Prinzip zugrunde liegende Vorstellung von Austausch und Leistungsbeziehungen zwischen Client und Server müssen sich nicht nur auf Rechnerdienste beschränken. Sie umfassen auch die Datenspeicherung sowie die Bereitstellung von Applikationen. Client und Server kommunizieren über ein Netzwerk auf der Basis normierter Kommunikationsprotokolle. Die Betrachtung der verschiedenen Möglichkeiten einer Realisierung von Client/Server-Architekturen verdeutlicht die damit verbundene Zielsetzung der optimalen Ausnutzung der Stärken unterschiedlicher Rechnertypen. Client/Server-Architekturen liefern häufig auch die konzeptionelle Begründung für eine größere Granulierung der Anwendungs-Architektur.

Mit dem Einsatz von Client/Server-Systemen steht nicht die Computerisierung bestehender Prozesse, sondern vielmehr die Neukonfigurierung und die Unterstützung der Reorganisation der Geschäftsprozesse im Vordergrund. Die wachsende strategische Bedeutung von Client/Server-Systemen ergibt sich demnach primär aus neuen Möglichkeiten, die zukünftige Entwicklung der Unternehmen maßgeblich zu beeinflussen. Durch die Vielzahl der beteiligten Komponenten, ihrer räumlichen Verteilung sowie die zur Vernetzung unterschiedlicher Komponenten notwendigen unterschiedlichen Standards für Schnittstellen und Kommunikationsprotokolle neigen Client/Server-Systeme zu großer Komplexität. Unstrittig ergibt sich hieraus auch ein höheres Sicherheitsrisiko, besonders im Hinblick auf die Datensicherheit im Rechnerverbund innerhalb einer Client/Server-Architektur.

Preis-/Leistungsverbesserungen der Hardware bei PCs und Workstations und der verstärkte Einbezug der Endanwender in den IV-Leistungserstellungsprozeß, führen in Client/Server-Systemen zu gravierenden Veränderungen der Kostenstrukturen im Vergleich zu traditionellen zentralisierten Systemen. Damit sind organisatorische Restrukturierungsprozesse der Zuständigkeiten und Verantwortungsbereiche für die IV unmittelbar verbunden, weg vom zentralen IV-Bereich hin zu den Fachbereichen.

Zusammenfassend ergeben sich aus dem Einsatz von Client/Server-Architekturen im wesentlichen folgende spezifische Wirkungen und Charakteristika:
- Eine mit stetig wachsender Durchdringung der Geschäftsprozesse und Vernetzung steigende *strategische Relevanz*.
- Mit der zunehmenden Verteilung verbundene *Outsourcing-Tendenzen*.
- Als Grundlage für Client/Server-Systeme und deren Vernetzung anzusehenden *Standards*.
- In verteilten Systemen erheblich höhere *Sicherheitsrisiken*.
- Die insgesamt mit der Verteilung der IV-Ressourcen verbundene *Restrukturierung* des IV-Bereichs einschließlich der sich verändernden Beziehungen zu den Fachbereichen.

■ Veränderung der *Kostenstrukturen*.

Sie stellen gleichzeitig die relevanten Anforderungen für die Neuausrichtung des IV-
Controlling dar. Diese Entwicklungen führen nicht nur zu einem Wandel im Anforde-
rungsprofil und Rollenverständnis des Informationsmanagement, sondern auch zu veränderten Aufgabenbereichen und -inhalten der Service- und Unterstützungsfunktion „IV-
Controlling".

5.   Inhalte des Controlling verteilter Client/Server-Systeme

Mit der zunehmenden Komplexität verteilter Client/Server-Systeme wächst der Koordinationsbedarf innerhalb der IV und damit die Bedeutung des IV-Controlling. Ausgehend
von den Aufgabenbereichen Portfolio-, Projekt-, Produkt- und Infrastruktur-Controlling
und den dargestellten Client/Server-spezifischen Wirkungen und Charakteristika lassen
sich die nachfolgenden Aufgabenschwerpunkte für das Controlling in Client/Server-
Systemen definieren.

5.1   Portfolio-Controlling

Vor dem Hintergrund der gestiegenen strategischen Relevanz verteilter IV-Systeme
müssen sich die Koordinations- und Steuerungsaufgaben eines strategieorientierten IV-
Controlling auf den gesamten langfristigen IV-Planungsprozeß beziehen. Das heißt neben Unterstützung der operativen Anwendungsplanung im Rahmen des Portfolio-
Management gehört insbesondere auch die Unterstützung des Informationsmanagement
bei der IV-Strategieplanung und der daraus zu entwickelnden Planung der Anwendungsarchitektur zum Gegenstand der Serviceleistung des IV-Controlling.

5.1.1 IV-Strategieplanung

Für die Untersuchung externer Erfolgspotentiale und der Ermittlung von unternehmensinternen Leistungspotentialen der IV sowie deren Umsetzung in bereichsorientierte
Strategien stehen für das IV-Controlling primär Analyse-, Prognose- und Informations-
bereitstellungsaufgaben mit entscheidungsvorbereitendem Charakter im Vordergrund.
Die inhaltliche Abstimmung und Konsolidierung von bereichsorientierten IV-Strategien,
deren Abgleich mit der generellen Unternehmensstrategie und die Verdichtung zu einer

unternehmensweiten IV-Strategie sowie die Überwachung der Prämissen und Rahmenbedingungen sind hier die wesentlichen Aufgabenfelder des IV-Controlling.

Die sich aus der periodischen Fortschreibung dieses Planungsprozesses ergebenden Vor- und Rückkopplungen müssen vom IV-Controlling im Sinne einer rollierenden Planung berücksichtigt werden. Soll/Ist-Abweichungen müssen durch eine permanente Fortschrittsüberwachung und Ergebniskontrolle aufgedeckt und hinsichtlich ihrer Ursachen analysiert werden. Darüber hinaus erstreckt sich die Unterstützungsleistung des IV-Controlling auf die organisatorische und zeitliche Steuerung und Überwachung des IV-Planungsprozesses. Einberufung, Vorbereitung, Organisation und Leitung von Planungssitzungen zählen zu den elementaren Aufgaben des IV-Controlling, wie auch die Festlegung des Zeitbedarfs einzelner Schritte, die Sicherstellung der Zeitplaneinhaltung und die Planaufbereitung, Planformulierung und -vorlage. Die Hauptverantwortung für die Planungsinhalte verbleibt beim Linienmanagement, wodurch die Service- und Beratungsfunktion des IV-Controlling deutlich wird.

Einen weiteren zentralen Planungsgegenstand der strategischen IV-Planung bildet die Planung der Anwendungsarchitektur. Die Anwendungsarchitektur leitet sich aus der formulierten IV-Strategie ab. Sie ist als ein Rahmenplan zu verstehen, der die langfristige Nutzung des Wettbewerbsfaktors IV festlegt und die Grundstruktur des gesamten Informationssystems eines Unternehmens beschreibt (Krcmar 1990, S. 395 f). Anwendungsarchitektur wiederum bildet die Grundlage für die bereits im Rahmenkonzept zum IV-Controlling beschriebene Anwendungsplanung im Kontext des Portfolio-Managements. Diese zentrale Bedeutung der Anwendungsarchitekturen ergibt beim Informationsmanagement in verteilten Systemstrukturen für das IV-Controlling die Aufgabe, den gesamten Planungsprozeß der Architektur zu koordinieren und das Informationsmanagement durch die Auswahl und Bereitstellung geeigneter Verfahren und Instrumente bei der Planung zu unterstützen.

Um die konkreten Aufgaben des IV-Controlling abzuleiten und entsprechende Verfahren und Instrumente für die Planung der Anwendungsarchitektur bereitstellen zu können, müssen zunächst die Komponenten von Anwendungsarchitekturen, der Planungsablauf und die zugehörigen Beschreibungsverfahren untersucht werden. Die Entwicklung, Beschreibung und Umsetzung von Anwendungsarchitekturen bzw. deren Komponenten erfolgt in zunehmendem Maße auf der Grundlage von globalen, konzeptionellen Informationsmodellen[1], die analog zu den einzelnen Teilarchitekturen aus unterschiedlichen Sub-Modellen bestehen. Diese Teilmodelle repräsentieren unterschiedliche Sichten auf die zu unterstützenden Geschäftsprozesse, die relevanten Daten, Funktionen, aber auch Kommunikationswege, Ressourcen und Organisationsstrukturen.

---

[1] Informationsmodelle bilden Wissen über die grundlegenden betrieblichen Abläufe, Strukturen und Zusammenhänge in strukturierter, komprimierter und konsistenter Form ab. Vgl. Brombacher/Hars/Scheer (1993), S. 178. Der - verschiedentlich in der Literatur anzutreffenden - engeren Begriffsauslegung, nach der ein Informationsmodell nur die Modellierung von Daten und Datenbeziehungen umfaßt, wird hier nicht gefolgt.

Mit steigender Komplexität verteilter Systeme gewinnen derartige, übergeordnete Strukturen für ein effizientes und effektives Informationsmanagement zunehmend an Bedeutung. Die Entwicklung und permanente Aktualisierung dieser langfristig angelegten Strukturen gestaltet sich, wie Erfahrungen aus der Unternehmenspraxis zeigen, als ein äußerst zeitaufwendiger Prozeß, der mit permanenten Rückkopplungen und hohen Investitionen verbunden ist. Ihn kann das Informationsmanagement ohne gezielte Unterstützung durch das IV-Controlling kaum bewältigen. Bei der Modellierung lassen sich für das IV-Controlling folgende Unterstützungsaufgaben definieren:

- Koordination und Steuerung des Modellierungsprozesses hinsichtlich des zeitlichen Ablaufs, der Verteilung der einzelnen Modellierungsaufgaben auf unterschiedliche Organisationseinheiten sowie die Vorgabe einheitlicher Dokumentationsrichtlinien.
- Ausrichtung der erstellten Soll-Konzepte an der generellen Unternehmensstrategie und den daraus abgeleiteten Bereichsmodellen, deren Konsolidierung und inhaltliche Abstimmung, die Verdichtung zu einer unternehmensweiten Anwendungsarchitektur sowie die permanente Überwachung der Aktualität und ggf. Anpassung der entwickkelten Architektur-Modelle.
- Bereitstellung geeigneter Verfahren und Methoden zur Erhebung und Analyse der für den Modellierungsprozeß benötigten Informationen und zur Unterstützung des gesamten Modellierungsprozesses.

5.1.2 Outsourcing

Die Zusammenhänge zwischen dem allgemeinen Trend der Ablösung zentralisierter Großrechnersysteme durch verteilte, auf vernetzten Infrastrukturen basierende Systeme und der erheblich gestiegenen Aktualität und Relevanz von Outsourcing-Entscheidungen für die betriebliche IV sind unverkennbar. Entscheidungen, über eine bestimmte Leistungstiefe der innerbetrieblichen IV, haben in der Regel erheblichen Einfluß auf die Höhe und Struktur der Kosten, die Qualität und Flexibilität des Leistungsangebots. Darüber hinaus weist die aus der langen Bindungsdauer von Auslagerungsentscheidungen häufig resultierende langfristige Abhängigkeit von externen Dienstleistungsunternehmen auf deren strategischen Charakter hin. Das IV-Controlling hat demnach die Aufgabe, den gesamten Outsourcing-Prozeß durch die Bereitstellung geeigneter Analyse-, Koordinations- und Steuerungsinstrumente zu unterstützen, von der Strategieentwicklung und -bewertung bis hin zur Beurteilung, Auswahl und Überwachung des Dienstleisters.

5.1.3 Auswahl von Standards

Umfassende Standardisierungbestrebungen auf nationaler und internationaler Ebene, die die Bereitstellung von Standards, z. B. für Hardwarekomponenten, Betriebssysteme, aber auch für Anwendungs- und Kommunikationssysteme, Benutzeroberflächen und der zur

Integration notwendigen Schnittstellen zum Ziel haben, bilden heute die Voraussetzung für Client/Server-Systeme sowie für deren unternehmenszielorientierten, effizienten Einsatz und Nutzung. Demnach sind für das Informationsmanagement die Entscheidungen über die Definition, Auswahl und Implementierung von Standards in mehrfacher Hinsicht als strategisch anzusehen. Es sind langfristige Festlegungen, die das Gesamtunternehmen betreffen und äußerst schwer rückgängig zu machen sind. Für das IV-Controlling ergibt sich aus dieser strategischen Bedeutung, der Unsicherheit und der Komplexität von Standardisierungsentscheidungen in verteilten Client/Server-Systemen ein neuer Aufgabenbereich. Es umfaßt die Unterstützung des Informationsmanagement durch die Bereitstellung und Aufbereitung geeigneter Informationen bei der Definition, Auswahl und Überwachung von Standards. Im einzelnen lassen sich die folgenden Aufgabenfelder ableiten:

- Regelmäßige Marktanalysen und -beobachtungen zur Identifikation allgemeiner Entwicklungstendenzen von Standards.
- Erarbeitung von Vorschlägen für unternehmensweite Standards.
- Festlegung von Zielsetzungen für den Einsatz und die Nutzung von Standards.
- Bewertung unterschiedlicher Entscheidungsalternativen hinsichtlich der Nutzenpotentiale.
- Darstellung der Risiken und Interdependenzen von Standardisierungsentscheidungen.
- Abstimmung der IV-Strategie mit der Standardisierungsentscheidung.
- Regelmäßige Überprüfung der Standardisierungsentscheidungen auf ihre Gültigkeit und Zielerreichung, bei Fehlentwicklungen die Einleitung von Korrekturmaßnahmen.

Entsprechend seiner Unterstützungsfunktion übernimmt das IV-Controlling auch in diesem Bereich generell nur entscheidungsvorbereitende Aufgaben und es überwacht die mit der Umsetzung der Entscheidungen über Standards verbundenen Wirkungen.

5.1.4 Planung integrierter Sicherheitskonzepte

Das Risikopotential für die Sicherheit der betrieblichen Informations- und Kommunikationssysteme wird durch die Verteilung und Vernetzung der IV-Ressourcen wesentlich erhöht. Die Sicherheit des Einsatzes verteilter Client/Server-Systeme ist deshalb als kritischer Erfolgsfaktor zu bewerten. Sie ist vom Informationsmanagement, dessen Aufgabe die Existenzsicherung der Unternehmung ist, durch die Gestaltung eines umfassenden und integrierten Sicherungskonzeptes zu gewährleisten. Das IV-Controlling hat hier die Aufgabe, das Informationsmanagement bei der Ausarbeitung einer unternehmensweiten Sicherheitskonzeption zu unterstützen indem es geeignete Analyseverfahren bereitstellt sowie Informationen, die zur Identifikation und Beurteilung von Risiken benötigt werden. Ferner obliegt dem IV-Controlling die inhaltliche und zeitliche Koordination der für die Erstellung einer Sicherheitskonzeption notwendigen Einzelaktivitäten, ihre Abstimmung mit der generellen Unternehmensstrategie sowie die Überwachung der vom Informationsmanagement zur Informationssicherung beschlossenen Maßnahmen. Außerdem hat das IV-Controlling darauf zu achten, daß die identifizierten Risiken in wirt-schaftlich angemessener Form minimiert und überzogene Sicherheitsmaßnahmen auf das notwendige Maß reduziert werden.

5.2 Projekt-Controlling

Neben den generellen Aufgaben des IV-Projekt-Controlling werden im folgenden insbe-sondere die aus verteilten IV-Infrastrukturen resultierenden veränderten Rahmenbedin-gungen, Projekttypen und -inhalte sowie die daraus ableitbaren spezifischen Aufgaben des IV-Controlling dargestellt.

5.2.1 Steuerung und Überwachung von Outsourcing-Vorhaben

Outsourcing-Projekte bilden einen wesentlichen Gegenstandsbereich für das Projekt-Controlling in verteilten Systemen. Die Aufgaben des IV-Controlling beschränken sich beim Outsourcing nicht nur auf den Prozeß der Entscheidungsvorbereitung. Sie beziehen sich auch auf die mit einer Auslagerung von Teilleistungen verbundenen Herausforde-rungen an die Organisation und Koordination von Auftraggeber und Auftragnehmer. Zu den speziellen Steuerungs- und Überwachungsaufgaben des IV-Controlling bei Outsourcing-Projekten zählen insbesondere folgende Bereiche (Picot/Maier 1992, S. 24):

- Die aktive Vermittlung von externen IV-Dienstleistungen.
- Das Koordinieren von Projekten, deren Planung und Realisierung ganz oder teilweise extern erfolgt.
- Definition von Schnittstellen für die Abgrenzung der Teilaufgaben als Kandidaten des Outsourcing.
- Die Überwachung und Kontrolle der Schnittstelle zwischen den ausgegliederten Aufgaben und den intern verbleibenden Aufgaben.
- Die Steuerung und Kontrolle der Leistungen des externen Dienstleisters.
- Die Ermittlung geeigneter Bezugsgrößen für die Entgeltbestimmung fremdbezogener Leistungen.

5.2.2 Auswahl von Standardprodukten

Fundierte Entscheidungen des Informationsmanagement darüber, welche Anwendungs-bereiche durch den Fremdbezug von Standardlösungen unterstützt werden sollen und in welchen Bereichen auch zukünftig Individualsoftware eingesetzt wird, bedürfen der Unterstützung des IV-Controlling. Aufgabe des IV-Controlling ist hier die Bereitstellung und Pflege einer Erfahrungsdatenbank über den zu erwartenden Entwicklungsaufwand, den Ressourcenbedarf und die Entwicklungszeit für den Fall der Eigenerstellung von Softwarelösungen.

Die Auswahl von Standard-Anwendungssoftware wie auch die Softwareentwicklung wird üblicherweise als Projekt durchgeführt. Daraus ergibt sich für das IV-Controlling die Aufgabe der Bereitstellung eines entsprechenden Vorgehensmodells, das den gesamten Entscheidungsprozeß von der Anforderungsspezifikation über die Produktevaluierung bis hin zur Produktanpassung und -einführung durchgängig unterstützt.

5.2.3 Qualitäts-Controlling der Systementwicklung

Die Notwendigkeit einer verstärkten Mitwirkung und Einbindung der Fachbereiche und der externen Kräfte in die Systementwicklung verteilter Anwendungen erhöht das Sicherheitsrisiko. Insbesondere besteht hier ein hohes Gefährdungspotential durch die gezielte Vernichtung und Preisgabe von Daten und die Manipulation von Software. Fehlerhafte oder bewußt manipulierte Software beeinträchtigt nicht nur die Qualität der Anwendungen, sondern widerspricht zudem dem Grundsatz der Ordnungsmäßigkeit.

Die Vielschichtigkeit der bei der Systementwicklung in verteilten Infrastrukturen anfallenden und interdependenten Teilaufgaben ist ein Grund für die, im Vergleich zur Systementwicklung für proprietäre und zentralisierte Systemumgebungen, deutlich erhöhte Projektkomplexität. Diese Teilaufgaben umfassen den expliziten Einbezug der vorhandenen und potentiellen Lieferanten- und Kundenbeziehungen, die Auswahlunterstützung bei der Entscheidung über geeignete Entwicklungsplattformen sowie die verstärkte

Einbindung der Fachbereiche und Endanwender in den Systementwicklungsprozeß. Ein weiterer Grund liegt in dem gerade für Migrationsprojekte und Softwareentwicklung für Client/Server-Umgebungen typischen unternehmensinternen Know-how-Defizit. Aufgrund dieser mangelnden Mitarbeiterqualifikation wird oft auf die Mitwirkung von Fremdfirmen oder den Einbezug externer Beraterleistung zurückgegriffen. Das erhöht die Zahl der im Projekt involvierten Organisationseinheiten zusätzlich. Auf Einzel- und Multiprojektebene ergibt sich für das IV-Controlling hieraus die Notwendigkeit eines verstärkten Koordinations-, Steuerungs- und Kontrollbedarfs. Wesentliche Aufgabeninhalte des IV-Controlling sind in diesem Zusammenhang die Bereitstellung von Vorgehensmodellen, Qualitätsstandards und die verstärkte Nutzung von Projektmanagement-Werkzeugen, die heute bereits als integrierte Bestandteile von CASE-Tools angeboten werden. Dazu gehört ferner die Integration und Abstimmung von Projektinformationsmodellen mit den übergeordneten Unternehmensmodellen.

5.3   Produkt-Controlling

In verteilten Systemen wird zukünftig immer weniger Software selbst entwickelt werden. Statt dessen wird der Fremdbezug von Standard-Software dominieren. Demzufolge werden auch die hohen Wartungs-, Pflege- und Weiterentwicklungskosten für Individualsoftware in verteilten Systemen eine stark rückläufige Tendenz aufweisen. Dafür werden die zu erwartenden Aufwendungen für individuelle Systemanpassungen der Standard-Produkte und die anfallenden Kosten für die Anpassung an die unternehmens- und anwenderspezifischen Anforderungen sowie die organisatorische Implementierung der Systeme werden beträchtliche Dimensionen erreichen.

In diesem Zusammenhang sind für das Produkt-Controlling insbesondere die ständig zunehmende Geschwindigkeit, mit der neue System-Releases auf den Markt gebracht werden und die damit verbundenen aufwendigen Implementierungsprozesse beim Anwender von besonderer Bedeutung. Die Wartung und Weiterentwicklung der Softwareprodukte werden beim Einsatz von Standardsoftware weitgehend auf den Hersteller verlagert. Aus Sicht des IV-Controlling verliert damit die Planung und Steuerung des Gesamtaufwands und die der internen IV-Kapazitäten für Neuentwicklung, Weiterentwicklung und Wartung an Bedeutung. Der Abschluß von Wartungs- und Serviceverträgen mit externen Anbietern gewährleistet dagegen die permanente Aktualisierung der eingesetzten Produkte zu fest vereinbarten Konditionen.

Für das IV-Controlling in verteilten Systemen steht demzufolge weniger die technische Systempflege, deren primärer Zweck die Fehlerbehebung und Anpassung des Systems an die Entwicklung der Systemumwelt im Vordergrund, als vielmehr die Wirtschaftlichkeit der zur Aufrechterhaltung der Funktionalität und des Nutzens notwendigen fachlichen Anpassung der Systeme an die sich fortlaufend mit der Geschäftsentwicklung ändernden Bedürfnisse der Endanwender.

Ein weiterer Aspekt, die Überwachung und Steuerung der Fremdvergabe der oben genannten Wartungs-, Anpassungs- und Pflegemaßnahmen sowie die organisatorische Betreuung der Produktnutzung durch externe Dienstleister, gewinnt im Rahmen verstärkter Outsourcing-Tendenzen in verteilten Systemen zunehmend an Bedeutung. Es ist. Hierbei obliegt dem IV-Controlling die aktive Überwachung und Steuerung der Vertragsgestaltung und Umsetzung, insbesondere hinsichtlich der festzulegenden Leistungsmengen, Leistungsqualitäten und -preise.

5.4 Controlling verteilter IV-Infrastrukturen

5.4.1 Planung verteilter IV-Infrastrukturen

Schon die vergleichsweise einfache Anschaffung traditioneller kapitalintensiver Mainframe-Umgebungen und deren effiziente Implementierung wurde durch das IV-Controlling unterstützt. Mit der technischen und organisatorischen Verteilung der IV-Funktionen auf zahlreiche Server und Clients, kommt dieser Steuerungsfunktion eine noch bedeutendere Rolle zu.

Die dezentralen Strukturen erfordern vollkommen neue, komplexe Ansätze des Hard- und Softwarekonfigurations-Management, der Versionsverwaltung und des Change-Managements zur Beherrschung und Koordination dieser komplexen IV-Infrastrukturen. Die Erfahrungen zeigen, daß derartige Ansätze in der Theorie nach wie vor konzeptionell nur teilweise gelöst und in der Praxis bisher nur rudimentär implementiert sind.

Für das IV-Controlling ergibt sich daraus die Aufgabe, an der konzeptionellen Gestaltung geeigneter Lösungen aktiv mitzuwirken und durch die Bereitstellung und Auswahl von Methoden und Werkzeugen eine erfolgreiche Implementierung verteilter IV-Strukturen sicherzustellen. Im einzelnen zählen dazu

- die methodische Unterstützung bei der Konfigurationsanalyse,
- die Sicherstellung einer geordneten Systemdokumentation, um die Fehlerlokalisation zu unterstützen,
- die Bereitstellung von Verfahren, die eine zentrale Steuerung und Überwachung aller Systeme einschließlich von Datensicherungsläufen und Wartungsaufgaben sowie ein effizientes Netzmanagement ermöglichen.

Daraus leitet sich als wichtige Aufgabe für das Infrastruktur-Controlling verteilter Systeme die Unterstützung des Informationsmanagement bei Erarbeitung und Dokumentation eines für den geplanten konsistenten Aufbau verteilter Systemstrukturen notwendigen Regelwerkes ab, welches im Sinne eines technischen Rahmenkonzeptes die grundsätzlichen Definitionen aller für eine unternehmensweite IV-Infrastruktur erforderlichen Bausteine enthält. Dieses Rahmenkonzept enthält die in Abbildung 2 dargestellten Bestandteile und ist nach den genannten spezifischen Randbedingungen auszurichten.

Das IV-Controlling überwacht die Einhaltung dieser spezifischen Randbedingungen und stellt dem Informationsmanagement die erforderlichen Informationen bereit. Die weiteren Unterstützungsleistungen des IV-Controlling beziehen sich auf die Definition der grundsätzlichen WAN-Struktur, die die unternehmensübergreifenden Kommunikationsverbindungen und die eingesetzten Protokolle beschreibt. Die Aufstellung der Grundsätze für die lokale Infrastruktur umfaßt die Definition der verwendeten Protokolle, LAN-Topologien und Komponenten sowie die Festlegung von Adreßschemata und Namenskonventionen. Die Grundsätze für die Server-Beschaffung schließen die einzusetzenden Betriebssysteme, die erforderliche Netzwerk-Unterstützung, die zu erfüllenden Standards und Normen sowie die sonstige Server-Ausstattung ein. Richtlinien für die Arbeitsplatzausstattung beinhalten Festlegungen über Betriebssysteme, Benutzeroberflächen und grundsätzliche Hardware-Ausstattungen.

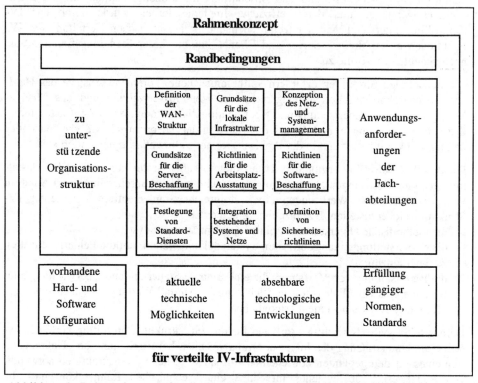

Abbildung 2: Rahmenkonzept für die Planung einer verteilten IV-Infrastruktur

Standarddienste wie z. B. Mailsysteme, die unternehmensweit bereitgestellt werden, sind zu erfassen. Für die Integration bestehender Systeme und Netze sind die notwendigen Hard- und Softwarekomponenten und wenn möglich, die vorgesehenen Verfahrensweisen und organisatorischen Abläufe zu beschreiben. Die Definition von Sicherheitsrichtlinien umfaßt neben Aussagen über bauliche Sicherungsvorkehrungen auch Angaben hinsichtlich Backup- und Wiederanlaufstrategien, der Zugriffsschutzsystematik und Maßnahmen zur Kommunikationssicherheit. Richtlinien für die Software-Beschaffung ergeben sich häufig aus Rahmenverträgen mit Software-Anbietern. Sie bezwecken hinsichtlich der eingesetzten Produkte und Releasestände eine möglichst hohe Homogenität innerhalb des Netzwerks.

Für die Dokumentation und zentrale Verfügbarkeit dieser spezifischen Informationen verteilter Systeminfrastrukturen trägt das IV-Controlling die Verantwortung. Das Informationsmanagement ist weitgehend für die inhaltliche Ausgestaltung und die im Rahmen der Konzepterstellung notwendigen Grundsatzentscheidungen zuständig. Neben der Entscheidungsunterstützung, der Koordination und der Abstimmung der Regelungsinhalte übernimmt das IV-Controlling ferner die Aufgabe der Aktualisierung, Fortschreibung und Anpassung des Rahmenkonzeptes an die sich permanent verändernden Anforderungen und die zu berücksichtigenden technologischen Entwicklungen. Hinzu kommt die Überwachung und Kontrolle der unternehmensweit festgelegten Grundsätze und Richtlinien.

Das Informationsmanagement ist wegen der Vielzahl möglicher Gestaltungsalternativen und der Komplexität von Infrastruktur-Entscheidungen in verteilten IV-Systemen häufig überfordert. Derart weitreichende Infrastrukturentscheidungen müssen durch gezielte IV-Controlling-Aktivitäten unterstützt und begleitet werden. Das IV-Controlling muß sicherstellen, daß die Infrastruktur-Entscheidungen an der strategischen IV-Planung ausgerichtet und die Anwendungsarchitektur, das Datenhaltungskonzept, die Hardwarearchitektur, die Netzarchitektur, die Anwendungsentwicklung sowie das Sicherheitskonzept bei der Entscheidungsfindung ausreichend berücksichtigt werden. Vom IV-Controlling bereitzustellende Infrastruktur-Informationen, wie z. B. Betriebskosten der IV-Systeme, Wartungsintensität, Systemverfügbarkeiten, Verrechnungssätze für IV-Leistungen und Kapazitätsauslastungsdaten unterstützen die operativen Entscheidungen des Informationsmanagements.

5.4.2 Bestands-Controlling

Die Anzahl, Heterogenität und räumliche Verteilung dieser unterschiedlichen standardisierten Infrastrukturkomponenten in komplexen Netzwerken und ihre gegenseitigen funktionalen Abhängigkeiten, zum Beispiel hinsichtlich kompatibler Releasestände bei Standardsoftware-Produkten, führen zu der Notwendigkeit, in verteilten Systemen sowohl bei der Hardware als auch bei der Software ein umfassendes Bestands-Controlling einzurichten. Gerade in verteilten Systemen wird es für das Informationsmanagement zunehmend schwieriger, den aktuellen Überblick über den heterogenen IV-Bestand und die daraus resultierenden Kosten zu behalten. Das IV-Controlling muß deshalb dem Informationsmanagement sämtliche bestandsrelevanten Informationen und Analysen bereitstellen, die für eine effiziente und effektive Entscheidungsfindung erforderlich sind. Hierzu zählen neben der Bereitstellung der in der üblichen Anlagenbuchhaltung bezüglich des IV-Bestands vorhandenen Daten und deren Auswertung zu Planungszwecken insbesondere die Verwaltung bestehender Verträge wie Kaufverträge, Miet-/Leasing-verträge, Lizenz-, Wartungs- und Versicherungsverträge.

In diesem Zusammenhang hat das IV-Controlling auch die Aufgabe, unternehmensweit die Verwendung einheitlicher Releasestände der eingesetzten Software sicherzustellen. Es hat die Entscheidungen für einen Releasewechsel vorzubereiten, das heißt Informationen über die daraus resultierenden Folgeinvestitionen aufgrund veränderter Systeman-forderungen im Hardwarebereich bereitzustellen.

5.4.3 Steuerung und Überwachung von Infrastruktur-Sicherungsmaßnahmen

Wegen der infrastrukturspezifischer Risikopotentiale ergibt sich für das Controlling verteilter Systemstrukturen die verstärkte Gestaltung und Implementierung software-technischer Sicherungsmaßnahmen. Das sind beispielsweise Schutzfunktionen im Rah-men des Betriebssystems und des Datei- und Datenverwaltungssystems sowie ver-schärfte Zugangs- und Zugriffskontrollen im Bereich der Netzwerke. Aus diesen An-satzpunkten leiten sich für das IV-Controlling die Anforderung ab, eine system-architekturbezogene infrastrukturelle Gewichtung und Ausgestaltung der in der bereits angesprochenen Rahmenkonzeption für verteilte IV-Infrastrukturen zu definierenden Si-cherheitsrichtlinien durchzuführen.

Die Umsetzung und die permanente Überwachung der Einhaltung dieser Sicherheits-maßnahmen gehören in dieses Aufgabengebiet. Auch die Berücksichtigung der vom Bundesdatenschutzgesetz vorgeschriebenen Auflagen zur Sicherheit von personenbezo-genen Daten ist zu gewährleisten. Das Infrastruktur-Controlling hat in diesem Zusam-menhang die Aufgabe, das Informationsmanagement bei der systematischen Erarbeitung eines Sicherheitssystems für verteilte IV-Infrastrukturen, durch die Bereitstellung geeig-neter Analyseinstrumente und -verfahren zu unterstützen.

5.4.4 Steuerung und Überwachung der dezentralen IV-Budgets

Die Aufhebung der tradierten Trennung der zentralen IV-Abteilung nach information-stechnologischen Plattformen und die zunehmende Delegation von IV-Aufgaben in die Verantwortungsbereiche der Fachabteilungen in verteilten IV-Infrastrukturen ergeben, insbesondere im Hinblick auf den gesamten IV-Budgetierungsprozeß, gravierende Ver-änderungen. Die Anwender sind nicht mehr an ein zentral vorgegebenes Leistungsange-bot gebunden. Sie haben heute in verteilten, Client/Server-basierten Systemumgebungen grundsätzlich die Möglichkeit, über die von ihnen genutzten oder zu entwickelnden Ap-plikationen und Kommunikationsdienste die Inanspruchnahme von Unterstützungslei-stungen von anderen Bereichen sowie über die einzusetzenden Hardwaresysteme zu ent-scheiden.

Für die IV-Budgetierung bedeutet dieser strukturelle Wandel, daß sich das IV-Budget bei der Verteilung von IV-Systemen auf die Fachbereiche verteilt und nicht mehr ausschließlich ein Budget der IV-Abteilung ist. Da die Planung der beanspruchten IV-Leistungen und Ressourcen in den Fachbereichen weitgehend autonom ist, ergibt sich das IV-Gesamtbudget aus der Zusammenfassung bzw. Konsolidierung der dezentralen Budgets in den Fachabteilungen und aus den Kosten für diejenigen Leistungen, die für den IV-Bereich selbst bestimmt sind. Diese in verteilten Systemen notwendige Differenzierung des IV-Budgets erhöht aus Controllingsicht die Komplexität des gesamten Budgetierungsprozesses. Sie stellt gleichzeitig neue Anforderungen an die steuernde und koordinative Funktion des IV-Controlling, unter Einbeziehung und Mitwirkung unterschiedlicher Fachbereiche in den Planungsprozeß.

Diese Überlegungen machen deutlich, daß durch die mit der Verteilung der Informationsverarbeitung verbundenen Wirkungen der notwendigen Restrukturierung die Chance besteht, die ehemals zentralisierten und mangels direkter Einflußnahme der Fachbereiche als Leistungsempfänger auf die Leistungserstellung und Kostenentstehung starren IV-Budgets zu flexibilisieren. Gelingt es dem IV-Controlling dabei, den Fachbereichen die budgetrelevanten Konsequenzen alternativer Infrastrukturentscheidungen aufzuzeigen und somit einen möglichst direkten Zusammenhang der Leistungs- bzw. Ressourcenbeanspruchung und Kostenentstehung zu induzieren, wird die formalzielorientierte, also effiziente Gestaltung und Planung der IV-Infrastruktur, durch diesen dezentralen Budgetierungsprozeß unterstützt.

In der Erstellungsphase der dezentralen IV-Budgets übernimmt das IV-Controlling die Ausrichtung der dezentralen IV-Budgets an den Vorgaben des langfristigen Rahmenkonzepts zur geplanten Infrastrukturentwicklung der Unternehmung. Die Berücksichtigung der vorhandenen Interdependenzen zwischen den Teilbereichsbudgets erfordert einen iterativen Abstimmungsprozeß, der vom IV-Controlling auch in zeitlicher Hinsicht zu koordinieren ist. Das IV-Controlling gibt hierzu den zeitlichen Rahmen für die einzelnen Budgetierungsaktivitäten vor. Der Konsolidierung der dezentralen IV-Budgets zu einem IV-Gesamtbudget folgt die Verabschiedung durch das Linienmanagement. Dem schließt sich die Budgetüberwachung im Sinne eines Plan-Ist-Vergleichs und die gezielte Ursachenanalyse bei festgestellten Planabweichungen an.

5.4.5 Verrechnung der Infrastrukturkosten

Traditionelle Ansätze zur Verrechnung von IV-Kosten basieren prinzipiell auf der Annahme einer primär zentralen Bereitstellung der IV-Leistungen und der Ressourcen durch eine zentralisierte IV-Abteilung und auf den entsprechenden Kostenstrukturen zentraler IV-Infrastrukturen. Aufgrund der in zentralisierten IV-Infrastrukturen gegebenen Kostenstrukturen und der dort beschränkten technologischen Möglichkeiten der Dezentralisierung von IV-Ressourcen und -Leistungen ist eine direkte Kostenzurechnung im Sinne einer verursachungsgerechten Zuweisung von Einzelkosten generell nicht möglich. Die Nutzung vorhandener Kostenvorteile bei dezentralen IV-Systemen und die Abkehr von der Entwicklung von Individualsoftware hin zum Einsatz von Standardprodukten bei gleichzeitiger Delegation der Verantwortung für traditionell zentralisierte IV-Leistungen an die dezentralen Organisationseinheiten führt zu gravierenden Veränderungen der Kostenstrukturen in verteilten IV-Infrastrukturen.

Nach Expertenschätzungen werden die strukturellen Veränderungen der Zusammensetzung der IV-Budgets dazu führen, daß sich die noch in den 70er und 80er Jahren festgestellte Dominanz der Kosten für zentrale proprietäre Hardwaresysteme grundlegend ändern wird. Künftig werden dezentrale heterogene IV-Strukturen und insbesondere Client/Server-basierte Softwaresysteme die IV-Kosten bestimmen. Bei der Zusammensetzung der IV-Budgets in verteilten IV-Infrastrukturen ist davon auszugehen, daß die Aufwendungen für die Schulung der Anwender, die Installation und Administration der Applikationen sowie das Datenmanagement durch die Anwender den weitaus größten Kostenblock darstellen. Der technische Anteil wird insbesondere für Hardwaresysteme tendenziell rückläufig sein.

Es zeigt sich, daß die technische und organisatorische Aufteilung in verteilte Systeme aus kostenrechnerischer Sicht völlig neue Möglichkeiten der Kostenzuordnung, Kostenverteilung und -verrechnung und damit ihrer Steuerung eröffnet. Eine effektive und vertrauensvolle Zusammenarbeit zwischen den kostenverantwortlichen Anwendern bzw. Fachbereichen und der zentralen IV-Abteilung muß der Verteilungstransparenz und der Verteilungsgerechtigkeit eine zentrale Stellung bei der Gestaltung des IV-Kostenverrechnungssystems zuweisen. Um Verteilungsgerechtigkeit zu gewährleisten, ist eine möglichst verursachungsgetreue Zurechnung der entstandenen Kosten notwendig.

Das IV-Controlling muß deshalb bei der Konzeption von Kostenverrechnungssystemen für verteilte IV-Infrastrukturen berücksichtigen, daß die rechentechnisch nicht mehr beherrschbaren Fixkostenblöcke der Vergangenheit heute, bei Verwendung moderner dezentralisierter Technologien, direkt zuordenbar sind. Dies muß unter dem Aspekt der Verteilungstransparenz mit Kostenrechnungsverfahren erfolgen. Sie müssen möglichst offensichtlich kausale Zusammenhänge abbilden und damit für die betroffenen Anwender leicht nachvollziehbar sein. Letzteres ist vor allem für die Akzeptanz des Verfahrens wichtig. Die Gestaltung und Anwendung eines den oben genannten Anforderungen entsprechenden Verrechnungssystems der IV-Infrastrukturkosten im Rahmen des operativen IV-Controlling liefert nicht nur das notwendige Zahlenfundament für ein funktionsfähiges Budgetierungssystem, sondern ist aufgrund der bestehenden Interdependenzen ein wichtiges Steuerungs- und Abstimminstrument zwischen strategischer und operativer IV-Planung.

6.   Ausblick

Der derzeit stattfindende generelle Strukturwandel der IV im Verbund mit der zunehmenden technischen und organisatorischen Verteilung der IV-Ressourcen und die damit einhergehende Komplexitätserhöhung führt zu einem stark ansteigenden Koordinationsbedarf innerhalb der unternehmensweiten Informationsversorgung. Dies läßt vermuten, daß mit steigendem Verteilungsgrad der IV auch eine Erhöhung der Controlling-Intensität notwendig wird und demzufolge die Bedeutung eines integrierten IV-Controlling, gerade vor dem Hintergrund der aktuellen Restrukturierungsdebatte der Informationsverarbeitung, weiter zunimmt. Hinsichtlich der Gewichtung der einzelnen Aufgaben des IV-Controlling ist davon auszugehen, daß insbesondere die strategieorientierten Funktionen des IV-Controlling und das Infrastruktur-Controlling im Rahmen verteilter IV-Strukturen an Bedeutung gewinnen beziehungsweise starken Veränderungen unterliegen wird.

In Abbildung 3 und 4 sind die wesentlichen Aufgabeninhalte eines IV-Controlling verteilter Informationssysteme zusammenfassend dargestellt.

Literatur

Autenrieth, K.; Dappa, H.; Grevel, M. (1990): Technik verteilter Betriebssysteme: Konzepte, Trends, Realisierungen, Heidelberg 1990, S. 16.

Brombacher, R.; Hars, A.; Scheer, A.-W. (1993): Informationsmodellierung. In: Scheer, A.-W. (Hrsg.): Handbuch Informationsmanagement: Aufgaben - Konzepte - Praxislösungen, Wiesbaden 1993, S. 175 - 188.

Krcmar, H.; Buresch, A. (1994): IV-Controlling - Ein Rahmenkonzept für die Praxis, Arbeitspapiere Lehrstuhl für Wirtschaftsinformatik Nr. 50, Universität Hohenheim, April 1994.

Krcmar, H. (1990): Bedeutung und Ziele von Informationssystem-Architekturen, Wirtschaftsinformatik 1990/5, S. 395 - 402.

Krcmar, H. (1992): Informationsverarbeitungs-Controlling in der Praxis, IM 8(1992)2, S. 7 - 18 und Arbeitspapiere Lehrstuhl für Wirtschaftsinformatik Nr. 26, Universität Hohenheim, März 1992.

Krcmar, H.; Strasburger, H. (1993): Informationsmanagement und Informationssystem-Architekturen - Vorteile und Risiken von Client-Server-Architekturen aus der Sicht des Informationsmanagement. In: Krcmar, H. (Hrsg.): Client/Server-Architekturen - Herausforderungen an das Informationsmanagement, Hallbergmoos 1993, S. 9 - 29.

Picot, A.; Maier, M. (1992): Analyse- und Gestaltungskonzepte für das Outsourcing, IM 7(1992) 4, S. 14 - 27.

Seibt, D. (1990): Informations-Management und Controlling, Wirtschaftsinformatik, 32(1990) 2, S. 116 - 126.

Sokolovsky, Z. (1993): Controlling als Steuerungsinstrument des betrieblichen Informationsmanagements. In: Scheer, A.-W. (Hrsg.): Handbuch Informations-Management, Wiesbaden 1993, S. 529 - 566.

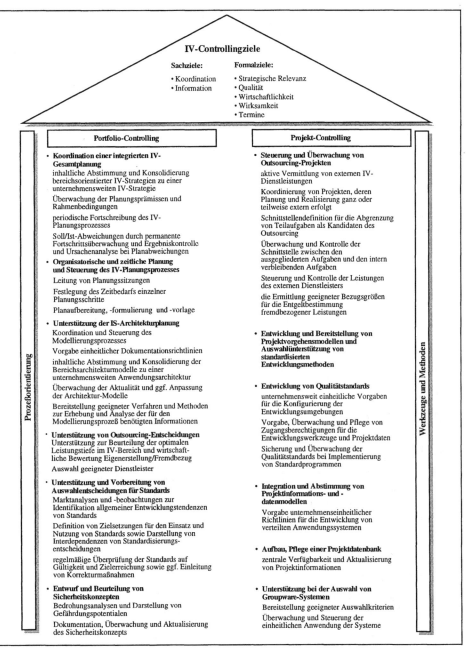

Abbildung 3: Aufgaben des Controlling verteilter Informationssysteme (Teil 1)

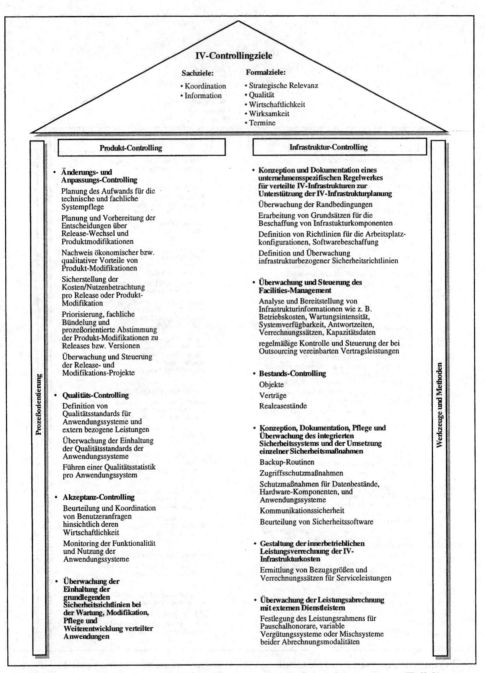

Abbildung 4:		Aufgaben des Controlling verteilter Informationssysteme (Teil 2)